संगीत के जवाहरात

संगीत के जवाहरात

लेखक

उस्ताद अब्दुल मजीद खान

सह लेखक

भुवेन्द्र त्यागी

वाणी प्रकाशन

वाणी प्रकाशन का 'लोगो'
विख्यात चित्रकार मक़बूल फ़िदा हुसेन की
कूची से

ISBN : 978-81-8143-869-0

वाणी प्रकाशन
21-ए, दरियागंज, नयी दिल्ली-110002
द्वारा प्रकाशित

फोन : 0091#11#23273167, 23275710
फैक्स : 0091#11#23275710
ई-मेल : vaniprakashan@gmail.com
vani_prakashan@yahoo.com
वेबसाइट : www.vaniprakashan.com
प्रथम संस्करण : 2008
आवृत्ति : 2009

मूल्य : 495.00
आवरण सज्जा : वाणी प्रकाशन
शिव शक्ति प्रेस, शाहदरा दिल्ली-110032
द्वारा मुद्रित

SANGEET KE JAWAHARAT
by : Ustad Muhammad Saeed Khan
& Bhuvendra Tyagi

समर्पण

मेरे प्रिय भाई मोहम्मद रशीद खान मेरे साथ पले, बढ़े और संगीत साधना की। वे मेरे बाद इस दुनिया में आये और पहले चले गये। वे बहुत प्रतिभावान और कुशल साधक थे। उनका दिमाग कंप्यूटर की तरह काम करता था। उनका संगीत का ज्ञान बहुत गहरा था। उनके साथ मेरी जोड़ी खान बन्धु के नाम से मशहूर हुई। उनकी गैर मौजूदगी को मैं कभी भुला नहीं पाया। इस पुस्तक की तैयारी के समय मैंने उन्हें बराबर याद किया और मेरा विश्वास है कि उनकी रूह सदैव मेरे पास रही और मेरा मार्गदर्शन किया।

आंसुओं में भीगे ये 'जवाहरात' उन्हीं को समर्पित हैं।

असासा माल और दौलत से बढ़कर छोड़ जाऊंगा
मैं मालूमात का गहरा समंदर छोड़ जाऊंगा।

- पयाम सईदी

संदेश

दिनांक 20 जनवरी, 2008

पंडित भीमसेन जोशी
'कलाश्री'
36, लक्ष्मी पार्क -
को आपरेटिव सोसायटी,
नवी पेठ.पुणे - 30

हरियाणा के झज्जर घराने के श्री सईद खान का गायन मैंने 1948 में मुम्बई के ग्वालियर टैंक स्थित उनके मकान में उनके भाई रशीद खान के साथ सुना था। उनके पिता श्री अब्दुल मजीद खान झज्जर घराने के एक महान सारंगी वादक थे। उन्होंने महान सारंगी वादक बुन्दू खान तथा गायक उस्ताद अल्लादिया खान से शिक्षा प्राप्त की थी। उन्होंने सारंगी पर महान गायिका केसरबाई केरकर की संगत करके पूरे भारत में ख्याति अर्जित की थी। सईद खान और रशीद खान ने भी युगल गायन में नाम हासिल किया। सईद खान काफी समय से हॉलैंड में रहकर भारतीय शास्त्रीय संगीत के प्रसार कार्य में लगे हैं। उनके पास भारतीय संगीत की बंदिशों तथा रागों का जो अनुपम भंडार है, उसे पुस्तक तथा सीडी के रूप में प्रकाशित करके वे बहुत अच्छा कार्य करने जा रहे हैं। उन्हें इस शुभ कार्य के लिए मेरी हार्दिक शुभकामनाएं।

पंडित भीमसेन जोशी
पुणे।

विषय सूची

मैं मालूमात का गहरा समंदर छोड़ जाऊंगा

मुझे मेरे पिताजी बताया करते थे कि जब मैं तीन साल का था तो खुद तबला बजाकर राग मालकोस की रचना `कोयलिया बोल अमुवा' गाया करता था। घर में चौबीसों घंटे संगीत का माहौल होने के कारण मुझे उस अबोध आयु में भी सुर और ताल का अहसास था। छह साल की आयु में हारमोनियम से मेरी संगीत की विधिवत शिक्षा शुरू हो गयी। मेरे उस्ताद याकूब खान ने मुझे थोड़े समय में ही 80 रागों की आरोही और अवरोही सिखा दी। वे मुझे दरवाजे के बाहर भेजकर किसी भी राग की आरोही-अवरोही बजाकर मुझसे पूछते कि कौन सा राग है तो मैं राग का नाम बता देता था। वे जिस सुर पर भी उंगली रखकर पूछते कि ये कौन सा सुर है तो मैं न केवल उस सुर का नाम, बल्कि यह भी बता देता था कि कोमल है या तीव्र।

इस तरह सात साल सुर ज्ञान की शिक्षा पाने के बाद मेरे पिता ने मुझे और मेरे भाई को बम्बई में 1948 में गायन की नियमित शिक्षा देनी शुरू कर दी। हमें शिक्षा देने में वे इतना डूब गये कि अपने काम पर उनका ध्यान कम हो गया। हम रोज बारह घंटे रियाज करते थे। सुबह को वे हमें गले का रियाज कराते थे, दोपहर को कुछ राग गवाते थे और रात को हमसे उन रागों की बंदिशें दोहरवाते थे। यह सिलसिला 1977 में उनकी मृत्यु तक चलता रहा। इस दौरान मेरे पिता के समकालीन बड़े-बड़े संगीतकार जब हमारे घर आते थे, तो हमें उनकी बातें

सुनने और सीखने का भी मौका मिला। इससे मुझे संगीत के अपने पिता के ज्ञान और स्थान के बारे में पता चला।

उन तमाम बड़े-बड़े संगीतकारों से संगीत के विषय में जानकारी पाकर मैंने खुद उसे समझना और उसका अभ्यास करना शुरू किया। जो बातें मैं अपने पिता की जबानी संगीत के उनके तजुर्बे के बारे में सुना करता था, धीरे-धीरे मुझे उन सबका अभ्यास होने लगा। इस तरह मैं संगीत की गहराई में जाने लगा। मुझे यह संगीत अपने घराने से विरासत में मिला। हर पिछली पीढ़ी ने इसे सीखा, समझा, इसका रियाज किया और अपना यह ज्ञान तथा अनुभव अगली पीढ़ी को दिया। संगीत की शोध का यह सिलसिला चलते-चलते इस तरह मुझ तक आया।

मुझे अपने खानदान से संगीत की जो ये धरोहर मिली, उसने मुझे यह सोचने और समझने पर मजबूर किया कि ये जो खयाल गायकी हम गाते हैं, तो इसमें हम किसका खयाल गाते हैं। अक्सर लोगों को यह मानना है कि वे अपना खयाल गाते हैं। राग की तकनीक को गाना वे अपना खयाल समझते हैं और यह भूल जाते हैं कि हर राग की बंदिश में नायिका के मनोभावों के जरिये रचनाकार कुछ कहता है और कभी-कभी अपने मनोभाव को भी व्यक्त करता है। गायक का महत्व केवल इतना होता है कि वह नायिका और रचनाकार के मनोभावों को किस तरह प्रस्तुत करता है। बहुत से संगीतकारों ने किताबें लिखी हैं , लिखते हैं और लिखते रहेंगे। इनमें वे संगीत अपना ज्ञान और तकनीक पेश करते हैं। लेकिन मेरी इस किताब में मेरा मूल उद्‌देश्य नायिका के मनोभावों को प्रस्तुत करना है। अपने इस ज्ञान और शोध को अगली पीढ़ियों को देना मेरा फर्ज है। दरअसल मेरे बच्चों की संगीत में रुचि नहीं है, इसलिए उस पुरानी परम्परा को छोड़ते हुए मैंने उन्हें अनिवार्य रूप से संगीत नहीं सिखाया और उन्हें उनकी मर्जी पर छोड़ दिया। अब मेरे सामने यह सवाल उठा कि संगीत का अपना यह अमूल्य ज्ञान और अनुभव मैं किसे दूं और किस तरह इसे सुरक्षित रखूं कि यह मेरे साथ कब्र में न जाये। इसीलिए मैंने अपने तमाम अनुभवों और ज्ञान के निचोड़ को इस पुस्तक में प्रस्तुत

करने का निर्णय किया। मैंने जीवनभर संगीत की साधना और शोध की है। लेकिन इस तमाम ज्ञान को पुस्तक के रूप में सामने लाने का न तो मैं साहस कर पा रहा था, न समय ही मिल रहा था। इस महत्वपूर्ण कार्य में मेरी सहायता लेखक व पत्रकार श्री भुवेन्द्र त्यागी ने की। उन्होंने संगीत के इस विशाल ज्ञान को शब्दों में संजोकर आने वाली पीढ़ियों के लिए सुलभ कर दिया। मेरी मनोकामना पूर्ण हुई।

असासा माल और दौलत से बढ़कर छोड़ जाऊंगा
मैं मालूमात का गहरा समंदर छोड़ जाऊंगा।

झज्जर घराने की वंश बेल

हरियाणा के छोटे से शहर झज्जर के सारंगी वादकों और गायकों के झज्जर घराने ने संगीत की दुनिया को एक से एक नायाब रतन दिये हैं। इस घराने के कलाकारों ने देश भर में नाम कमाया। वैसे तो इस खानदान की वंश बेल बहुत बड़ी है, पर यहां उनमें से उन्हीं का जिक्र किया जा रहा है, जिन्होंने संगीत को अपना जीवन बनाया।

झज्जर घराने के संगीतकारों की शुरूआत लगभग दो सदी पहले मंगुआ खान से मानी जाती है। उनके दो बेटे थे पीरन और करीम बख्श। पीरन के दो बेटे हुए। करीम बख्श के दो बेटे जीवना और रमजान थे। जीवना के तीन बेटे अजीम बख्श, अब्दुल्ला व काले खान और एक बेटी अल्लादी थी।

अजीम बख्श के तीन बेटे नजीर खान, कादर बख्श और जुगना हुए। नजीर खान के बेटे गफूर थे और बेटी गफूरी। गफूर को कोई संतान नहीं बची। गफूरी को एक बेटा और एक बेटी थी।

कादर बख्श के बेटे का नाम मोहम्मद हुसैन था। मोहम्मद हुसैन की सात संतानें थीं- शब्बीर, फैयाज, फिदा, अनवर, बशीरन, अख्तरी और किश्वरी। जुगना को एक बेटा मुगना और एक बेटी मीदो हुई।

जीवना के दूसरे बेटे अब्दुल्ला की सात संतानें थीं। बेटे अब्दुल मजीद, अब्दुल हमीद, अब्दुल बशीर, अब्दुल वहीद व नसीर और बेटियां हकीमन व रहमत। इनमें से अब्दुल हमीद और नसीर को कोई संतान नहीं थी। अब्दुल वहीद

की मृत्यु युवावस्था में हुई। अब्दुल बशीर की एक बेटी सरवरी थी, जो बंटवारे के बाद अपने नाना-नानी के साथ पाकिस्तान चली गयी। हकीमन की मृत्यु शादी के कुछ दिन बाद ही हो गयी।

अब्दुल मजीद को झज्जर घराने का सबसे बड़ा कलाकार माना जाता है। उन्होंने तीन शादियां कीं। पहली पत्नी से उनकी एक बेटी शीदन थी। वह निसंतान रहीं। उनकी दूसरी पत्नी शमशन की मृत्यु प्रसव के समय हो गयो। उनकी नवजात बच्ची भी उन्हीं के साथ गुजर गयी। शमशन की छोटी बहन सईदन निशां से मजीद खान ने तीसरी शादी की। उनकी पांच संतानें हुई । बेटी हमीदा के बाद पैदा हुए जुड़वा बेटों की जन्म के बाद ही मृत्यु हो गयी। फिर उनके दो बेटे मोहम्मद सईद खान और मोहम्मद रशीद खान हुए। हमीदा के पांच बेटे और पांच बेटियां हुई। मोहम्मद रशीद खान का एक बेटा नदीम है।

झज्जर घराने के इस समय सबसे बड़े और विदेशों मे भी लोकप्रिय कलाकार मुहम्मद सईद खान ने दो शादियां की। उनकी पहली पत्नी 1940 और 1950 के दशक के मशहूर फिल्म संगीतकार हफीज खां की बेटी रईसा हैं। उनका एक बेटा असीम और छह बेटियां नसीम, अस्मा, हिना, सबिया, शान व फरहा हैं। सईद खान की दूसरी पत्नी हॉलैंड की फ्रेंकन सेलोमिया हैं, जिनका शादी के बाद का नाम सईदा है। उनकी बेटी अलमास और बेटा मीर है।

जीवना के दूसरे बेटे काले खान का एक बेटा अहमद और एक बेटी शहूरी थी। अहमद के दो बेटे हबीब हुसैन व करीम हुसैन और एक बेटी घोटो हुई। हबीब हुसैन सारंगी बजाते थे। घोटो की 1947 के दंगों में मौत हो गयी।

कालेखान की बेटी शहूरी का पति व छोटा बेटा 1947 के दंगों में मारा गया। वे अपने बड़े और मझले बेटे शब्बीर और सगीर हुसैन के साथ पाकिस्तान चली गयी। शहूरी की बेटी मीदो अपने पति और बच्चों के साथ 1967 में पाकिस्तान चली गयीं।

जीवना की बेटी अल्लादी के चार बेटे अमीर बख्श, जमाल बख्श, जहूर

बख्श और नूर बख्श थे। अमीर बख्श के दो बेटे वजीर व यासीन और एक बेटी ईदन हुई। वजीर का कोई बच्चा नहीं बचा, जबकि यासीन अविवाहित रहे। ईदन पुणे में रहती हैं।

जमाल बख्श का एक बेटा इस्माइल और एक बेटी चिकन थी। इस्माइल रेडियो में स्टाफ कलाकार थे। वे सारंगी बजाते थे। चिकन 1947 के दंगों में मारी गयीं।

जहूर बख्श को एक बेटा मोहम्मद सिद्दीक और एक बेटी बिस्मिल्ला हुई। मोहम्मद सिद्दीक पाकिस्तान चले गये। बिस्मिल्ला मुम्बई में रहती हैं। उनके दो बेटे और एक बेटी हैं। दोनों बेटे सुगम संगीत में हैं। नूरबख्श के एक बेटे रशीद हुसैन हुए। उनके बच्चे सुगम संगीत में हैं। उनके पोते रेहान ने सब टीवी पर फेम एक्स जीता।

करीम बख्श के दूसरे बेटे रमजान के दो बेटे हैदर और मसीता हुए। हैदर और मसीता को एक-एक बेटी हुई।

झज्जर घराने के बड़े फनकार

हिन्दुस्तानी शास्त्रीय संगीत में झज्जर घराने का महत्वपूर्ण स्थान है। दिल्ली के निकट स्थित इस छोटे से शहर ने दुनिया को कई नायाब सारंगी वादक दिये। पिछली दो सदियों में इस खानदान के कलाकारों की काफी धूम रही और वे उत्तर प्रदेश, राजस्थान तथा महाराष्ट्र में बहुत विख्यात हुए। इस घराने में अजीम बख्श और अब्दुल मजीद खान विशेष रूप से उल्लेखनीय हैं। लेकिन कुल मिलाकर इस घराने ने संगीत को एक से बढ़कर एक रतन दिये।

इस खानदान के पहले बड़े कलाकार रमजान खान ने सारंगी वादन और गायन में काफी नाम कमाया। वे करीम बख्श के बेटे और मंगुवा खान के पोते थे। ये सब 19 वीं सदी में हुए। वे झज्जर में रहते थे।

रमजान खान 1897 तक रहे। वे इस खानदान की बड़ी शाखा के मुखिया थे। अन्य दो शाखाएं उनके भाई जीवना खान और चाचा पीरन बख्श की हैं। उनके बड़े बेटे हैदर खान और मसीत खान भी अच्छे सारंगी वादक थे। रमजान खान ने मुख्य रूप से पानीपत के संगीतकार लाल खान से शिक्षा ली थी, जो उनके साले थे। उनके वंश में आगे बेटियां हुई, जिससे रमजान खान का वंश आगे नहीं बढ़ा।

इस खानदान के अगले बड़े संगीतकार अजीम बख्श थे। उनकी मृत्यु 1902 से 1908 के बीच हुई। वे अपने समय के सबसे नामचीन सारंगी वादक थे। वे जीवना खान के बड़े बेटे थे (जो तब भी छोटी सारंगी बजाते थे, जिसे टोटा

कहते थे)। उन्होंने रमजान खान से शिक्षा ली थी। अंजनबाई मालपेकर कहती हैं, `अजीम बख्श मेरे दायें हाथ की तरह थे। उनका स्पर्श पाते ही सारंगी से सुर निकल पड़ते थे। ऐसे जादुई स्पर्श वाला सारंगिया मैंने न कभी देखा, न ही सुना।'

हालांकि अजीम बख्श का ज्यादा जीवन इंदौर में बीता, पर वे दिल्ली और बम्बई में भी विख्यात थे। वहां वे गोवा की बाबली बाई और कई दूसरे प्रसिद्ध गायकों के साथ सारंगी बजाते थे। रमजान खान और अजीम बख्श बम्बई में बसने वाले इस खानदान के पहले कलाकार थे। कहा जाता है कि उन्होंने अपने शुरूआती जीवन में बरसों तक एक अस्तबल में रियाज किया था। उन दिनों बाईजी अपने साथ वाद्य बजाने वालों की रोजी और रिहाइश का इंतजाम तो करती थीं, पर उन्हें वहां रियाज करने की सुविधा नहीं दी जाती थी। इसलिए वे एक अस्तबल में रियाज करते थे। वे रियाज के लिए जागे रहने के लिए अपने लंबे बाल एक तार से और उस तार को एक खम्भे से बांध देते थे। जीवन भर वे ऐसा करते रहे। वे खाने के साथ पाव भर असली घी खाते थे। हुक्का पीकर वे रात को दस बजे रियाज शुरू करते थे। भोर तक रियाज करते रहते थे।

अजीम बख्श बहुत लम्बे थे और वे एक बड़ी सारंगी बजाते थे। उनकी सारंगी का पहला तार आम सारंगी के खरज जितना मोटा होता था। इससे उनकी ताकत की कल्पना की जा सकती है। उनके बाद उनका साज कोई नहीं बजा पाया। हैदर बख्श फरिश्तावाले की तरह वे जोड़ अंग बजाने के लिए लोकप्रिय थे और बहुत तेजी से सारंगी बजाते थे। जोड़ में गमक होती है, पर तान नहीं होती। जब सारंगिया ख्याल गायकों के साथ बजाने लगे तो उन्होंने गायकी अंग में महारत हासिल की।

इस खानदान में अजीम बख्श की खास जगह है। उनके दूसरे बेटे कादर बख्श `मुल्लाजी' (1880-1934) ने उनसे काफी सीखा। अपने पिता द्वारा सिखाया गया ठीक वैसे ही न बजा पाने पर उनकी पिटाई भी होती थी। लेकिन इस तरह सीखने का नतीजा यह हुआ कि कादर बख्श की जोड़ का दूसरा सारंगिया नहीं हुआ। वे महाराष्ट्र में बाल गंधर्व (1888-1967) के साथ वादन

करने से मशहूर हो गये, जो मराठी रंगमंच पर गायन और अभिनय में आदर्श थे।

बाल गंधर्व का मंच रेशमी परदों, जरीदार कालीनों से सजा होता था, जिसे बाबूराव पेंटर डिजाइन करते थे। उनके साथ केशवदास कांबले ऑर्गन और कादर बख्श सारंगी बजाते थे। अहमद जान थिरकवा तबले पर संगत देते थे।

बाल गंधर्व के पहले उस्ताद महबूब बख्श भी झज्जर घराने के ही थे। कादर बख्श 1928 से गंधर्व नाटक कंपनी के साथ थे। अहमद जान के साथ उनकी जुगलबंदी श्रोताओं को रस विभोर कर देती थी। कादर बख्श बहुत विनम्र और धर्म परायण थे। इसीलिए वें मुल्लाजी के नाम से मशहूर हुए। उनके गुण उनके बेटे मोहम्मद हुसैन खान में भी आये।

पूना के मोहम्मद हुसैन खान (जन्म 1907) ने कई मशहूर गायकों के साथ सारंगी बजायी। गायन में वे उस्ताद अमान अली खान के शागिर्द थे। मोहम्मद हुसैन 1934 में अपने पिता की मृत्यु के बाद बाल गंधर्व नाटक कंपनी से जुड़ गये। लेकिन छह साल बाद उन्होंने नाटक की दुनिया छोड़कर अपना संगीत स्कूल अरुण क्लास शुरू कर दिया। उन्होंने दो किताबें लिखीं और दो राग भी बनाये।

इस घराने के एक और बड़े कलाकार थे काले खान। उन्होंने अपने सबसे बड़े भाई अजीम बख्श से यह कला सीखी थी। इसे उन्होंने अगली पीढ़ी को भी दिया। वे मालवा और राजस्थान के प्रमुख और मशहूर सारंगी वादक थे। उन्होंने अपना ज्यादा जीवन वहीं गुजारा। उनकी मृत्यु 1942 में जयपुर में हुई।

काले खान ने कई महिला गायिकाओं और सारंगी वादकों को भी सिखाया। लेकिन उनके सबसे नामचीन शागिर्द थे उनके भतीजे अब्दुल मजीद खान और भान्जे अमीर बख्श। अमीर बख्श ने अलादिया खान भिर्टूवाले से भी शिक्षा पायी। वे 1962 में अपनी मृत्यु तक आकाशवाणी (बम्बई) के स्टाफ कलाकार रहे। तब उनकी उम्र करीब 80 साल थी। उनके भतीजे मोहम्मद इस्माइल खान भी अच्छे सारंगी वादक थे। वे भी आकाशवाणी में थे।

इस खानदान के मुगना खान ने काले खान से शिक्षा ली थी और वे तथा गफूर खान, गंधर्व नाटक कंपनी में थे। वे भोपाल के अब्दुल लतीफ खान के उस्ताद थे जो मध्य प्रदेश के नामचीन सारंगी वादक बने। इस खानदान में सारंगी वादकों की आखिरी पीढ़ी 1925 से 1930 के बीच पैदा हुई। बाद में इस खानदान में सारंगी वादक नहीं हुए।

इस खानदान में अब्दुल मजीद खान बेहतरीन सारंगी वादक हुए। अक्सर सारंगी वादक शास्त्रीय गायकों को परेशान कर देते हैं। पर मजीद खान गायकों का हमेशा अच्छा साथ देते थे। कहा जाता है कि बम्बई में उनसे बेहतर सारंगी वादक कोई नहीं हुआ।

अब्दुल मजीद खान विनम्र और शांत व्यक्ति थे। वे बहुत सादगी से रहते थे। वे ज्यादा बोलते नहीं थे। अपने शागिर्दों को अच्छी तरह से तालीम देते थे। वे 80 साल की उम्र में भी यह कहते थे कि अगर मुझे अल्लाह पहले जैसी ताकत दे दे तो मैं दुनिया को दिखा दूं कि संगीत कैसे किया जाता है। अपने उस्तादों बुन्दू खान और अलादिया खान की तरह मजीद खान का भी यह मानना था कि संगीत को सादगी और पूरे समर्पण से ही सीखा जा सकता है।

1888-89 में जन्मे मजीद खान की अपने पिता अब्दुल्ला खान से नही बनती थी। उन्होंने शुरूआती शिक्षा अपने चाचा काले खान से ली। उन्होंने 17 साल की उम्र में सारंगी बजानी शुरू की।

जब बुन्दू खान इन्दौर आये तो हर तरफ उनकी चर्चा होने लगी। तब मजीद खान को अहसास हुआ कि उन्हें ज्यादा लगन से सारंगी बजानी चाहिए और वे उनके शागिर्द हो गये। लेकिन उनके छोटे भाई बशीर खान ने बुन्दू खान के साथ ज्यादा वक्त गुजारा। वे हमेशा रियाज करते रहते थे। वे कोई भी सारंगी बजा सकते थे। उनका कंठ भी बहुत मधुर था।

1920 में मजीद खान ने बम्बई में बसने का फैसला किया। यहां वे केसरबाई केरकर के साथ सारंगी बजाने लगे। वे सदी के सबसे लोकप्रिय संगीत

युगल कलाकार बने। उस दौर के अब्दुल करीम खान (किराना), अलादिया खान, मंझी खान, भुर्जी खान, मल्लिकार्जुन मंसूर (अतरौली), अब्दुल्ला खान, फैयाज खान, खादिम हुसैन खान, विलायत हुसैन खान, लताफत हुसैन खान, एस.एन.रतनजनकर व राम मराठे (आगरा), भास्करराव बुआ भकले, मास्टर कृष्णराव, दिलीप चंद बेदी व शब्बू खान, बाबा नसीर, रमजान खान व चांद खान (दिल्ली), रामकृष्ण वजे, ओंकारनाथ ठाकुर, डी. वी. पलुसकर, विनायकराव पटवर्धन, नारायण राव व्यास, राममनोहर जोशी, मनोहर बर्वे व बी. आर. देवधर (ग्वालियर), रजब अली खान, गणपत राव देवास्कर व अमानत खान (देवास), मुश्ताक हुसैन खान व निसार हुसैन खान (सहसवान), करामतुल्ला खान (जयपुर), रहीमुद्दीन खान डागर, प्यारे साहिब (कलकत्ता), मास्टर वसंत अमृत (सूरत), मुबारक अली खान (सिंध), आशिक अली खान, उम्मीद अली खान व बड़े गुलाम अली खान (पटियाला) और मुबारक अली खान व अमानत अली खान (भिंडी बाजार) जैसे देश के सबसे नामी गायकों के साथ उन्होंने सारंगी बजायी।

अब्दुल करीम खान अपने साथ किसी को भी सारंगी नहीं बजाने देते थे। वे हारमोनियम वादक शंकरराव कपिलेश्वरी को प्राथमिकता देते थे। एक बार रेडियो पर उनके साथ मजीद खान ने सारंगी बजायी। वे उनसे इतने खुश हुए कि फिर उन्हें हमेशा अपने साथ बुलाने लगे।

फैयाज खान कहते थे मजीद खान ऐसे अकेले सारंगी वादक है जो श्रोताओं से जब चाहे तालियां बजवा सकते हैं । जद्दनबाई ने भी कहा था कि उनके साथ मजीद खान जैसी संगत कभी किसी ने नहीं की। ओंकार नाथ ठाकुर उन्हें अपना दायां हाथ कहते थे।

मजीद खान जानते थे कि अगर सारंगी वादक गायक को पछाड़ने की कोशिश करेगा तो संगीत का आनंद चला जायेगा और केवल शोर बचेगा। 50 साल की उम्र में सफल करियर के बावजूद मजीद खान ने अल्लादिया खान की शागिर्दी की । उन्होंने अल्लादिया खान के कदमों में बैठकर 1938 से 1942 तक गायन सीखा। जब पहली बार उन्होंने रेडियो पर गाया, तो सभी ने उनकी गायकी को

पसंद किया। इतनी उम्र में आवाज साधने की दूसरी मिसाल मिलनी मुश्किल है। 1951 में मैं अपने भाई, मां और केसरबाई के साथ बनारस मे एक जगह ठहरा हुआ था। एक रोज दिन के समय हम केसरबाई के कमरे में गये। पहले तो मेरे पिताजी ने केसरबाई के सामने मेरे भाई से ओंकारनाथ की नकल करवायी। इससे उन्हें बहुत मजा आया। गुफ्तगू के दौरान उन्होंने मेरे पिताजी की तारीफ करते हुए कहा कि वे बहुत आत्मविश्वासी और दृढ़इच्छा शक्ति के व्यक्ति हैं। जब ये अल्लादिया खान के पास कोई राग या बंदिश सीखते थे तो मुझे आकर सुनाते थे। यह जानने के लिए यह ठीक है या नहीं। लेकिन इनकी भयानक आवाज सुनकर हम इतना हंसते थे कि हमारा पेट दुखने लगता था। लेकिन ये जरा भी नहीं शरमाते थे और रेडियो पर इन्होंने खुद को साबित कर दिया।

मजीद खान ने अपने जीवन के आखिरी दिनों में केवल एकल सारंगी वादन किया और अपने शागिर्दों को सिखाया। उन्होंने 1972 में नेशनल सेंटर फॉर दि परफोर्मिंग आर्ट्स में आखिरी बार अपने दोस्त अहमद जान थिरकवा के साथ अपने फन का हुनर दिखाया। पांच साल बाद, 19 मार्च 1977 को 88 साल की उम्र में उनकी मृत्यु हो गयी।

मजीद खान ने तीन शादियां की थीं। उनके सात बच्चे थे। उनमें से तीन बचपन में ही गुजर गये। उन्होंने अपने दो बेटों मोहम्मद सईद खान और रशीद खान को गायकी की बेहतरीन शिक्षा दी और ये दोनों गायक भी खान बंधुओं के नाम से बहुत मशहूर हुए। मजीद खान ने अपने साले मसीत खान (जन्म 1925) को सारंगी बजाना सिखाया था। मसीत खान ने चार साल की उम्र में अपने पिता शम्मन खान से सीखना शुरू किया था। आठ साल की उम्र में उन्होंने मजीद खान से सीखना शुरू किया। मसीत खान आकाशवाणी के स्टाफ कलाकार बने।

आज झज्जर घराने के सबसे बड़े कलाकार मजीद खान के बड़े बेटे मोहम्मद सईद खान हैं। वे पिछले 25 साल से हॉलैंड में बसे हैं। उनकी गायकी का जादू भारत ही नहीं, यूरोप, अमेरिका और लैटिन अमेरिका तक में चला है।

महान संगीतकार अब्दुल मजीद खान

स्व0 उस्ताद अब्दुल मजीद खान 1920 में

अब्दुल मजीद खान हरियाणा के एक कस्बे झज्जर के थे। वह परंपरागत संगीतकारों के परिवार से थे जिन्हें 'मिरासी' कहा जाता है। उनके परिवार के पुरुष सारंगी बजाया करते थे। उनके पिता अब्दुल्ला भी सारंगी बजाते थे। वह लंबे, सुशील, रौबदार और अच्छे व्यक्तित्व के थे। वे राजघरानों मे अपनी कला का प्रदर्शन करने वहां के माहौल और अवसर के अनुसार भव्य पोशाक पहनकर जाते थे।

सारंगी दूसरे वाद्यों और गाने के साथ बजायी जाती थी और अब भी बजायी जाती है। सारंगी की आवाज इंसानी आवाज से मिलती-जुलती है। इसलिए सारंगी की संगत बहुत अच्छी लगती है। बाईजी के गायन के साथ हमेशा दो सारंगी बजती थीं। इसमें कुछ वादकों की इतनी महारत थी कि उनकी ज्यादा मांग रहती थी। सारंगी तकनीकी रूप से मुश्किल साज है। इसमें महारत हासिल

करना मेहनत का काम है। इसलिए हर वादक ने इसे काफी मेहनत से बजाया और इसे स्टेज पर पेश किया। पश्चिम में जैसे भीख मांगने के लिए गिटार बजाते हैं, उसी तरह भारत में साधु और भिखारी सारंगी बजाया करते थे। वे सारंगी के गज में घुंघरू बांध देते थे, इससे वे लय कायम करते थे।

धीरे-धीरे सारंगी नौटंकी, स्वांग, भंडई, नक्काली में बजने लगी। वहां से बाईजी के कोठे पर पहुंच गयी। फिर यह स्टेज पर आयी, जहां इसे बड़े-बड़े गायकों के साथ बजाया जाता था। कुछ सारंगी वादक एकल (सोलो) भी बजाते थे।

पिछली सदी में बुंदू खान ने सारंगी को बड़ा मुकाम दिया। मेरे पिता मजीद खान ने इन्दौर में सारंगी सीखी। वे 1921 में बम्बई आये, तो यहां आने के तीन दिन के भीतर उनकी मुलाकात केसरबाई केरकर से हुई। तब से वे आजीवन उन्हीं के साथ बजाते रहे। उनकी जोड़ी अटूट जोड़ी बन गयी।

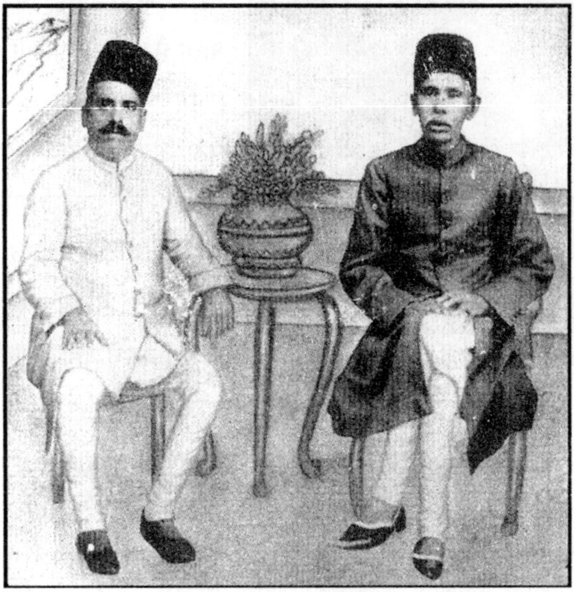

उस्ताद अब्दुल मजीद खान (बाई ओर) अपने सारंगी के गुरु उस्ताद बुन्दू खाँ के साथ

मेरे पिता कहते थे कि साथ-संगत का मतलब मैं कुछ इस तरह समझा हूं कि मामूली गायक के साथ संगत एक तरह की होती है, प्रोफेशनल गायक के साथ दूसरी तरह की। प्रोफेशनल गायक भी दो तरह के होते हैं। एक तो वे, जो गले से गायी हुई चीज को ही बजाने को कहते है। दूसरे वे होते हैं, जो यह नहीं चाहते। वे चाहते हैं कि सारंगी वादक छाया की तरह उनके पीछे चले, और हर उस मुकाम पर उनकी मदद करे, जहां उसकी जरूरत हो। मेरे पिताजी दोनों तरह की संगत करते थे।

वे जब विद्यार्थी स्तर के गायकों की संगत करते थे, तो उनका इतना समर्थन और मार्गदर्शन करते थे कि गायक को आत्मविश्वास आ जाता था। उसका गाना और निखर जाता था। इससे उसकी हिम्मत बढ़ती थी और उसका प्रदर्शन बेहतर हो जाता था। तब वह गायक चाहता था कि मजीद खान ही हमेशा उसकी संगत करें।

जो गायक चाहते थे कि सारंगिया उन्हें फॉलो करे, उनके साथ वे ऐसा ही करते थे। केसरबाई केरकर के साथ वे इसी तरह की संगत करते थे, जिससे उनका हरेक गायन और सुंदर होता था। उनकी रिकार्डिंग सुनते समय सारंगी की आवाज तभी आती थी जब गायिका की सांस और सुर कमजोर पड़ता था। वे यह ऑब्जर्व करते थे कि जहां गायक का सांस कमजोर पड़ रहा है, वहां सारंगी का सुर ऐसा होना चाहिए कि गायक के सुर की कमजोरी दिखे नहीं। यह थी उनकी संगत की खूबी।

मेरे पिताजी की रिकार्डिंग ओंकारनाथ ठाकुर के साथ है। वे जैसा गाते थे, मेरे पिताजी वैसा ही सारंगी पर बजा देते थे। ओंकारनाथजी को यह बहुत अच्छा लगता था। वैसे पिताजी के सोलो रिकार्ड भी हैं और वे रेडियो पर भी सोलो बजाते थे। सोलो रिकार्डिंग में कोलंबिया की उनकी रिकार्डिंग है, जिसमें उन्होंने भीमपलास और सोहा सुगराई बजायी है। उनकी एक और रिकार्डिंग है जिसमें उन्होंने दुर्गा और भोपाली बजाया है। उनके काम को आप सारंगी

वेबसाइट पर भी सुन सकते हैं। मेरे पिता कहा करते थे कि प्रचलित रागों में ऐसा एक भी राग नहीं है जिसे मैंने बजाया न हो या सुना न हो, या मुझे वह याद न हो।

केसरबाई की गायकी पिताजी को इतनी अच्छी लगी कि उन्होंने 1938 में उनके उस्ताद अल्लादिया खान से गायन सीखना शुरू किया। उन्होंने 1941 में रेडियो पर अपना गायन प्रस्तुत किया, जो सबको बहुत पसंद आया। उनके शुभचिंतकों ने कहा कि आर्थिक रूप से सारंगी ही ठीक है। गायन आपके लिए एक नया क्षेत्र होगा। उसमें स्थापित होने के लिए आपको समय लगेगा। इसलिए बेहतर है कि आप सारंगी वादन को जारी रखें। यह बात उनकी समझ में आ गयी और गायक बनने का सपना उन्होंने हम दोनों भाइयों के द्वारा पूरा किया। उन्होंने हमें गायन सिखाया। पहले उन्होंने हमारे लिए छोटी-छोटी सारंगी ली थीं, लेकिन फिर हमें गाना सिखाना शुरू किया। उन्होंने हमें केसरबाई केरकर की शैली का गायन सिखाया, जो कि उनका सपना था।

उस्ताद अब्दुल मजीद खान (दाईं ओर) अपने गायन के गुरु
संगीत सम्राट उस्ताद अल्लादिया खान के साथ

1955 में हम दोनों भाइयों का गायन कार्यक्रम आकाशगंगा हसमन, वार्डन रोड पर हुआ। उसमें पिताजी ने केसरबाई को आमंत्रित किया था। वे उस कार्यक्रम मे आयीं। कार्यक्रम के अंत मे जब सब लोग चले गये तो मेरे पिता ने उनसे पूछा, `सच-सच बताओ कि मेरे बच्चों का गायन तुम्हें कैसा लगा?' जवाब मे केसरबाई ने कहा, `मजीद खान, ये गायकी तुम्हारा सपना था। तुमने अपना सपना पूरा किया। मेरा भी यही सपना था। पर मैं अपना सपना किससे पूरा करूं क्योकि मेरी एक ही बेटी है और वह डॉक्टर है।'

उस्ताद अब्दुल मजीद खान

दिल्ली घराने के एक गायक थे शब्बूखान। जब मेरे पिता को हैदराबाद में उनके साथ सारंगी बजाने के लिए बिठाया गया तो उन्होंने कहा कि `किस गंवार को आप लोगों ने मेरे साथ बिठा दिया है। मैं मात्र पांच मिनट ही गाऊंगा।' लेकिन उसके बाद मजीद खान ने शब्बू खान के गायन के साथ जो सारंगी का साथ दिया वह काबिलेतारीफ था। उनकी संगत ने शब्बू खान को इतना प्रेरित किया कि वे लगातार डेढ़ घंटा गाते रहे।

अब्दुल करीम खान साहब रेडियो पर अपने गायन के साथ सारंगी की बजाय हारमोनियम की संगत पसंद करते थे। उन्हें हारमोनियम पर अक्सर शंकर राव कपिलेश्वरी संगत देते थे। एक बार शंकर राव वहां नहीं पहुंच सके। वहां मजीद खान मौजूद थे। इसलिए अब्दुल करीम खान ने मजबूरी में सारंगी पर मजीद खान की संगत स्वीकार की। मजीद खान ने सारंगी पर जो संगत की उसे सुनकर अब्दुल करीम खान साहब बहुत खुश हुए। उन्होंने उनकी प्रशंसा करते हुए कहा कि आपकी संगत गायक को परेशान नहीं करती, उसके गायन में बाधा उत्पन्न नहीं करती, बल्कि मदद करती है। वे इस बात को इतनी अच्छी तरह

इसलिए जानते थे क्योंकि गायन से पहले वे खुद सारंगी बजाते थे। और इसीलिए अपने गायन के साथ सारंगी के बजाय हारमोनियम की संगत पसंद करते थे।

केसरबाई केरकर का कहना था कि `मजीद खान जब तुम मंच पर नहीं होते हो उस वक्त तुम्हारी प्रतिमा वहां पर होती है।'

देवधर साहब की 1938 की एक रिकार्डिंग है। उसमें दो सारंगी बजायी गयी हैं। दिलरूबा भी है और अन्य कई वाद्य भी हैं। अगर उस रिकॉर्डिंग को सुना जाये तो पता चलेगा कि सारंगी सबसे ऊपर बज रही है। इस रिकॉर्डिंग में हर वाद्य का सोलो अंश है। जब मजीद खान की सारंगी सोलो होती है, तो उसका प्रभाव सबसे अलग नजर आता है।

कोलंबिया से उनकी सोलो रिकॉर्डिंग है। वह जब सुनी जाये तो पता चलता है कि उनके हाथों मे एक अनोखा जोर था। इसीलिए उनकी कला का प्रदर्शन सुन्दर, सुरीला और अनोखा था।

एक किस्सा भोपाल का है। वहां की बेगमें हमेशा परदे में रहा करती थीं। एक बार मजीद खान किसी गायिका के साथ भोपाल गये। साथ में तबला वादक मास्टर सिद्दीक थे। उन दिनों बाहर के मर्द बेगमों के सामने नहीं जा सकते थे। बेगमों ने कहा कि इनकी आंखों पर पट्टी बांध दो। मजीद खान साहब आंखों पर पट्टी बंधवाकर सारंगी बजायेंगे। उन्होंने उनकी बात मान ली। उन्होंने आंखों पर पट्टी बांधकर ऐसी सारंगी बजायी कि बेगमें खुश हो गयीं और उन्होंने उनकी आंखों की पट्टी खोलने का आदेश दे दिया।

अगला किस्सा कश्मीर के महाराज का है। मजीद खान साहब कश्मीर महाराज के पसंदीदा संगीतकार थे। एक बार उनके सामने मास्टर सिद्दीक और वह संगीत दे रहे थे । पर वहां कुछ खास माहौल नहीं बन पा रहा था। महाराज ने यहां-वहां देखा। देखने पर पता चला कि इन संगीतकारों के पास गिलास नहीं हैं। उन्होंने अपने सेवक को बुलाकर दो गिलास मंगवाये। एक-एक घूंट पीने के बाद दोनों ने जमकर संगीत दिया। कश्मीर के महाराज खुश हो गये और बोले, `इसीलिए मजा नही आ रहा था। कहा था ना इंजन में स्टीम नहीं है।'

हर साल दशहरे के अवसर पर कश्मीर के महाराज के दरबार में संगीत की महफिलें जमती थीं, जिनमें देश भर के संगीतकार बुलाये जाते थे। ऐसे मौके पर एक साल लगातार किसी और को गाने का मौका नहीं मिला क्योंकि महाराज का आदेश होता था कि मजीद खान और सिद्दीक के साथ जो गायक है, उसी को ले आओ। इस तरह 16 दिन तक बेगम अखतर को गाने का मौका नहीं मिला। बेगम अखतर ने सोलहवें दिन मजीद खान से अनुरोध किया कि आज आप हमारे साथ बजाइये। तब उन्हें महाराज के सामने गाने का मौका मिला।

एक किस्सा है गुलाम अली खान साहब का। कलकत्ता में मजीद खान गुलाम अली खान से मिला करते थे। दोनों ही महान संगीतकार थे। उनमें संगीत की काफी बातें हुआ करती थीं। एक दिन गुलाम अली खान साहब ने मजीद खान से कहा कि आप अपने बेटों को किसी का शागिर्द बनाइये। उन्होंने इस बात का कोई जवाब नहीं दिया। बहुत बार गुलाम अली खान साहब ने यह बात उनके सामने दोहरायी। तब एक दिन मजीद खान ने उन्हें जवाब देते हुए पूछा कि, `मैं बच्चों को किसका शागिर्द ?' गुलाम अली खान साहब बोले कि जिसको आपका मन चाहे। तब मजीद खान ने जवाब दिया, `जिसे मेरा मन चाहेगा, मैं बेटों को उसका शागिर्द क्यों बनाऊंगा ? मैं तो खुद ही उसका शागिर्द बन जाऊंगा।'

मजीद खान किस दर्जे के कलाकार थे और संगीत के उनके किस दर्जे के अनुभव थे, इसका सबूत विरासत के तौर पर उन्होंने सारंगी वादन और गायन दोनों क्षेत्रों में छोड़ा है। अपने घर से संगीत की विरासत सारंगी वादन के रूप में पाने के बाद जिन दो महान उस्तादों को उन्होंने अपना उस्ताद बनाया, उस पर यह कहावत चरितार्थ होती है कि `पानी पीजे छानके और गुरू कीजे जानके।' ये दो महान उस्ताद थे बुन्दू खान सारंगी वादन में और अल्लादिया खान गायन में। इन दोनों उस्तादों से सीखकर भी सीखने की उनकी प्यास कभी कम नहीं हुई। जब भी, जहां भी, जिससे भी जो चीज अच्छी लगी उसे किसी भी तरह से सीखा जरूर। आज इस पुस्तक के जरिये संगीत का यह अनमोल खजाना, जिसमें अमूल्य जवाहरात रागों और बंदिशों की सूरत में हैं, आपके सामने पेश है।

यादगार वाकये

हमारे घर जो कलाकार आते थे, सब अपने आप में संगीत की संस्था थे। जब वे कुछ अच्छा सुनाते थे तो पिताजी उनसे दोहराने को कहते थे। हमारे लिए वह सीखने का संकेत होता था। खादिम हुसैन गुड़ियानी वाले सारंगी वाले हमारे घर आकर काफी अनुभव की बातें सुनाते थे। उनसे हमने काफी सीखा। तबला वादक अजीम खां भी रोज हमारे घर आकर तबला बजाते थे। उनके साथ भी हमारी ट्रेनिंग होती थी। शोभा गुर्टू के उस्ताद घम्मन खां से भी हमने काफी सीखा। एक से बढ़कर एक संगीतकार हमारे घर आते थे। हमेशा संगीत का माहौल रहता था। हफीज खां गुड़ियानी वाले से मैं बहुत प्रभावित था। उनकी आवाज के बारे में यह कहा जाता था कि उनकी आवाज ऊपर जाकर पतली नहीं होती थी। और खुलती थी। 1962 में मेरी एक रिकार्डिंग आकाशवाणी पर हुई। उस दिन पहली बार अपनी आवाज सुनकर मुझे अच्छी नहीं लगी। तब मैंने आवाज के बारे में फिर से सोचना और शोध करना शुरू किया।

बाबा नसीर ठुमरी बहुत अच्छी गाते थे। वे कलकत्ता में बहुत मशहूर थे। हमने एक बार उनके भाई मोहम्मद सिद्दीक का गायन `गधे की दुम' ताल में सुना, जिसका पहले बस नाम ही सुना था। घम्मन खां ने हमें कई राग और बंदिशें सिखायीं। बुन्दू खां साहब से एक बार बचपन में हमें नायाब सीख मिली। हमारे पिता हमें पतंग नहीं उड़ाने दे रहे थे। बुन्दू खां साहब ने कहा, `जाओ पतंग

उड़ाओ। पर एक बात याद रखना कि अगर तुमने पतंग काटी तो तुम सम पर आये और अगर तुम्हारी पतंग कट गयी तो तुम बेताले हुए।' हमने उसे सबक की तरह याद कर लिया। उन्होंने हमें यह भी सिखाया कि जब भी गाओ तो यह समझकर गाओ कि यह तुम्हारा पहला और आखिरी गाना है। पहला इसलिए कि अगर तुमने अच्छा गाया तो लोग हमेशा याद रखेंगे। आखिरी इसलिए कि अगर अच्छा नहीं गाया तो लोग तुम्हारे पिछले गानों को भी भूल जायेंगे।

पहले उस्ताद अपने शागिर्दों को तैयार करके उन्हें महफिलों में पेश करते थे। एक बार इन्दौर में ऐसी ही एक महफिल जमी थी। रजब अली खां के एक शागिर्द गाने के लिए बैठे । सारंगी और तबले पर बुंदू खान और अजीम खान को आमंत्रित किया। ये दोनों बड़े उस्ताद थे इसलिए वे रजब अली खां के शागिर्द पर छा गये। तब गुस्सा होकर रजब अली खां परम्परा को तोड़ते हुए गाने को बैठ गये। बुंदू खां ने पूछा कि कौन सा ठाठ मिला लूं, अजीम खां ने पूछा कि कौन सा ठेका लगाऊं, तो रजब अली बोले कि हम सब गायेंगे। छह घंटे मुकाबला चला। फिर लोगों ने ही बंद करवाया कि आप सभी अपने फन के उस्ताद हो। बरसों बाद जब हम अपने पिता के साथ बुन्दू खान से मिले तो हमारे पिता ने बुन्दू खान से कहा कि बच्चों को इन्दौर का वह वाकया बताइए तब बुन्दू खान बोले कि वाकया क्या है, बस उस दिन खुदा ने हमारी लाज रख ली। यानी उन्होंने कुछ भी श्रेय नहीं लिया। यह उनका बड़प्पन था।

एक बार ग्वालियर दरबार में केसरबाई ने गायन शुरू किया। जब वे सम पर आयीं तो सबके मुंह से अकस्मात निकला `वाह-वाह'। सभी लोग उसमें डूबकर दरबार का अदब तक भूल गये।

पहले के जमाने में संगीत की महफिलें ज्यादातर संगीतकारों में आपस में होती थीं। नवाबों और राजाओं के यहां भी होती थीं। लेकिन वहां भी उनकी लुत्फ़ सराहना संगीतकार ही करते थे। कुछ महफिलें जन्मदिन या शादी-ब्याह के मौके पर होती थीं। कुछ संगीत का आयोजन किसी की मृत्यु के मौके पर, जिसे

`चेहलम' कहा जाता है, उस दिन होता था। इस दिन एक रस्म अदा की जाती थी जिसे `दस्तारबंदी' कहा जाता है। जिस दिन किसी उस्ताद की मृत्यु होती थी उस दिन यह प्रश्न उठता था कि अब उसकी जगह कौन लेगा। संगीत में उसका वारिस उसका बेटा होता था, जिसे खलीफा कहा जाता है। जब तक उस्ताद जिंदा होता था तब तक उसके बेटे को खलीफा माना जाता था। पिता की मृत्यु के बाद खलीफा ही उस्ताद की जगह लेता था। कभी-कभी उस्ताद का जो शागिर्द प्रभावशाली होता था उसे उस्ताद के बाद खलीफा मान लिया जाता था।

युगल गायन प्रस्तुत करते हुए खान बन्धु

तानरस खान साहब दिल्ली के रहने वाले थे। उन्हें शाही दरबार की ओर से एक जायदाद तोहफे में मिली हुई थी। वह जायदाद काफी बड़ी थी। जब उनकी मृत्यु हुई तो `चेहलम' का आयोजन किया गया। दिल्ली तथा उसके बाहर के शहरों से मशहूर गायकों तथा संगीतकारों को बुलाया गया। उनमें हफीज खान और बशीर खान गुड़ियाने वाले भी थे। उस्ताद अल्लदिया खान भी उस महफिल में मौजूद थे। ऐसी महफिलों में गायन वरिष्ठता के अनुसार होता था, जो काबिलियत, खानदानी या उस्ताद घरानों पर आधारित होती थी। हफीज खान, बशीर खान बड़े कुशल गायक थे। दिल्ली घराने के गायक उन्हें कुशल गायक तो

मानते थे, लेकिन खानदानी गायक नही मानते थे। इसलिए वे उनसे पहले गवाना चाहते थे। यह कानाफूसी बशीर ख़ान साहब ने सुन ली। वह खड़े हुए और एक मिसाल दी कि `आगे, पीछे तो घोड़े की बंधती है।' मतलब घोड़े को आगे से बांधा जाता है जिससे वह लगाम में रहे और उसके पैर पीछे से बांधे जाते हैं जिससे वह भाग न जाये। उन्होंने कहा कि `पहले मारे सो मीर'। और वे पहले गाने को बैठे। गाते रहे, गाते रहे। बहुत सुंदर उन्होंने गाया। बहुत देर बाद वे खड़े हुए और दोनों मुट्ठियां बंद करके कहा कि यही गवैये की तैयारी की हद है, अगर इससे आगे कोई गाने की कोशिश करेगा तो वह `तेतरा' हो जायेगा।

जो इन्सान इल्म अर्थात कला को पाना चाहता है वह सीखते समय पूर्ण रूप से विनम्र हो जाता है। वह यह भूल जाता है कि दुनिया में उसका स्थान क्या है। किस्सा कलकत्ता का है। अजीम खान साहब पेशे से बड़े तबलावादक थे। एक दिन संगीत की महफिल जमी हुई थी। आयोजन एकल तबला वादन का था। वहां एक वाल्मीकि तबला बजा रहा था। अजीम खान साहब उसका तबला सुनकर उस बोल के कायल हो गये, जो वह बड़ी कुशलता से बजा रहा था। उन्होंने सबके सामने उससे वह बोल सिखाने के लिए कहा। महफिल में मौजूद लोग चिढ़ गये और कहा कि `अजीम खान साहब आप एक वाल्मीकि से तबला सीखोगे?' उस वाल्मीकि ने भी सिखाने से यह कहकर मना कर दिया कि, `अजीम खान साहब तो खुद उस्ताद हैं उन्हें मैं क्या सिखाऊं?' उस समय खान साहब ने कुछ नहीं कहा। पर घर जाकर जब उन्होंने वह बोल बजाने की कोशिश की तो वह वैसा बजा नहीं पाये। फिर उन्होंने ठान ली कि मैं अब इसे सीखकर ही रहूंगा। इसलिए किसी से भी पूछे बगैर शागिर्द की तरह कलावा, गुड़, चने और मिठाई लेकर चल पड़े। वहां जाकर उससे कहा कि `यह कलावा बांधो और कुछ भी सोचे बगैर मुझे सिखाना शुरू कर दो।' इसका मतलब है जिसे सीखने का`और कला को और जानने का शौक है वह कभी संकोच नहीं करता। वह छोटा-बड़ा कुछ भी नहीं देखता।

इससे ही संबंधित और एक किस्सा है। यह किस्सा मेरे पिता का है। दिल्ली के एक संगीतकार थे मुजफ्फर खान रंगीले। उनका एक पोता था। वह भी संगीत से संबंध रखता था। उस वक्त वह मेरी उमर का ही था। एक दिन मैं अपने पिता के साथ सब्जीमंडी जा रहा था। उस वक्त मुजफ्फर खान साहब का पोता हमें मिल गया। मेरे पिता ने उससे पूछ लिया कि `मियां, वह जो तुम्हारे दादा की मुलतानी की अस्थायी थी, क्या तुम्हें याद है।' उसने कहा, `हां'। तब पिताजी बोले कि मुझे सिखा दो। मैं तुम्हारे पास आ जाऊंगा। उसने जवाब दिया, `आप कष्ट मत कीजिए, मैं खुद आ जाऊंगा।' मैंने अपने पिता से कहा, `क्या जरूरत है आपको यह सब सीखने की?' पिता ने कुछ जवाब नहीं दिया। तीन-चार दिन बाद पिता ने मुझसे कहा, `मुलतानी की अस्थायी तुम मुझसे सीख लो।'

ऐसा ही एक किस्सा है बुंदूखान साहब का। एक थे अशरफ खान, जो मुरादाबाद के थे। उनको एक अस्थायी आती थी। बुंदूखान साहब ने वह सुनी थी। उनकी इच्छा वह सीखने की थी। अशरफ खान साहब से जब उन्होंने सीखने की इच्छा जतायी तो बदले में अशरफ खान साहब ने कहा कि `पहले आप मेरे बेटे की शादी करवा कर दो। उसकी शादी कहीं नहीं हो रही है।' बुदूंखान साहब बौखला गये। वह सोचने लगे। अचानक उन्हें याद आया कि उनके किसी मामा की लड़की बेवा है या तो फिर तलाक ली हुई है। उन्होंने अपने मामा से बात की और अशरफ खान के बेटे के साथ उसकी शादी करवा दी और आखिर में अस्थायी सीख ही ली।

जो इल्म की यानि कला की कदर करना जानता है वह हमेशा समाज में सराहा जाता है। उसमें भी अपने प्रतिस्पर्धी की कदर करने वाले व्यक्ति की इज्जत और भी बढ़जाती है। यह बात हमारे पिता हमेशा मुझे और मेरे भाई को समझाया करते थे। पिता केसरबाई के यहां सारंगी बजाने जाया करते थे। उन्होंने हम दोनों बच्चों को गाना सिखाने का निर्णय लिया। वह हमें केसरबाई के कार्यक्रम में ले जाते थे, उनका गाना सुनवाते थे और आखिर में हमें उस गाने के बारे में

जानकारी देते थे। वैसे तो पिता और केसरबाई के संबंध काफी अच्छे थे पर जब से पिता ने हमें गाना सिखाना शुरू किया वह उनसे नाराज रहने लगीं। बीच-बीच में वह पिताजी से पूछती कि तुमने बच्चों को आज क्या सिखाया। यह बात पिता को अखरती थी। क्योंकि मैं और मेरा भाई पिताजी की तीसरी शादी के बाद पैदा हुई औलादें थीं। उनके किसी भाई की भी कोई औलाद नहीं थी। इसलिए उन्हें अपने बच्चों के लिए काफी लगाव था। उनकी इसी बात को लेकर केसबाई से कहासुनी हुआ करती थी। फिर भी केसरबाई उन्हें अपने यहां बुलाती थी। कई बार तो वह कह देती, 'मैं तुम्हारा मुंह ना देखूं, मैं तुम्हारा नाम तक न लूं, अगर तुमसे आधा काम भी करने वाला आदमी मुझे मिल जाये।' इसका यही मतलब है कि दुश्मनी, नाराजगी अपनी जगह होती है और कला अपनी जगह। उसकी जरूरत इन्सान के स्वभाव को बदल देती है।

इन तमाम प्रेरक वाकयों से यह बात स्पष्ट होती है कि कला और कला के सीखने के सामने व्यक्तित्व कुछ मायने नहीं रखता। कलाकार एक-दूसरे की सराहना करने में केवल कला देखते हैं, व्यक्तित्व नहीं। दूसरा पहलू ये है कि कला को पाने और उसकी साधना करने के लिए मेहनत, लगन और विनम्रता की आवश्यकता होती है।

संगीत का सफर

संगीत के बारे में कहा जाता है कि संगीत को ब्रह्मा ने बनाया था। यह हिंदू पौराणिक सिद्धांत है। दूसरा सिद्धांत है विकास का। इस सिद्धांत के अनुसार मानव जीवन का सबसे पहला व्यवसाय है गडेरिया, यानी जानवरों को जंगल में ले जाकर चराना। इस व्यवसाय में जानवरों को जंगल में छोड़ दिया जाता है। जानवरों को जंगल में छोड़ने के बाद इन चरवाहों के पास कुछ भी काम नहीं होता। फिर वे उन्हें जंगल में छोड़ने के बाद निठल्ले हो जाते हैं। अब इनमें से एक के पास निरीक्षण शक्ति है। उसका दिमाग बहुत तेज है। उसने बैठे-बैठे देखा कि पेड़ों की दो शाखों में से जो हवा गुजर रही है वह आवाज एक सुर पैदा कर रही है। वह रोज इन बातों का निरीक्षण करता है। उसके बाद उसका ध्यान जंगल के बांस की ओर जाता है। वह देखता है कि बांस की लकड़ियों में जो छेद हैं उनमें से हवा के गुजरने पर एक सुर पैदा होता है। उसका निरीक्षण करते-करते वह चरवाहा उस आवाज की नकल करना शुरू कर देता है। उसका ध्यान उन जानवरों की ओर भी जाता है जिन्हें वह चरवाने के लिए लेकर आया है। वह देखता है कि वे भी कुछ बोलते रहते हैं । धीरे धीरे वह उनकी भी नकल करने लगता है। इन जानवरों में भेड़ हैं, गाय हैं, भैंस हैं, घोड़े हैं। इन सबकी आवाज वह सुनता है और उसकी नकल करता है। इन सभी जानवरों के साथ कुछ अन्य जानवर भी वहां उसे दिख जाते हैं। अकेले बैठे-बैठे वह इन सब प्राणियों की आवाज की नकल करने लगता है।

और धीरे-धीरे इसमें माहिर हो जाता है। जब दोस्तों के बीच बैठकर वह ये सब आवाजें निकालता है तो उसके दोस्त उन आवाजों को बहुत पसंद करते हैं। उसे वह आवाजें बार-बार निकालने के लिए कहते हैं। यह चरवाहा अपने स्वभाव के अनुसार यह सब आवाजें निकालता था और उसे वापस करने के लिए कहे तो दोहराता भी था। मतलब उसकी यह नकल अब कला में बदल गयी । इस तरह की नकल करते-करते कुछ सुर अस्तित्व में आये। इस तरह सुरों का निर्माण हुआ और वे संगीत कहलाये। इसी तरह दुनिया का पहला साज बांसुरी बना। यह विकास का सिद्धांत है। इस सिद्धांत में एक संदेह पैदा होता है। हम देखते हैं कि संगीत के अंतर्गत सात सुर हैं। कोमल-शुद्ध सुर मिलाकर कुल बारह सुर हैं। ये बारह सुर विश्वव्यापी अर्थात सार्वभौम हैं। यानि भारत में अगर बारह सुर हैं तो यूरोप में भी बारह सुर हैं । उनका कोई अलग रूप नहीं है। मात्र उनके नाम भिन्न-भिन्न है। हम स, रे, ग, म, प, ध, नी कहते हैं और वे कहते हैं डो, रे, नी,प, सो, ला, सी । जिस तरह से वे कहते हैं संडे, मंडे, ट्युजडे, वेडनसडे, थर्सडे, फ्राईडे, सेटरडे, और हम यह कहते हैं रविवार, सोमवार, मंगलवार, बुधवार, बृहस्पतिवार, शुक्रवार, शनिवार। यह नाम अलग हैं पर दिन वही हैं। फारसी में कहते हैं शंभा, यक शंभा, दो शंभा, स शंभा, चार शंभा, पंच शंभा, जुमा । इसी तरह सात सुरों का है। यह पूरे विश्व में एक ही हैं । उनके नाम मात्र अलग हैं। यहीं पर सुरों को लेकर संशय हो जाता हैं कि अगर किसी गडेरिया ने किसी एक जगह से सुरों का निर्माण किया है, समझो सात सुरों का निर्माण किया है तो वे पूरे विश्व में एक कैसे हैं।

यह सुर सार्वभौम होने का मतलब है कि इनका कोई सामान्य रचनाकार है। इसके हिंदू पौराणिक सिद्धांत के अनुसार यह पता चलता है कि संसार का रचनाकार ही संगीत का रचनाकार है। हिंदू पौराणिक सिद्धांत में कहा गया है, 'नाद ही ब्रह्म है और ब्रह्म ही नाद है।' इस सिद्धांत के अनुसार माना जाता है कि ब्रह्मा ने ही संगीत की रचना की और संगीत की अपनी यह रचना देवी सरस्वती

को सिखायी। सरस्वती ने यह संगीत नारदमुनि को सिखाया। नारद ने यह संगीत गंधर्वो को सिखाया। गंधर्वो को देवलोक का संगीतकार कहा जाता है। और गंधर्वों से यह धरती पर ऋषियों तक पहुंचा। ऋषि भी धरती से गंधर्व लोक जाते थे। इसमें कोई दो राय नहीं कि ऋषियों ने संगीत को सीखा। और उसकी शोध तथा साधना की। पर कौन से ऋषियों ने सीखा, यह कहना मुश्किल है। यह सामवेद से पता चलता है। यह तो तय है कि संगीत की रचना इसी तरह हुई है। संगीत के ऋषियों का जीवन सादा और लंबा होता था। ऋषि एक बार किसी विषय पर अनुसंधान या अन्वेषण करने की ठान लेते थे तो उसे पूरा करके छोड़ते थे। उनका पूरा जीवन उसी के पीछे बीत जाता था। जैसे उन्होंने संगीत के अंतर्गत संगीत की विविध रचनाओं का अन्वेषण किया। साथ ही उसकी और भी बहुमूल्य जानकारी हासिल की। इसी तरह वेद के बारे में कहा जाये तो वैदिक जानकारी हासिल करके उसे व्यावहारिक रूप में लोगों तक पहुंचाया। उसी तरह योग का अभ्यास करके उससे संबंधित कई जानकारियां हासिल कीं और व्यावहारिक रूप में लोगों तक पहुंचाया। यह सारी विद्याएं व्यावहारिक विद्याएं थीं। और संगीत की विद्या को तो तप विद्या भी कहा जाता है, क्योंकि जिस तरह कोई भगवान को पाने के लिए कई महीनों, वर्षों तथा पूरे जीवन उपासना करता है, उसी तरह संगीत का ज्ञान पाने, उसमें कुशलता हासिल करने के लिए पूर्ण रूप से समर्पित होना पड़ता है। ऋषियो ने नाद और ब्रह्म के एक होने की खोज करके यह पता लगाया कि संगीत के जरिए आत्मा और परमात्मा का मिलन कैसे होता है। भारतीय संगीत की यही विशेषता है कि इसके जरिये आत्मा और परमात्मा के मिलन के सिद्धांत को पूर्णता प्रदान की जाती है। यही सिद्धांत भारतीय संगीत को दुनिया के तमाम संगीतों में सर्वोत्तम स्थान दिलाता है।

ऋषि अन्वेषण के आधार पर इस नतीजे पर पहुंचे कि अगर कोई व्यक्ति सुर की शुरूआत करे और धीरे-धीरे उस सुर को ऊंचा करता जाये तो उसके अलग-अलग मुकाम मिलेंगे। यह मुकाम बहुत महीन भी होंगे। पर इन सब में आप

फर्क को पहचान नहीं सकते। लेकिन आपको पता होगा कि एक सप्तक में आप 22 जगह को अभिज्ञात कर सकते हैं। जिनको हम श्रुती कहते हैं। एक सप्तक के दौरान जो अलग-अलग सुर निकलते हैं उनमें 22 जगह ऐसी हैं जिन्हें आप अलग तरीके से जान सकते हैं। ये 22 श्रुतियां संगीत में मान्य हुईं। इन 22 श्रुतिओं में से 12 पर शुद्ध, कोमल और तीव्र सुर को कायम कर दिया गया है। बाकी 10 का अपना कोई अलग अस्तित्व नहीं है। इनका इस्तेमाल हमेशा संयोजन या सापेक्ष रूप में होता है। सुर में खूबसूरती पैदा करने के लिए या श्रृंगार रस उत्पन्न करने के लिए इन श्रुतिओं का इस्तेमाल होता है। इससे सुर में ज्यादा मिठास पैदा होती है और वह दिलों को छू जाता है। लेकिन 12 श्रुतियां सुर बन गयी हैं। `स' से लेकर `नी' तक 12 सुर और उनकी 22 श्रुतियां हैं। स, म, प, इनकी चार-चार श्रुतियां हैं। रे व ध की तीन-तीन श्रुतियां हैं। `ग' और `नी' की दो-दो हैं। इस तरह कुल मिलाकर 22 श्रुतियां हैं। इन 22 श्रुतिओं के नाम भी हैं। इन श्रुतिओं को लेकर संगीत विशेषज्ञों के बीच कुछ मतभेद हैं। कुछ का कहना है `स' की चार श्रुतियां हैं तो कौन सी श्रुति पर `स' होगा। कुछ का कहना है `स' की पहली श्रुति पर `स' होगा। कुछ का कहना है `स' की चौथी श्रुति पर `स' होगा। जब इस पर और अभ्यास किया गया, विविध प्रयोग किये गये, तो पता चला कि पहली श्रुति पर जो सुर को कायम किया जाये तो सातों सुर आसानी से मिल जाते हैं और उसमें कोई उलझन भी नहीं होती।

आगे जाकर सवाल उठा राग का। यह राग इन 12 सुरों के क्रम-परिवर्तन व संयोग से बनते हैं। एक राग में कम से कम पांच सुर हो सकते हैं या ज्यादा से ज्यादा सात सुर हो सकते हैं। बारह सुर हैं। इन बारह सुरों का क्रम परिवर्तन व संयोग इस तरह किया जाता है जिससे एक राग में कम से कम पांच और ज्यादा से ज्यादा सात सुर हों। फिर रागों को समूह में बांटा जाता है। फिर राग में आना-जाना अर्थात आरोही और अवरोही होते हैं। इस तरह आरोही में कितने सुर लगते हैं, और अवरोही में कितने सुर लगते हैं, उसके अनुसार समूह

बनाये जाते हैं। जिस राग में जाने और आने में सातों सुर लगते हैं उसे संपूरण कहते हैं। जिस राग में छह सुर जाने में और सात आने में लगते हैं उसे शौढो संपूरण कहते हैं । जिस राग में पांच सुर जाने में और सात सुर आने में लगते हैं उसे औडो संपूरण कहते हैं। कुछ राग ऐसे हैं जिनमें छह-छह सुर जाने और आने में लगते हैं । उन्हें शौढ़ो-शौढ़ो कहते हैं । कुछ रागों में जाने और आने में पांच-पांच सुर होते हैं । उन्हें औड़ो-औड़ो कहते हैं। इस तरह समूह बनाने के बाद आगे का नियम है ठाठ जिसे मेल भी कहा जाता है तथा मुर्छना भी कहते हैं। राग ठाठ, मेल या मुर्छना से पैदा होते हैं। तब कुल मिलाकर चौंतीस हजार आठ सौ अड़तालीस राग बनते हैं । इतने रागों या इनके नामों को याद रखना मुश्किल है। क्रम परिवर्तन संयोग से इतने राग बनाना मुमकिन हुआ है।

दक्षिण भारत के संगीतज्ञ 72 ठाठ को मानते हैं। वहीं, उत्तर भारत के संगीतज्ञ इन 72 ठाठ में से मात्र दस को मानते हैं। उत्तर भारत के जितने भी राग है वह इन दस ठाठ पर ही आधारित हैं। लगभग 200 से 250 राग ही गाये-बजाये जाते हैं। बाकी रागों का केवल रचना के आधार पर विवरण दिया जा सकता है। इसके बाद रागों के अंतर्गत एक नियम बनता हैं। जब रागों के अंतर्गत कोई महत्वपूर्ण सुर होगा तो उसे वादी सुर कहेंगे और उसके अंतर्गत जो अन्य कम महत्वपूर्ण सुर होगा उसे समवादी सुर कहा जाता है। इस तरह राग का संगठन होता है अर्थात राग का सिस्टम तैयार होता है। सिस्टम को क्रम परिवर्तन व संयोग से कभी कभी वही सुर लगाये जाते हैं। लेकिन इस सुरों को किस ढंग से लगाया जाता है वह उस सिस्टम पर आधारित होता है। उदाहरण के तौर पर तीन राग हैं, पूर्या, मारवा, सोहनी। तीनों रागों में वही सुर लगते हैं, तीनों रागों में पंचम नहीं है। अर्थात `प' नहीं है, तीनों रागों के अंदर अन्य छह सुर लगते हैं। लेकिन ये छह सुर इस तरह से लगते हैं कि ये तीनों भिन्न-भिन्न हो जाते हैं। पूर्या राग का स्वभाव गंभीर है। इसलिए यह राग ज्यादातर शरज के आसपास रहता है। मारवा राग स्वभाव से प्रबल है। इसलिए इस राग की बढ़त धैवत के पास होती है। सोहनी

का स्वभाव अलग होने के कारण वह तार सुर पर रहता है। सुर वही हैं। लेकिन जब उनका चलन बदल जाता है तो राग का रस भी अलग हो जाता है। राग के सुर को जिस अंदाज से लगाया जाता है उससे उसकी शकल कायम होती है।

उस्ताद मुहम्मद सईद खान

सबसे पहले आता है राग, जो रचना से बनता है, क्रम परिवर्तन व संयोग से बनता है। दूसरे राग की रचना दो रागों को मिलाकर होती है। कोई भी दो राग मिलाने से एक नया राग बन जाता है। अब ये दो राग मिलने के बाद जो नये राग बनते हैं वह भी दो तरह के होते हैं । एक तो ऐसा बनता है जिसमें मिलने के बाद वह अपने दोनों मूल खो देता है। जैसे दो रंगों को मिला कर एक नया रंग बन जाता है। इस तरह वह सीधा तीसरा राग बन जाता है। मिसाल के तौर पर एक राग

आसावरी है और दूसरा राग `कानरा' है। जब इन दोनों को मिलाया जाता है तब राग `दरबारी' बन जाता है। यह पूर्ण रूप से नया राग बन जाता है। इसी तरह `सारंग' और `कानरा' को मिलाकर `मिया की मल्हार' राग बन जाता है।

लेकिन कुछ राग ऐसे होते हैं जिनको मिलाने के बाद भी उनका अस्तित्व कायम रहता है। लेकिन बजाने वाले के लिए यह थोड़ा मुश्किल हो जाता है। उसके बाद आता है तीसरा राग। जैसे कोई गायक एक राग गा रहा है और उसका असर जम गया है। उसके फौरन बाद अगर कोई दूसरा गायक गाने के लिए बैठे तो उसके सामने दो तरीके हैं। एक तो उसके पास इतना ज्ञान हो कि वह दूसरा ऐसा राग जानता हो जो उसके असर को हटा सके। दूसरे, वह खुद उस राग के रस में इतना खो जाये कि अपने हुनर से उस राग को बरकरार रखकर नया रस पैदा कर दे। इससे वह एक नये राग को जन्म देता है। इस तरह जन्मे रागों को ही बड़ा राग कहा जाता है। बड़े राग और छोटे राग का अंतर कलाकार के कौशल पर निर्भर होता है। महान कौशल से गाया जाने वाला राग बड़ा राग और सरलता से गाया जाने वाला राग छोटा राग कहलाता है।

पहले के जमाने में जब एक राजा दूसरे राजा के पास जाता था, तब अपने साथ अपने सारे फनकारों को लेकर जाता था। जब उनकी महफिल जमती थी तब राजाओं के संगीतकार बारी-बारी से संगीत सुनाते थे। जिस राजा का संगीतकार सर्वोत्तम गाता था उस राजा का मान बढ़ता था। इसलिए संगीतकार अपने राजा के सम्मान के लिए सर्वोत्तम गाने का प्रयास करता था। जैसे एक राजा के संगीतकार ने गाना शुरू किया और उसका संगीत पूरी महफिल में छा गया तो उसके बाद आने वाले संगीतकार की जिम्मेदारी यह होती थी कि अपना संगीत और प्रभावी बनाये। इसलिए या तो वह पिछले संगीतकार के राग का मूड बदल देता था या फिर उसे नये अंदाज से गाने लगता था। या उसी मूड को कायम रखकर उसमें थोड़ा बदलाव ला देता था। इसी तरह तीसरा संगीतकार भी करेगा। मूड वही, पर अंदाज अलग।

पूरे विश्व में संगीत सात सुरों से बना हुआ है। सभी जगह सुर वही हैं पर उनके नाम भिन्न-भिन्न हैं । उसी तरह रागों के साथ है। हिंदुस्तान में जो राग `बिलावल' है उसे पाश्चात्य संगीत में `सिनेचुरल' कहते हैं। दोनों का बुनियादी राग `बिलावल` ही है। `बिलावल' से ही हिंदुस्तानी संगीत बने। तो यह सुर कैसे बनते हैं ? बिलावल ठाठ का शुद्ध सुर है `नी' । उसे कोमल कर दिया जाता है। और यह ठाठ `खमाज' बन जाता है। अब `बिलावल' ठाठ का `खमाज' ठाठ बन गया। अब `खमाज' ठाठ में `ग' को कोमल कर दिया जाये तो वह `काफी' ठाठ बन जाता है। `काफी' ठाठ के अंदर `ध' को कोमल कर दिया जाये तो वह `असावरी' ठाठ बन जाता है। `असावरी' ठाठ के अंदर `रे' को कोमल कर दिया जाये तो वह `भैरवी' ठाठ बन जाता है। फिर दो सुर बदले `म' और `नी' तो यह `तोडी' ठाठ बन गया । `तोडी' ठाठ के अंदर अगर `ग' को बदल दें तो `पूर्वी' ठाठ बन जाता है। `पूर्वी' ठाठ के अंदर अगर `ध' को बदल दिया जाये तो `मारवा' ठाठ बन जाता है। `मारवा' ठाठ के अंदर अगर `रे' को बदल दिया जाये तो वह `कल्याण' ठाठ बन जाता है। भैरवी ठाठ के अंदर `ग' और `नी' बदलने पर भैरो ठाठ बन जाता है। इस तरह से दस ठाठ बनते हैं। इन्हीं दस ठाठों से राग उत्पन्न होते हैं।

इसके अंतर्गत कुछ नियम हैं। पहले नियम के अनुसार ठाठ के अंदर सातों सुरों का आना जरूरी है। यह सातों सुर क्रम में होने जरूरी हैं। यह दूसरा नियम है। जैसे स, रे ग, म, प, ध नी, स और स, नी, ध प, म, ग, रे, स। तीसरे नियम के अनुसार किसी भी सुर की पुनरावृत्ति नहीं होनी चाहिए। तब इसे ठाठ कहते हैं । राग के अंदर सात सुर लगते हैं लेकिन क्रम के अनुसार नहीं लगते हैं। उस राग को वक्र संपूरण और जहां पर सुर मुड़कर लग रहा है उस सुर को वक्र सुर कहते हैं। ये सारे नियम संगीत के व्याकरण हैं।

पाश्चात्य संगीत और हिंदुस्तानी संगीत प्रणाली में फर्क है। पाश्चात्य संगीत की प्रणाली के अंतर्गत `कोर्ड और हारमोनी' का समावेश होता है। वहीं

हिंदुस्तानी संगीत प्रणाली में राग यानी मेलोडी का समावेश होता है। हमारे संगीत में ताल के चक्र हैं। उदाहरण के लिए तीन ताल हैं, सोलह मात्रा के। `जपताल' दस मात्रा का लयबद्ध चक्र है। `झुमरा' व `आड़ा चौताला चौदह मात्रा का तथा `धमार' 14 मात्रा के, तिलवाड़ा, पंजाबी, इकवायी, अद्‌या 16 मात्रा के, कहरवा आठ मात्रा का, रूपक सात मात्रा का और दादरा छह मात्रा के आम मानक लयबद्ध हैं । जबकि पाश्चात्य संगीत में ऐसा कोई लयबद्ध चक्र नहीं है। उनके संगीत में लय है पर वे उसे अपने हिसाब से उपयोग करते हैं। पर यहां पर यह प्रश्न उठता है कि अगर एक लयबद्ध चक्र 16या 14 मात्रा का है तो दूसरा उतनी ही मात्राओं का क्यों बना। तो यह रचनाकारों के निरीक्षण का फल है। रचनाकारों ने जानवरों या इन्सानों की चाल का निरीक्षण करके इसकी रचना की है। ताल में भी भिन्न-भिन्न मात्राएं होती हैं। जैसे 16 मात्रा की सभी तालें चार, चार, चार चार, करके सोलह मात्राएं हो जाती हैं।

संगीत की तालीम

संगीत की तालीम के तीन तत्व हैं। उनमें सबसे पहला है कलाकार द्वारा कला की साधना। मतलब अगर वह गाना चाहता है तो उसका गला तैयार करवाना, जिससे उसकी आवाज विकसित हो। अगर वह संगीतवादक है तो उसके हाथ सही ढंग से उस वाद्य के लिए तैयार करवाना। उसमें वह लचीलापन या सुगमता लाना, जिससे वह कोई भी सुर और ताल बजा सके और ऐसा वातावरण पैदा कर सके कि श्रोता उसमें खो जायें।

दूसरा तत्व है कलाकार द्वारा अपनी कला का प्रदर्शन करना। उसमें यह क्षमता हासिल करना जिससे श्रोताओं को यह महसूस हो कि गायक गा नहीं रहा बल्कि उनसे बात कर रहा है और उसके स्वर उनके दिल को छू रहे हैं जिससे वे मधुमय हो जायें।

तीसरा तत्व है स्मरण शक्ति। इसके लिए कलाकार को हर रोज ऐसी साधना करनी चाहिए, जिंससे वह किसी भी समय कोई भी राग अवसर के अनुसार गा सके। इसके लिए उसे याद की हुई चीजों को रोज दोहराना चाहिए। इन तीन तत्वों में पहला तत्व कलाकार की क्षमता बढ़ाता है, दूसरा तत्व उसके प्रदर्शन के स्तर को बढ़ाता है और तीसरा तत्व उसकी स्मरण शक्ति को विकसित करता है।

आज के जमाने में उस्ताद अपने शिष्य को पहले विलम्बित, फिर मध्य और आखिर में द्रुत सिखाते हैं लेकिन पहले उस्तादों का कहना था कि द्रुत, मध्य और विलम्बित के क्रम से सीखना चाहिए। यह इसलिए जरूरी है क्योंकि अगर

विलम्बित पहले सीखा जाये तो गले की मांसपेशियों को तकलीफ हो सकती है। वह काफी सख्त हो जाती हैं। इसलिए द्रुत पहले सीखना चाहिए। द्रुत सीखने का भी तरीका होता है। अगर उसका सही तरीका पता न हो तो उसका फायदा कुछ नहीं होगा, बल्कि नुकसान जरूर हो सकता है। द्रुत इस तरह गाना चाहिए, जिससे गले पर दबाव नहीं पड़े। गले की मांसपेशियों के अलावा नाक, होंठ व अन्य मांसपेशियों को भी व्यायाम मिलना उतना ही जरूरी है क्योंकि शब्दों को गाने में इनका इस्तेमाल होता है और अगर वे फिट नहीं हैं तो फिर शब्दों के गाने में मधुरता नहीं आयेगी। इसलिए तब तक अकेले रियाज नहीं करना चाहिए, जब तक आपका उस्ताद आपको घर बैठकर रियाज करने की अनुमति नहीं देता। तब तक उस्ताद के सामने रियाज करना जरूरी है।

उस्ताद मुहम्मद सईद खान हालैण्ड में कार्यक्रम प्रस्तुत करते हुए

जब आपकी स्वर प्रणाली (वोकल सिस्टम) पूर्ण रूप से तैयार हो जाये तो रियाज करने के लिए आप समय के अनुसार कुछ राग चुन सकते हैं। रियाज में सारे रागों को गाना जरूरी नहीं है। एक साथ दो या तीन रागों का रियाज काफी हो जाता है। इसके लिए आवाज का तैयार और फिट होना एक गायक के लिए बहुत जरूरी है। जो संगीत में आगे बढ़ना चाहते हैं उनके लिए आवाज की तैयारी

प्राथमिकता होती है। उसके बाद गाने की संरचना को समझना चाहिए। यह समझना चाहिए कि राग क्या है। उस संरचना में जो सुर लग रहे हैं वे आरोही और अवरोही में कैसे लग रहे हैं।

राग को समझने के लिए उसकी संरचना को समझना जरूरी है। राग की संरचना जितने बड़े उस्ताद की होगी, उतनी ही उसमें सच्चाई होगी और उतना ही उसमें प्रभाव होगा। अपनी आवाज को और प्रभावशाली और अति उत्तम बनाने के लिए गायक के गले में लचीलापन होना जरूरी है। यानी ऊंचे से नीचे और नीचे से ऊंचे स्वरों को गाने के लिए किसी अतिरिक्त प्रयास की जरूरत नहीं होनी चाहिए। उसे यह सब सहजता और सरलता से गाना चाहिए।

गायन में एक और बात जरूरी है, वह है गाने में नाक का इस्तेमाल। पुराने गायकों के अनुसार गाना आकार में होना चाहिए। यानी वे नाक के इस्तेमाल को बुरा समझते थे। आम तौर पर लोग इस बात को सही ढंग से समझ नहीं सके इसलिए उन्होंने नाक को बचाकर जोर लगा-लगाकर आकार में गाना शुरू कर दिया। यानी उन्होंने स, रे, ग, म, प, ध, नी के बजाय सा, रे, गा, मा, पा, धा, नी गाना शुरू कर दिया। सुर को दीर्घ करके गाने में गले की नसों पर ज्यादा जोर पड़ने लगा, जिससे वे सख्त और कड़ी हो गयीं। परिणामस्वरूप उन्होंने आवाज की मधुरता, कोमलता और रेशमी गुणों को खो दिया।

गाने में नाक और गले दोनों का इस्तेमाल होता है। पर नाक का इस्तेमाल जरूरत के अनुसार ही होना चाहिए। हम सांस मुंह, नाक और गले से लेते हैं। इसलिए गाने में इन तीनों का इस्तेमाल होना चाहिए। इस क्रम में आवाज सरल, कोमल और लचीली बन जाती है। इससे गाने में मिठास बनी रहती है। सरगम के म और नी का उच्चार नाक से होता है। पर म का उच्चार तीन जगह से होता है- होठ, गला और नाक। इन तीनों जगह से 'म' का उच्चार एक साथ सरलता और कोमलता से होना चाहिए। नी लिखने में ई की मात्रा से लिखी जाती है, लेकिन उच्चार अनुस्वार से किया जाना चाहिए। यानी जोर ई पर न होकर अनुस्वार पर होना चाहिए। अगर अनुस्वार का उपयोग ज्यादा किया जाता है तो

उसे आवाज का अवगुण माना जायेगा। आवाज की अकार को बरकरार रखते हुए नाक का उपयोग करना चाहिए। उसका उपयोग इस तरह होना चाहिए, जिस तरह खाने में नमक का। आवाज में नाक के उपयोग का मतलब जानना जरूरी है। जैसे सात सुर हैं - स, रे, ग, म, प, ध, नी। इसमें स अकारांत और नी ईकारांत है। जिसने भी यह सरगम बनायी, उसने आवाज के नैसर्गिक तत्व को ध्यान में रखकर बनायी है। यानी जब आवाज ऊपर जायेगी तब सुर पतला पड़ जायेगा, क्योंकि गले से जब आवाज नाक की ओर जाती है, तो वह खुद-ब-खुद पतली पड़ जाती है।

नाक (नेजल) के तीन मुख्य कार्य हैं। उनमे पहला है इकाई। हर चीज को मापने की इकाई होती है। जैसे लीटर, मीटर, ग्राम होते हैं वैसे ही इन्सान की आवाज मापने की भी इकाई होती है। आवाज को मापने का सबसे साधारण तरीका है कर्णप्रियता। अगर आवाज कानों को भाती है, तो वह कर्णप्रिय है। अगर नहीं भाती है, तो वह कर्णप्रिय नहीं है। अब तकनीकी तौर पर हम आवाज को कैसे परखेंगे ? जैसे स गले से निकलता है और नी आता है नाक से। ये स्वर जिस एक सुर से निकलते हैं वह हो गयी उसकी इकाई। और वह सुर है 'म'।

इसके बाद आता है नाक का तीसरा मुख्य कार्य। स, रे, ग, म, प, ध, नी गाते समय गायक को जहां से भी वापस मुड़ना है, उस स्वर का उच्चारण काफी महत्वपूर्ण है। तब सात स्वरों में जहां तक उसे जाना है, वह वहां तक जा सकता है। लेकिन वह जहां से मुड़ेगा उसके आखिरी स्वर का उच्चारण वह आधा ही करेगा और उसी के वजन से लौटना होगा।

इसके बाद आवाज में महत्वपूर्ण बात है जोर की। इस जोर का इस्तेमाल कुछ भावनाओं को अभिव्यक्त करने के लिए किया जाता है। जैसे क्रोध व हताशा आदि। लेकिन आवाज का जोर कंठ का जोर होना चाहिए, ताकत का नही। गाने में जोर का प्रयोग धीरे-धीरे करना चाहिए। गायक को बहुत ही सहज होकर गाना चाहिए। उसके बाद उसके गले की सोयी हुई नसें व मांसपेशियां जागृत हो जायेंगी, लयबद्ध हो जायेंगी और फिर गायक के लिए गाने में जोर का इस्तेमाल

करना आसान हो जायेगा।

आखिर में जरूरत पड़ती है आवाज की अभिव्यक्ति की। जब गाते समय अभिव्यक्ति की जरूरत पड़े, तभी उसका उपयोग करना है अन्यथा सहजता से ही गाना है। अपनी मांसपेशियों को कष्ट दिये बिना गाना चाहिए, रियाज करना चाहिए। जब आपका अपनी आवाज पर नियंत्रण होगा, तभी सहजता से और अच्छी तरह गाया जा सकता है। यहां इस बात पर भी गौर करना जरूरी है कि गला गाने का माध्यम है, अन्यथा गाना तो हर व्यक्ति के दिमाग में होता है। वह उसके ज़हन से गाया जाता है। इसके लिए दिमाग और स्मरणशक्ति को विकसित करना जरूरी है। यह उस्तादों के साथ उठने-बैठने और उनकी बातें सुनने से ही संभव होता है। इससे दिमाग का विकास होता है।

संगीत दो तरह से सिखाया जाता है। एक तो ऐसा संगीत जिसमें किसी व्यक्ति को कुशल गायक या संगीतकार बनाया जा सके। दूसरा वह जिसमें संगीत या गायन व्यावसायिक स्तर पर सिखाया जाता है। इसमें कलाकार अपनी कला का प्रदर्शन तो करता है मगर उसमें उसकी मरजी नहीं होती है। उसके प्रदर्शन में कुछ सीमाएं होती हैं।

संगीत सिखाने का जो पहला तरीका है वह सबसे भिन्न है। जैसे किसी बच्चे को नर्सरी में दाखिला दिलाया जाता है। वहां उसे अपने घरवालों से दूर नये दोस्तों और शिक्षकों के बीच नया महौल मिलता है। धीरे-धीरे उसे अंक, शब्द, रंग, प्राणी, फूल आदि अनेक चीजों की जानकारी दी जाती है। उसे एक के बाद एक चीजें सिखायी जाती है। इसी तरह जो कुशल संगीत सीखना चाहता है, तो उसके सीखने की कोई समय-सीमा नहीं है। उसे सीखने में एक, दो, तीन, कितने भी वर्ष लग सकते हैं। यह उस्ताद द्वारा दी गयी शिक्षा को उसके समझने, सीखने और रियाज करने की क्षमता पर निर्भर होता है। पर इसमें सिखानेवाले का मुख्य उद्देश्य यही होता है कि वह व्यक्ति एक कुशल गायक बने। इसलिए उसे शुरू में संगीत को समझने और परखने लायक बनाया जाता है। उसे उसके मूल तक ले जाया जाता है। इन कलाकारों में जो गाना सीखना चाहता है उसका पहले गला

तैयार करवाया जाता है और जो बजाना सीखना चाहता है, उसके हाथ तैयार करवाये जाते हैं। उन्हें आगे कला प्रदर्शन के लिए तैयार किया जाता है। शिष्य शुरू में कुछ नहीं जानता। उस्ताद जैसे करके दिखाता है, वह उसी की नकल करता है। अगर उस्ताद की आवाज सही है तो उसकी आवाज भी सही होगी। अगर उस्ताद की आवाज खराब है तो उसकी भी आवाज खराब होगी। शिष्य तो श्रद्धा के कारण गुरु का अनुकरण करता जाता है। जब काफी रियाज के बाद भी शिष्य को लगता है कि उसका पूरा विकास नहीं हो पाया वह केवल रियाज की हुई चीज को ही गा सकता है, उसे यह अहसास होने तक काफी देर हो जाती है।

मेरे पिता के ताऊ अजीम बख्श थे। उनके दो बेटे थे नजीर खान और कादर बख्श। उन्होंने दोनों को सारंगी सिखायी थी। पर नजीर खान उतनी कुशलतापूर्वक नहीं सीख पाये जितनी कि कादर बख्श। एक दिन कादर बख्श के पिता उन्हें रियाज करवा रहे थे। बीच में उन्हें शौच की इच्छा हुई। वह उठकर शौचालय में चले गये। उतनी देर में कादरबख्श को पता नहीं क्या सूझा कि वह सारंगी पर अपनी मर्जी का कुछ और संगीत बजाने लगे। उनके पिता जैसे ही बाहर आये वह उन पर नाराज हो गये और उनकी जूतों से पिटाई भी की। इसका मतलब यही होता है कि जो कुशल फनकार है वह संगीत सीखते समय अपने गुरू की आज्ञा का उल्लंघन नहीं कर सकता। इसका नतीजा यह हुआ कि आगे जाकर कादर बख्श के संगीत की काफी तारीफ हुई। उनका संगीत बहुत उच्च कोटि का था, पर वह ज्यादा मशहूर नहीं हो पाये। उसका भी एक कारण है। कादर बख्श बहुत धार्मिक थे। उनकी जीवनशैली काफी समान्य थी। उन्हें एक नाटक कंपनी में काम मिल गया। उसी से वह अपनी रोजी-रोटी कमाते थे और उसी से संतुष्ट रहते थे। उन्हें किसी और चीज की लालसा नहीं थी। इसलिए औरों की तरह उन्होंने कभी मशहूर होने का प्रयत्न भी नहीं किया। लेकिन उन्होंने जो नाम पाया वह `गंधर्व नाटक कंपनी' के जरिये ही पाया। इस उदाहरण से साफ होता है कि गायन और वादन में अनुशासन का बहुत महत्व है।

सिखाने का दूसरा तरीका है व्यावसायिक तरीका। इसके अंतर्गत

सिखाने वाला पैसे कमाने के लिए सिखाता है। व्यावसायिक स्तर पर शिक्षा पाने वाले व्यक्ति की इच्छा तुरंत परिणाम पाने की होती है। इसलिए सिखानेवाला उसे कुछ गाने, राग, बंदिश आदि के बारे में जानकारी दे देता है। वह इन सब चीजों का रियाज करता रहता है और उस कला में कुशलता पा लेता है। पर उसकी कुशलता सीमित रह जाती है। वह केवल सीखी हुई चीजों को ही पेश करता है। वह खुद को कभी पेश नहीं कर पाता।

संगीत सीखने में अनुशासन और लगन कितनी महत्वपूर्ण है यह इस घटना से समझा जा सकता है। एक विधवा औरत थी। एक दिन वह अपने छोटे से बेटे को लेकर अपने भाई के पास आयी। उसका भाई बहुत बड़ा संगीतकार था। उस औरत ने अपने भाई से कहा, `मैं अपने लड़के को आपके पास छोड़ने आयी हूं। आप तो बड़े संगीतकार हैं। मेरा बेटा आपसे कुछ सीख लेगा तो चार पैसे कमा लेगा और मुझ गरीब को सहारा मिल जायेगा।' उसके भाई ने उसकी बात मान ली और उसके लड़के को अपने पास छोड़ जाने के लिए कहा। दो साल बाद वह औरत अपने भाई के पास आयी। उसने देखा कि उसका लड़का कोई सरगम गा रहा है। वह यह देखकर खुश हो गयी। दो साल बाद वह वापस आयी। उसने देखा उसका बेटा फिर वही सरगम गा रहा है। उसने तब भी ज्यादा बुरा नहीं माना। यह सिलसिला चलता रहा। सात-आठ साल बाद जब वह आयी और उसने देखा कि उसका बेटा वही राग आलाप रहा है। वह अपने भाई पर झल्लायी । बोली, `तुम चाहते ही नहीं हो कि मेरा बेटा चार पैसे कमाये। पिछले कई सालों से तुम उसे एक ही राग सिखा रहे हो।' यह सुनकर उसके भाई ने अपने भांजे से कहा, `तुम पूरे शहर के संगीतकारों को दावत देकर आओ। शाम को संगीत की महफिल जमेगी।' शाम को सब संगीतकार आये। सबने अपना संगीत सुनाया। विधवा के बेटे का संगीत सराहनीय था। लोगों ने उसे अलग-अलग राग गाकर सुनाने के लिए कहा। उसने वे सब सुना दिये। सबके जाने के बाद विधवा के भाई ने उससे कहा, `देखा अपने बेटे के हुनर को। मैं तो उसे बहुत आगे तक पहुंचाना चाहता

था। पर तूने उसकी कला को विकसित नहीं होने दिया। जा अब ले जा अपने बेटे को और भेज दे पैसे कमाने के लिए।'

जो व्यावसायिक स्तर पर संगीत सीखते हैं, उनमें धीरज की कमी होती है। इसलिए जो बड़े-बड़े संगीतकार हैं, वे अपने ही परिवार के सदस्य को संगीत सिखाना पसंद करते हैं, जिससे वह अपने ही लोगों को संगीत में महारत हासिल करवा सके। और अपनी संगीत की परंपरा को आगे बढ़ा सकें। आनुवंशिकता के कारण संगीतकारों के बच्चों में संगीत सीखने की क्षमता औरों से ज्यादा होती है।

संगीत सिखाने वाले जो बड़े-बड़े पंडित हैं वह जब किसी को संगीत सिखाते हैं तो बहुत ईमानदारी से सिखाते हैं और जिसे संगीत सिखाते हैं उससे भी ईमानदारी की उम्मीद रखते हैं। और जिनके सामने अपनी कला का प्रदर्शन करते हैं उनसे भी ईमानदारी की उम्मीद करते हैं। संगीत की ईमानदारी को हम इस किस्से से समझ सकते हैं। यह किस्सा ग्वालियर का है। बड़े मुहम्मद खान साहब ग्वालियर के राजदरबार के गायक थे। उस राजदरबार में उनके गाने का मुकाबला करने वाला कोई नहीं था। उनकी एक बहन थी। अचानक उनके पति की मृत्यु हो गयी। वह अपने तीनों बच्चों को लेकर ग्वालियर आयी। यह सोचकर कि उनके भाई तो बड़े गवैये हैं तो राजदरबार में ही मिलेंगे, वह सीधे महाराज के पास चली गयी। पर उसे वहां बड़े मुहम्मद खान साहब नहीं मिले। उसकी मुलाकात महाराज से हुई। उसने महाराज से अपनी आपबीती सुनायी। महाराज ने उससे कहा, `तुम निश्चिंत रहो। तुम्हारे बच्चों को संगीत सिखाने की जिम्मेदारी मेरी है। पर तुम अपने भाई से इस बारे में कुछ नहीं कहोगी।' महाराज ने अपने दरबार के कुछ संगीतकारों को यह जिम्मेदारी दे दी। उस विधवा के तीनों बच्चों को ग्वालियर के संगीतकार संगीत सिखाने लगे। कुछ साल बाद राजा को लगा कि अब समय आ गया है कि इनकी कला को और तराशा जाये। उन्होंने हमेशा की तरह दरबार में बड़े मुहम्मद खान साहब को बुलाया और उनका गाना सुना। गाना सुनने के बाद हमेशा की तरह खान साहब ने पूछा, `है कोई मेरी जोड़

का गायक।' महाराज ने जवाब दिया, `कोई नहीं, आज के बाद आप हमें दिन में तीन बार संगीत सुनायेंगे।' खान साहब इस बात के लिए तैयार हो गये। वह सुबह, दोपहर, शाम राग सुनाने लगे। पर उन्हें यह पता नहीं था कि परदे के पीछे उनके तीन भांजे उनसे प्रशिक्षण ले रहे हैं। समय के साथ-साथ उनके तीनों भांजों ने तीनों समय के राग सीख लिये। कुछ साल बाद जब खान साहब ने गाना खत्म किया और आदत के मुताबिक पूछा कि, `है कोई इस दरबार में जो मुझसे अच्छा गा सके,' तो महाराज बोले, `खां साहब, आपकी यह बात बहुत दिन से सुनते आ रहे हैं। आज हमारे मन मे आया कि किसी को आपके सामने पेश करें।' खान साहब चौंके और उनका यह चौंकना गुस्से में बदल गया जब उन्होंने देखा कि तीन नौजवान उनके मुकाबले में गाने के लिए आ रहे हैं। गाना शुरू हुआ। खान साहब ने जो राग और अस्थायी शुरू की, उन नौजवानों ने भी वैसे गाना शुरू कर दिया। जैसे-जैसे खान साहब आलाप, बढ़त, ताने गाते गये, वे नौजवान भी वैसा ही दोहराते गये। इससे खान साहब को बहुत हैरानी हो रही थी कि ये राग और अस्थायी तानें और बढ़त तो मेरे अलावा कोई नहीं जानता, फिर इन बच्चों के पास कैसे आयी। झुंझलाहट में खन साहब ने ऐसी मुश्किल तान ली, जिसे उन तीनों में से सबसे छोटे ने उसे दोहराया। इस कोशिश में उसकी पसली पर पसली चढ़ गयी। इससे पीड़ित होकर वह तड़पने लगा। इस पर खान साहब ने गुस्से में कहा, `मैं तीनों को इसी तरह एक-एक करके मारूंगा।' तब महाराज बोले, `खां साहब, क्या कर रहे हैं ? ये तो आपके ही भांजे हैं।' इस पर खां साहब ने कहा, `महाराज, आपने मेरे साथ धोखा किया।' उसी दिन वे वहां से नौकरी छोड़कर जयपुर के दरबार में चले गये। उनके उन तीन भांजों में से दो हैदर बख्श और हुसैन बख्श ग्वालियर के राजदरबार के गायक और ग्वालियर घराने के संस्थापक हद्दू-हस्सू के नाम से मशहूर हुए।

जयपुर घराने में बहुत मुश्किल राग और पेचीदा किस्म की तानें गायी जाती हैं। उस्तादों का कहना है कि लय ऐसी होनी चाहिए, जिसका श्रोता आनंद ले सकें। आम श्रोताओं के लिए उस लय में गाना गाना चाहिए जो उनकी समझ में

आ जाये और उस लय को सब महसूस करें। रुकी हुई लय और तालें वहां गायी जाती हैं जहां संगीत के विद्वान बैठे हों। ऐसी जगह मुश्किल राग और ताल गाये जाते हैं। अपने ज्ञान और रियाज का प्रदर्शन किया जाता है।

हमारी गायकी की खासियत ये है कि जो विलम्बित है वही द्रुत है। बाकी गायकी में ये अलग-अलग होता है। बंदिश में नायिका का मूड होता है। उसी मूड को गाया जाता है। हमारे यहां आरोह-अवरोह को सामने रखकर नहीं, बल्कि बंदिश के अनुसार गाया जाता है।

ऐसा माना जाता है कि ख्यालिये का राग द्रुत में जाकर बिगड़ जाता है। लेकिन बिलम्बित के मूड को द्रुत में गाने से राग बिगड़ने की कम सम्भावना होती है।

इस घराने में कई मेल के राग बहुत गाये जाते हैं। कानरा एक सीमित राग है। जब उसे दूसरे राग में मिलाते हैं तो उसकी सीमा भी बढ़ जाती है।

जब कोई गायक लोकप्रिय हो जाता है तो वह बंदिशें बनाता है। लय, सुर, राग, भावनाओं को बांधना ही बंदिश है। इसके लिए राग, लय, सुरों और भावनाओं की जानकारी होना जरूरी है। बड़े उस्ताद संगीत के शिखर पर पहुंचकर बंदिशें बनाते हैं। लेकिन इसमें मजा तभी आता है जब इसे पूरी तरह सजाया जाये। उस्तादों ने शब्दों का इस्तेमाल करके बंदिशें सजायी हैं।

आयकर के एक जाने-माने वकील संगीत के अच्छे पारखी थे। उन्होंने मुझे संगीत पर कुमार गंधर्व की एक किताब दी थी, जिसकी भूमिका वामनराव देशपांडे ने लिखी थी। उसमें उन्होंने लिखा कि इसमें नये राग भी हैं और नयी बंदिशें भी। पुराने संगीतकारों के पास इतनी बंदिशें होती थीं कि उन्हें उनको दोहराने का भी समय नहीं मिलता था, तो वे नयी बंदिशें भला कैसे बनाते ?

शास्त्रीय संगीत में कंपोजीशन करना मेनुफेक्चरिंग नहीं है। इसमें तो संगीत की महानता को दिखाया जाता है। बहुत से कंपोजीशनों में कंपोजर का नाम नहीं आता। इसकी वजह है। पहले यह चलन था कि अगर उस्ताद जिंदा है और शागिर्द ने कोई कंपोजीशन की है, तो वह उसमें अपना नाम नहीं देता था। उस्ताद के अदब के लिहाज से।

संगीत के तकनीकी पक्ष

कला के दो भाई हैं। एक श्रोता, दूसरा कलाकार। श्रोता कलाकार बनाते हैं और कलाकार श्रोताओं को बनाते हैं। श्रोता जिन्हें पसंद करते हैं, वे ही कलाकार कहलाते हैं । लोगों की पसंद को कलाकार बदलते हैं। वे अपनी कला के जरिये उनकी सोच को बदल देते हैं। एक श्रोता अगर किसी गलत चीज को पसंद करता है तो कलाकार अपनी लोकप्रियता बढ़ाने के लिए वही गलत चीज करता रहता है। लेकिन कुछ कलाकार ऐसे होते हैं जो इसे नहीं मानते। वे जिस चीज को सही समझते और पसंद करते हैं उसी को श्रोताओं के सामने पेश करते हैं। वे सस्ती लोकप्रियता के कायल नहीं है। इससे एक नया श्रोता समूह पैदा होता है, जो मौलिक संगीत को पसंद करता है और इससे संगीत के प्रति उसकी रुचि कलाकार में आत्मविश्वास पैदा करती है। इस तरीके से कला में कुछ बदलाव आते हैं। अगर वे सकारात्मक हों तो उससे कला की तरक्की होती है और अगर नकारात्मक हों तो कला की गुणवत्ता घटती है।

आज संगीत का काफी फैलाव हो गया है। पर संगीत की गुणवत्ता का स्तर गिरा है। उसकी वजह यह है कि पहले कलाकार कला की साधना को महत्व देते थे। आज के कलाकार लोकप्रियता जल्दी चाहते हैं। इससे कला का स्तर गिरता जा रहा है। आज मीडिया का दौर है। अगर कोई कलाकार मीडिया में आ जाता है तो लोग उसे जल्दी जान जाते हैं। चाहे वह कोई साधारण कलाकार ही क्यों न हो। और जो कलाकार मीडिया तक नहीं पहुंच पाते, उन्हें लोग नहीं

जानते। चाहे वे कितने भी उच्च कोटि के कलाकार क्यों न हों।

जहां तक मेरा संबंध है, मैं एक स्वाभिमानी और आत्मविश्वासी कलाकार हूं। मैं श्रोताओं के सामने वह संगीत पेश करना चाहता हूं, जिसे मैंने महान कलाकारों से सुना, सीखा और परखा है। आज से 50 साल पहले के तीन महान गायक मेरे आदर्श हैं। केसरबाई केरकर, अमीर खां साहब और बड़े गुलाम अली खां साहब। ये तीनों अपने गुणों के कारण मेरे आदर्श हैं। केसरबाई का राग ऐसा होता था कि मानो इमारत खड़ी हो रही है। पहले सुर से पता चलता था कि यह इमारत की शुरूआत हुई और आखिरी सुर से पता लगता था कि यहां इमारत पूरी हो गयी। अमीर खां साहब की आवाज में गंभीरता और बेस बहुत जबर्दस्त होता था। वे तंबूरे पर गाते थे। किसी दूसरे वाद्य की संगत नहीं लेते थे। पर वे बहुत सुर में गाते थे। बड़े गुलाम अली खां साहब की आवाज में ऐसी चंचलता और फुर्ती थी कि ऐसा लगता था मानो चिड़ियाएं फुदक रही हैं, चहक रही हैं। मुझे मौका मिले तो मैं ये तीनों गुण एक साथ पैदा कर सकता हूं। अगर कोई गंभीर, प्रतिभाशाली और मेहनती छात्र मुझे मिले, तो मैं उसमें यह सब पैदा कर सकता हूं।

आइए, आपको अतीत में लेकर चलता हूं। पिछले जमाने में गाना उत्तम गिना जाता था क्योंकि वह संस्कृति, सभ्यता और परम्परा को पेश करता था। गायन इसलिए भी उत्तम माना जाता था क्योंकि वाद्य तो दिखते थे और नृत्य में कलाकार का रूप तथा वेशभूषा नजर आती थी। गायक को इसके लिए बुलंद और पाटदार आवाज की जरूरत पड़ती थी। इन गुणों को विकसित करना पड़ता था। वाद्यों की आवाज को ऊंचा नहीं किया जा सकता था। इसलिए वाद्य अच्छे होने के बावजूद ज्यादा लोकप्रिय नहीं थे। नृत्य तो आंखों से देखा जाता है। नर्तकी के परिधान और मेकअप भी ऑब्जेक्ट होते हैं, जो दर्शकों को अपनी ओर आकर्षित करते हैं। गायन के लिए कहा जाता है कि गायन में हम अपनी संस्कृति को पेश करते हैं और संस्कृति नायिका के द्वारा पेश की जाती है। हम हर रचना में

नायिका के द्वारा कोई बात कहना चाहते हैं। कोई सामाजिक, धार्मिक या निजी बात कहना चाहते हैं। पुराने जमाने में आवाज का विकास ऐसा था कि बहुत सारी बातें गायक कह नहीं पाता था। आवाज को बड़ा बनाना मुख्य उद्देश्य रहता था। इस प्रयास में गायक आवाज की मिठास, उतार-चढ़ाव और रेशमीपन जैसे बहुत से गुणों को खो देता था। इससे आवाज सख्त हो जाती थी। ज्यादा रियाज के बाद कर्कश हो जाती थी। तकनीकी रूप से उसका गाना बहुत अच्छा होता था, संगीत का उसका ज्ञान बहुत व्यापक होता था, पर उसके गाने में रस नहीं होता था। इसलिए शास्त्रीय संगीत इतना लोकप्रिय न हो सका।

राजदरबारों में नियुक्ति होने से गायकों की आर्थिक सुरक्षा हो जाती थी। तब वे अपना पूरा समय अपनी कला को देते थे। वे अपनी मर्जी से अपनी कला को विकसित करते थे। उन्हें केवल राजा को खुश करना होता था। उनके पास उतनी विद्या और कला होती थी कि उस एक व्यक्ति को तो वे आसानी से खुश कर लेते थे। बाकी समय वे अपनी कला को सुधारने और विकसित करने में लगा देते थे। इसलिए पुराने जमाने में बड़े ऊंचे-ऊंचे गायक हुए और तकनीकी रूप से उनकी कला बहुत ऊंचे स्थान तक पहुंची। वे महान गायक तो बने, लेकिन उनमें से लोकप्रिय कम ही हुए।

मैं अपने जीवन के अनुभवों के बारे में कुछ कहूंगा। पुराने जमाने में आवाज को विकसित करने का जो तरीका था, वो आज पुराना पड़ गया है। आज हम टेक्नोलॉजी के युग में रहते हैं। आज हर चीज को एम्पलीफाई किया जा सकता है। हम फुसफुसाते भी हैं, तो हमारी उस आवाज को भी बड़ा किया जा सकता है। इसलिए आज हमें आवाज को बड़ा बनाने की जरूरत नहीं है। इससे हम अपनी आवाज की बहुत सी खूबसूरतियों को बचा सकते हैं। मैं आपको विज्ञान के जरिए बताना चाहता हूं। पहले पुराने जमाने को लेते हैं। तब कंठ की नसों को सख्त बनाकर एक जगह स्थिर कर लेते थे और फिर उस पर जोर लगाकर सुर पैदा करते थे। वे जोर लगाते जाते थे और सुर ऊंचा होता चला जाता था।

आपने अक्सर देखा होगा कि शास्त्रीय गायक के शब्द समझ में नहीं आते। यह पता नहीं चलता कि उसने क्या गाया। जब आप स्पष्ट नहीं गायेंगे, तो भाव कैसे पता चलेगा? शब्द क्रूर हो जायेंगे तो उनके भाव भी खराब हो जायेंगे। इसलिए शास्त्रीय संगीत में नायिका की जगह बिल्कुल खत्म हो गयी। कोई भी इस पर ध्यान नहीं देता कि इस राग में नायिका क्या कहना चाहती है। हरेक गायक अपने ढंग से रियाज करता था। इससे सबकी आवाज अलग हो गयी। सबकी आवाज सीमित हो गयी। आवाज सीमित होने के कारण जो वे कर पाते थे वह चीज उनके लिए अच्छी हो गयी और जो नहीं कर पाते थे उसे वे छोड़ देते थे। उसमें राग को महत्व दिया जाता था, आवाज को नहीं। उनका गायन केवल राग और तकनीक पर आधारित होता था। वे केवल राग और तकनीक पेश करते थे, नायिका के भाव नहीं। इस तरह गायक बहुत सीमित होता था। उसके गाने में विविधता नहीं आती थी। इससे घराने पैदा हुए। पर मेरा मानना है कि गाना आवाज पर आधारित होना चाहिए। क्योंकि गाना कोई भी गाये, किसी भी शैली का गया जाये, वह आवाज पर ही आधारित होना चाहिए। शास्त्रीय संगीत में खयाल और ध्रुपद शैली के गायन होते हैं। इन दोनों में आवाज की सुन्दरता जरूरी है। यहां खयाल शैली के गायन की बात की जा रही है। सवाल पैदा होता है कि खयाल शैली के गायन में हम किसका खयाल गाते हैं। अक्सर लोग समझते हैं कि गायक अपना खयाल गाता है। वे यह भूल गये हैं कि खयाल की बंदिश में एक नायिका होती है, जिसके द्वारा रचनाकार कुछ कहता है तो गायक असल में नायिका के खयाल को ही गाते हैं। इस खयाल को पेश करने के लिए आवाज का पूर्ण और फिट होना जरूरी है।

मैं एक उदाहरण देता हूं। फिजिक्स में बताया गया है कि कंपन से आवाज पैदा होती है। आवाज की पिच का दारोमदार तार पर होता है। तार जितना लंबा और मोटा होगा, पिच उतनी ही नीची होगी। तार जितना छोटा और पतला होगा, पिच उतनी ही ऊंची होगी। दुनिया के जितने भी वाद्य हैं, चाहे वे

भारतीय हो, पश्चिमी हों, चीनी हों, जापानी हों या यूनानी हों, वे सब फिजिक्स के इसी सिद्धांत पर बनाये गये हैं। सितार को लीजिये। सितार के तारों की लंबाई एक ब्रिज से दूसरे ब्रिज तक बराबर होती है। उन्हें बाज का तार कहते हैं। पहला तार मध्यम में, दूसरा शरज में, तीसरा गंधार में और चौथा पंचम में होता है। चूंकि इनकी लम्बाई समान होती है, इसलिए इनकी मोटाई अलग-अलग होती है। अंदर के तारों की मोटाई एक होती है, तो उनकी लम्बाई घटाते चले जाते हैं । सबसे नीचे सुर का तार सबसे लम्बा होता है और सबसे ऊंचे सुर का तार सबसे छोटा होता है। उसके बाद जो पर्दे होते हैं, यानी जैसे-जैसे उंगली पर्दे पर रखी जाती है, उसकी लम्बाई कम करते जाते हैं । इससे सुर ऊंचा होता चला जाता है।

पियानो को लीजिये। उसके बेस के तार बड़े, मोटे और लंबे होते है। ऊपर का जो आखिरी सुर होता है उसका तार सबसे पतला और छोटा होता है। आप हारमोनियम के परदे उठाकर देखें तो पायेंगे कि बेस का रिड लम्बा और ऊपर का रिड छोटा होता है। रिड में हवा जाने से ध्वनि पैदा होती है। हवा धम्मन से जाती है। धम्मन से हवा सब में बराबर जाती है। लेकिन ध्वनि अलग होने का कारण होता है रिड का छोटा-बड़ा होना। सरोद भी इसी सिद्धांत पर बनता है।

वाद्य तो हम इस सिद्धांत के आधार पर आसानी से बना लेते हैं पर सवाल पैदा होता है मानव की आवाज का, उसके कंठ का । कंठ तो एक ही होता है, उसी से सारे काम लेने होते हैं । अगर हम उसे ऐसा अभ्यास करायें जिससे वह जरूरत के अनुसार लम्बा, मोटा, छोटा और पतला हो सके तो ये सारे काम आसानी से किये जा सकते हैं।

जोर से बोलने का काम करने वालों का कंठ अपनी मधुरता खो देता हैं। मैंने एक बार अपनी एक मारवाड़ी छात्रा को समझाया कि आप लोग जोर से बातें करते हैं, सामान्य तरीके से बात नहीं करते क्योंकि आपके घर के लोग जो काम करते हैं वहां जोर से बोला जाता है। इसलिए वे घर में भी जोर से बोलते हैं और परिणामस्वरूप आप सब भी जोर से बोलते हैं। वह बोली कि नहीं, हम तो

सामान्य तरीके से ही बात करते हैं। मैने कहा कि मैंने तो तुम्हें अपना निरीक्षण बताया है। एक सप्ताह बाद मैं उसके घर गया तो वह बोली कि मास्टरजी आप सही कह रहे थे, हम सचमुच जोर से बात करते हैं।

शाही या भद्र परिवारों के लोग बहुत मधुरता से बात करते हैं। उनकी कंठ की जोर से बोलने की शक्ति खत्म हो जाती है। यानी जिस चीज का आप इस्तेमाल करते हैं, वह विकसित हो जाती है, जिसका इस्तेमाल नहीं करते वह विकसित नहीं होती।

आंख की दूर या नजदीक से देखने की शक्ति कमजोर होने पर चश्मे का इस्तेमाल कर सकते हैं, पर अगर कंठ की नसों का लचीलापन प्रभावित हो जाये, तो उसे ठीक करने के लिए कुछ भी साधन नहीं है। पुराने समय में रियाज आवाज को ऊंचा या पाटदार बनाने के लिए किया जाता था, जिससे आवाज की मधुरता चली जाती थी। कंठ का लचीलापन खत्म हो जाता था। कंठ की नसें सख्त होने से गला सीमित हो जाता था। इसी वजह से घराने पैदा हुए। कोई भी कलाकार यह मानने को तैयार नहीं है कि उसका कंठ सीमित हो गया है। उल्टे वह इसे अपने घराने की खूबी बताता है।

आवाज को प्रशिक्षित कैसे करे ? आवाज के प्रशिक्षण का रहस्य हजारों साल पहले सरगम बनाने वाले हमारे विद्वानों ने बताया था। हम स, रे, ग, म, प, ध, नी ध्वनि को सात स्वर कहते हैं लेकिन भाषा के अंदर 12 स्वर अ, आ, इ, ई, उ, ऊ, ए, ऐ, ओ, औ, अं, अः होते हैं। संगीत के सात स्वर भाषा के व्यंजन में लिखे जाते हैं। अतः सवाल ये होता है कि इनका नाम स्वर संयोग से ही पड़ गया, या किसी ज्ञानी ने इन्हें जानबूझकर यह नाम दिया। मेरा मानना है कि किसी ज्ञानी ने जानबूझकर यह नाम दिया होगा। हिन्दी भाषा के व्यजनों में स्वर हैं और हम इन्हीं स्वरों को गाते हैं। उदाहरण के लिए हिन्दी का राम और राग अंग्रेजी में रामा और रागा लिखा जाता है, क्योंकि अंग्रेजी के व्यंजनों में स्वर नहीं हैं। हिन्दी भाषा के व्यजन संगीत के स्वर इस तरह बनते हैं –

स्	+	अ	=	स				
र्	+	अ	= र	ए	= रे			
ग्	+	अ	=	ग				
म्	+	अ	=	म	+	ॅ	=	मॅ
प्	+	अ	=	प				
ध्	+	अ	=	ध				
न्	+	अ	=	न	+	ई	=	नी

अब सवाल ये उठता है कि स के बाद रे क्यों आता है और ग, म, प, ध के बाद नी क्यों आता है। नी नासिका से उच्चारित होता है। नी गाते समय वोकल कोर्ड छोटा और पतला हो जाता है। नी होती तो ईकारांत है, लेकिन उसका उच्चारण अनुस्वारित होना चाहिए, जैसे - नीं। इस तरह रियाज करके आपकी आवाज में फ्लेक्सिबिलिटी और इलास्टीसिटी आ जायेगी।

स, ग, प, ध, ये सब अकारांत हैं, लेकिन रे एकारांत, म अनुस्वार और नी ईकारांत है। फिर आखिर इन्हें यह क्रम क्यों दिया गया है। अकारांत के बाद एकारांत, फिर अकारांत, फिर अनुस्वार, फिर ईकारांत क्यों है ? इससे यह पता चलता है कि हमारे पूर्वजों को भौतिक विज्ञान (फिजिक्स) का ज्ञान था। उन्होंने यह क्रम फिजिक्स के इस सिद्धांत के अनुसार तय किया है कि तार जितना लम्बा और मोटा होगा ध्वनि उतनी ही नीची और मोटी होगी। तार जितना छोटा और पतला होगा ध्वनि उतनी ही ऊंची और महीन होगी। सरगम के पहले सुर स के लिए कंठ का तार लम्बा और मोटा होता है और सरगम के अंतिम सुर नी के लिए कंठ का तार छोटा और पतला होता है। इनमें आवाज के लिए दिया गया दबाव समान होता है। लेकिन अक्सर यह देखा गया है कि पुरानी पद्धति के अनुसार दबाव समान नहीं रहता और सुर जैसे-जैसे ऊपर जाता है, वैसे-वैसे दबाव बढ़ता जाता है। रियाज करते समय आपको एक उस्ताद की जरूरत पड़ेगी, जो यह देखेगा कि आप ठीक सरगम गा रहे हैं या नहीं।

मैं एक उदाहरण देता हूं। वाल्मीकि ने रामायण लिखी। वाल्मीकि की

कहानी सब जानते हैं। वह पहले लुटेरा था। एक बार उससे एक साधू ने पूछा कि तू किसके लिए यह सब करता है ? वह बोला-`अपने परिवार के लिए।' साधू ने पूछा कि क्या इसकी सजा तेरे साथ तेरे परिवार वाले भी भुगतेंगे ? उसने कहा, `क्यों नहीं ? मैं उनके लिए ही तो यह सब करता हूं।' साधू ने कहा कि उनसे जाकर पूछ लो। उसने जाकर अपने परिवार वालों से पूछा तो वे बोले, `हमने तुझे यह काम करने को थोड़े ही कहा ? तू जो लाकर देता है, हम खा लेते हैं। हमें क्या पता कि तू क्या करता है ? तू यह काम करता है, तो इसकी सजा भी तू ही भुगतेगा।'

यह सुनकर उसकी आंखें खुल गयी। उसने आकर साधू से पूछा कि अब मैं इससे बाहर कैसे निकलूं। साधू ने कहा कि `राम नाम' जपकर पश्चाताप करो। उसने `राम-राम' जपना शुरू किया और `मरा-मरा' कहने लगा। रियाज में आपको यही पता नहीं चलेगा कि आप `राम' कह रहे हैं या `मरा' कह रहे हैं। इसलिए रियाज के समय उस्ताद के सामने होने की जरूरत है। जब उस्ताद को यकीन हो जायेगा कि आप `राम' का `मरा' नहीं कहेंगे, तो वह आपको अकेले रियाज करने की इजाजत दे देगा।

वोकल सिस्टम ऐसी चीज है जिसे न तो आप देख सकते हैं, न ही छू सकते हैं। जिसे आप देख या छू नहीं सकते, तो उसे ठीक कैसे करेंगे ? अगर आप कोई वाद्य बजा रहे हैं तो उस्ताद सिखा देगा कि पहली उंगली लगेगी या बीच की। लेकिन कंठ के बारे में तो इस तरह नहीं बताया जा सकता। इसलिए गायन के रियाज के समय उस्ताद का सामने होना जरूरी है। सरगम गाते समय उस्ताद बतायेगा कि `स' बिगड़ गया या `रे' बिगड़ गया। उस्ताद द्वारा बार-बार गलती का ध्यान दिलाने से आपको यह अहसास होना शुरू हो जाता है कि कब और कैसे आप सही आवाज निकाल रहे हैं तथा कब और कैसे गलत आवाज निकाल रहे हैं। इससे आपको सही और गलत का पता चल जाता है। अब जब आप रियाज करेंगे तो इस बात को ध्यान में रखकर करेंगे। इससे आवाज सही तरह से विकसित होगी और आवाज पर आपका नियंत्रण हो जायेगा।

जब आप गाना गायेंगे तो आपका गायन आवाज पर आधारित होगा। यह आवाज को साधने की बात है। इसके बाद मानसिक काम शुरू होता है। आपको यह याद करना होगा कि किस राग में कौन से सुर लगेंगे। राग के गायन में विलम्बित, आलाप, बोल, सरगम और लयकारी होती है। कुछ ताने हैं, जिनके जरिये भावों की अलग-अलग मनोदशा व्यक्त की जाती है। अगर एक राग में आपने यह सब याद कर लिया और इसका रियाज कर लिया, तो दूसरे राग में इसे याद करने की जरूरत नहीं होगी। उन सब चीजों को केवल दूसरे राग के स्वरों के अनुसार गाना होगा।

काफी ठाक में सात स्वर हैं। रे, ध, म, शुद्ध हैं और ग तथा नी कोमल हैं। अब इसमें ये करिये कि जाते वक्त (आरोही में) रे और ध नहीं लगाइये (यानी वर्जित कर दीजिये)। आते वक्त (अवरोही में) काफी के सातों स्वर लगेंगे, तो यह भीमपलास हो जायेगा।

दूसरा राग होगा पटदीप। उसमें `नी ' शुद्ध लगेगा। बाकी स्वर और गायन वैसा ही होगा। तो जो भी आप भीमपलास में गा रहे हैं, वह पटदीप में गा लीजिए। इसमें जरा भी देर नहीं लगेगी। पटदीप में `म' को तीव्र कर दीजिए, तो वह मधुवंती हो जायेगा। गाना वही रहेगा। भीमपलास में `प' को वर्जित कर दें, तो यह छह स्वर का राग हो जायेगा जिसे बागेश्री कहते हैं। बागेश्री में `ग' यानी गंधार को शुद्ध कर दें, तो यह रागेश्री हो जायेगा। रागेश्री में `नी' को शुद्ध कर दें तो यह हो जायेगा कौसी धानी। इसी तरह से सभी रागों को गाया जा सकता है। बस गायन का ढंग सीख लीजिये। फिर तो अलग-अलग राग में बस यह याद करना रह जायेगा कि कौन सा स्वर लगाना है, कौन सा नहीं लगाना। बाकी राग की संरचना के अनुसार उसे गाना है।

लेकिन इसमें सबसे महत्वपूर्ण है आवाज का विकास। आवाज को इतना विकसित करें कि वह आपके सोच और चिंतन को अभिव्यक्त करे। अब आवाज ठीक होने पर आपका गाना आवाज पर आधारित होगा और उसमें नायिका का स्थान प्रमुख होगा। राग की एक रचना में नायिका एक अनुभूति व्यक्त करती है,

लेकिन उसी राग की दूसरी रचना में वह दूसरी अनुभूति व्यक्त कर रही होती है। तीसरी रचना में नायिका तीसरी बात कहती है। सवाल ये पैदा होता है कि एक ही राग में आपके पास तीन, चार या पांच रचनाएं है और जब आप उन्हें गायेंगे, तो गाने की आपकी शैली नायिका आधारित होने पर वह राग अनेक रूपों वाला लगेगा।

देख री पिया सपने आये तब ते परत नाही चैन
जब से गये सजीले सुधहूं ना लीनी
तब ते परत नाही चैन।
यह विरह की बात है। इसी राग में मिलन की बात देखिये -

आली री मेरे आये पीहरवा
करहू सोलहू सिंगरवा
तन मन धन सब उन पर वारू
जब लागू अहमद के गरवा।

नायिका की ये दो अलग-अलग अनुभूतियां हैं। राग एक ही है, पर इन दोनों रचनाओं को प्रस्तुत करने का अंदाज अलग-अलग होगा। इन दोनों में क्रमशः विरह और मिलन की भावना आनी चाहिए।

आवाज का मैंने काफी अन्वेषण किया। तब मुझे लगा कि जोर की आवाज की जरूरत उस जमाने में थी, जब एंप्लिफीकेशन नहीं था। एंप्लिफीकेशन का जमाना आने पर वह प्रणाली पुरानी हो गयी और उसकी जरूरत नहीं रही। इसे अपनाने से हम गाना तो गा सकते हैं पर उसमें कुछ सीमाएं आ जाती हैं। इससे कोई बहुश्रुत गायक नहीं बन पाता। उदाहरण के लिए, बड़े-बड़े शास्त्रीय गायक कुशल होने के बावजूद कुछ जगहों पर मात खा जाते हैं। संगीत से संबंधित छोटी-छोटी बातों का तो उन्हें ज्ञान होता है, वे आकार की साधना करते हैं, पर यह साधना नहीं करते कि वे शब्द कैसे और कहां से गाये जाते हैं। गाने में जिस शुद्धता और प्रवाहमयता की जरूरत है उसे वे नहीं ला पाते। उसे वे खो देते हैं।

राग भेद

पुराने संगीतकारों ने राग भेद के दस लक्षण बताये हैं। वह दस लक्षण इस प्रकार हैः- ग्राह, अंश, तार, मंद्र, न्यास, अपन्यास, सन्यास, विन्यास, अल्पत्व और बहुत्व। पुराने जमाने के रचनाकार बहुत दृढ़ता से इसका पालन करते थे।

ग्राह राग का वह सुर है जिससे राग शुरू होता है। अंश वह सुर है जो बार-बार लगता है। मतलब इस सुर को राग का जीव कहते हैं। तार वह सुर है जो राग के तार सप्तक का आखिरी स्वर है। मतलब राग उसके आगे नहीं जायेगा। मंद्र नीचे की सप्तक में आखिरी सुर है। तार और मंद्र वह सुर हैं जिनसे राग की लंबाई-चौड़ाई का पता चलता है। न्यास वह सुर है जिस पर राग खत्म होता है। अपन्यास वह सुर है जिस पर राग का एक हिस्सा खत्म होता है। उसे हम अस्थायी कहते हैं। सन्यास वह सुर है जिसमें राग का पहला हिस्सा खत्म होता है। विन्यास वह सुर है जिसमें गीत का पहला हिस्सा खत्म होता है। बहुत्व दो प्रकार के होते हैं। अलंगन और अभ्यास। अलंगन वह सुर है जो राग की आरोही और अवरोही दोनों में लगता है। अभ्यास वह सुर है जो राग की आरोही और अवरोही दोनों में नहीं लगता है।

अल्पत्व। मतलब कमजोर सुर। राग में जो सुर कमजोर पड़ जाता है उसके दो प्रकार हैं। लंगन और अनभ्यास। लंगन वह सुर है जो बिलकुल नहीं लगता है। अनभ्यास वह सुर है जो किसी भी राग में बहुत कम लगता है और छुपा हुआ लगता है।

आजकल इस राग भेद को लोग नहीं मानते। अब अंश स्वर को वादी स्वर मानते हैं। आजकल राग के अंतर्गत वादी, संवादी, अनुवादी और विवादी सुर होते हैं। वादी सुर जिसे राग की जान कहा जाता है, यह राग का राजा सुर है। वहीं संवादी सुर उसका वजीर है। अनुवादी सुर वह है जो राग में नहीं लगते फिर भी वह लगाये जाते हैं। कुशल गायक यह सुर लगाते हैं और इस तरह से लगाते हैं जिससे राग की खूबसूरती बढ़ती है। यह भी दो तरह के होते हैं। एक होता है प्रच्छादन जिसे सिर्फ छुआ जाता है। जैसे राग यमन में शुद्ध मध्यम को छूने से खूबसूरती पैदा होती है। लोपन सुर छुपा हुआ होता है। वह सुर लगता तो है पर छुपा हुआ लगता है। विवादी सुर को राग का दुश्मन माना जाता है।

जवाहरात

नट के प्रकार

कानरे के प्रकार

बसंत और बहार के प्रकार

मल्हार के प्रकार

भैरव

बोल- दरबार धाऊं पाऊं दूध पूत और अन धन लक्ष्मी
बो बिदना रस करे जैसे गाऊं

मोहन दीन तुम जग निस तारन
तारन कमल चरण चित लाऊं
अजीज दान मान सुख दीजिये विनती सुनाऊं।

अर्थ- साधक ईश्वर से प्रार्थना करता है। वह उनके दरबार में नत मस्तक होकर दूध, पुत्र, अन्न, धन और लक्ष्मी की प्राप्ति की कामना करता है। वह कहता है कि हे मोहन, तुम तारणहार हो और अंधकार में इस जगत को प्रकाशित करते हो। तुम्हारे कमल जैसे चरणों को मैं अपने मन में संजोकर रखूं और तुम्हें तुम्हारे गुण सुनाऊं। रचनाकार अजीज यह प्रार्थना करते हुए कहता है कि हे प्रभु मेरी विनती सुनकर मुझे दान, मान और सुख दो।

स्क्रीनप्ले- इस रचना में रचनाकार ने ईश्वर की वंदना की है। वह साधक से कृष्ण की प्रार्थना करते हुए कहलवाता है कि हे प्रभु! मैं तुम्हारे दरबार में आकर सिर नवाऊं और तुम्हारी कृपा से मुझे दूध, पुत्र, अन्न और धन तथा लक्ष्मी की प्राप्ति हो। मैं तुम्हारे ही गुण को गाता रहूं, जिससे भक्ति रस की संरचना हो। वह आगे कृष्ण को सम्बोधित करते हुए कहता है कि हे मोहन! तुम तो निशा रूपी अंधकार में इस जगत की नैया पार कराते हो। तुम्हारे कमल जैसे चरण सदा मेरे मन में बसे रहें। कृष्ण की प्रार्थना करते हुए अजीज कहता है कि हे प्रभु! मेरी विनती सुनो और मुझे दान, मान तथा सुख प्रदान करो।

भैरव

बोल- भोर की चीड़िया बोलन लागीं
कैसे जाऊ घर आली

सास ननद मोरी जनम की बैरन
देख सुनेंगी देंगी गारी।

अर्थ - सुबह हो गयी है। भोर की चिड़िया बोल रही हैं। पति के पास रात बिताकर नायिका सुबह जब कमरे से बाहर आने को होती है तो उसे संकोच होता है। वह कहती है कि भोर की चिड़िया बोलने लगी हैं। अरी, अब मैं घर कैसे जाऊं ? सास और ननद मेरी जनम की बैरन हैं। वे जरूर मुझे देखकर बातें बनायेंगी और मुझे गालियां देंगी।

स्क्रीनप्ले- संयुक्त परिवार में रहने वाली नायिका ने घर के एक कोने में अपने पति के साथ रात बितायी हैं। सुबह होने पर उसे अपने कमरे से निकलकर बाहर आने में जाने में संकोच होता है। उसे डर है कि उसे देखकर सास और ननद उसे कुछ सुनायेंगी। यह सोचकर वह कहती है कि सुबह हो गयी है। चिड़िया बोलने लगी हैं। उजाला हो गया है। अब मैं बाहर कैसे जाऊं ? सास और ननद उसे कुछ सुनायेंगी। यह सोचकर वह कहती है कि सुबह हो गयी है। चिड़िया बोलने लगी हैं । उजाला हो गया है। अब मैं बाहर कैसे जाऊं ? सास और ननद तो मेरी जनम-जनम की बैरन हैं। मुझे इस कमरे से निकलते देखकर वे जरूर कुछ तानें देंगी और मुझे गालियां भी देंगी।

भैरव

बोल- दालीद्र दुख भंजन
विद्धिया तू रख ग्यान आ ताल
सुर की सेवा तू कर ले

सप्त सुरन तीन ग्रम गुनीयन बखान।

अर्थ- गरीबी और दुख तभी दूर होंगे जब विद्या और ज्ञान हासिल होगा। तू ताल और सुर की सेवा करेगा, तभी तुझे सही ज्ञान मिलेगा। गुणियों ने बखान किया है कि सात सुर और तीन ग्राम हैं। उनकी साधना करो।

स्क्रीनप्ले- गुरु अपने शिष्य को बताता है कि संगीत का सच्चा ज्ञान पाने की सही विधि क्या है। वह कहता है कि विद्या और ज्ञान से ही दरिद्रता दूर की जा सकती है। और सही ज्ञान तभी मिलेगा, जब तू सुर और ताल का ज्ञान प्राप्त करके उसकी साधना करेगा। सुर और ताल पर महारत हासिल करने से ही संगीत का सही ज्ञान मिलता है। जीवन को सफल बनाने के लिए यह संतुलन बहुत जरूरी है। गुणियों ने कहा है कि सात सुर और तीन ग्राम हैं, उनकी साधना करो। तभी संगीत में अच्छी गति प्राप्त होगी और जीवन सफल होगा। इसका एक अर्थ यह भी है कि जीवन की गति सुर ताल है और जीवन में सफलता पाने के लिए उसके ग्राम रुपी मूल्य समझना जरूरी है।

भैरव

बोल- अल्ला हो अल्ला जल्ले शान अल्ला
तेरा नाम लिए मेरी होवे तजल्जा
तू करीम तू रहीम तू सत्तार तू गफ्फार
तेरा नाम लिए मेरी होवे तजल्ला।

अर्थ - रचनाकार कहता है कि हे अल्लाह, तू अपरम्पार है, हर तरफ तू ही तू है। तेरा नाम लेने से ही मुझे सब कुछ मिल जाता है। तू करम करने वाला, रहम करने वाला, मेरे दोषों को छिपाने वाला और मेरे गुनाहों को माफ करने वाला है। इसीलिए तेरा नाम लेने से ही मुझे सफलता मिलती है।

स्कीनप्ले- पहले के जमाने में जब मुस्लिम मुहल्लों में मुस्लिम कलाकार सुबह उठकर रियाज करते थे, तो आसपास के उनके पड़ोसी इस पर ऐतराज करते हुए कहते थे कि सुबह-सुबह ये क्या कर रहे हो, अल्लाह का नाम लो। उन्हें चुप करने के लिए वे इस तरह रियाज करने लगे। और इससे उन्होंने सबको संतुष्ट कर दिया। वे गाते हुए कहते थे कि हे अल्लाह, तू अपरम्पार है, हर तरफ तू ही तू है। तेरा नाम लेने से ही मुझे सब कुछ मिल जाता है। तू करम करने वाला, मेरे दोषों को छिपाने वाला और मेरे गुनाहों को माफ करने वाला है। इसीलिए तेरा नाम लेने से ही मुझे सफलता मिलती है।

भैरव

बोल- जाग जाग जगा जगा हारी लंगर तुरकवा
सोवे न न देत घरी पल छिन ऐ मा
नींद की मारी अंखिया मोरी कछु न सुहावे मेहरबान
अब लागे गले लगा।

अर्थ- रचनाकार मेहरबान की इस रचना में नायिका प्रेम करना चाहती है और इसलिए सोये हुए नायक को बार-बार जगा रही है। पर उसे कोई सफलता नहीं मिलती। वह कहती है कि उसका यह नटखट तुर्क बहुत ढीठ है। जागा हुआ होने के बावजूद वह सोने का दिखावा करता है। उसे सोया हुआ समझकर जब नायिका खुद सोने की कोशिश करती है तो वह उसे सोने भी नहीं देता। तब वह कहती है कि मेरी आंखों में बहुत नींद भरी है और मुझे कुछ भी अच्छा नहीं लग रहा। इस पर नायक उसे गले लगाकर प्रेम करने की कोशिश करता है।

स्कीनप्ले- मेहरबान की इस रचना में प्रणय के भाव से सराबोर नायिका की मनोदशा और उसके साथ नायक की शरारत का सरस चित्रण किया गया है। रात का समय है। नायिका प्रेम करना चाहती है, लेकिन नायक सोया हुआ है। इससे नायिका की तड़प और बढ़जाती है। पर वह नहीं जागता। तब नायिका कहती है कि उसका यह नटखट तुर्क प्रेमी बहुत ढीठ है। असल में नायक सोया नहीं है। वह केवल सोने का दिखावा कर रहा है तथा शरारत करते हुए नायिका की प्रेम-भावना को और बढ़ा रहा है। आखिर में नायिका हारकर खुद सोने की कोशिश करती है, तो नायक उसे सोने भी नहीं देता। इस पर नायिका कहती है कि अब मेरी आंखों में नींद भरी है और मुझे कुछ भी अच्छा नहीं लग रहा। तब नायक उसे गले लगाकर प्रेम करने की कोशिश करता है। उनका यह प्रणय-खेल चलता रहता है।

रामकली

बोल- ए बना सारी रैन का जागा
प्रेम रंग सुहागा

बन री के अंग संग बना रंगरलिया
सोने बीच सुहागा।

अर्थ- विवाह की रात नायक रात भर जागा है। और उसने विवाहित जीवन का सुख भोगा है। उसने प्रेमरंजन किया है। इस अनुभव से वह इतना रूपवान और तेजस्वी लग रहा है, जैसे सोने के साथ रखने पर सुहागा लगने लगता है।

स्क्रीनप्ले- विवाह के बाद नायक अपनी वधू के साथ प्रथम रात्रि बिताकर आता है। दोनों ने रात भर प्रणय रमण किया है। इस कारण नायक पूरी रात का जागा हुआ है। उसने सारी रात नायिका के साथ प्रेम किया है। इस प्रेम से उसका रूप तथा व्यक्तित्व और खिल उठा है। उसे पूर्ण तृप्ति मिली है। इस पहली रात के बाद वह इतना रूपवान और तेजस्वी हो गया है कि सोने के बीच रखे सुहागे जैसा सुंदर लग रहा है।

जोगिया

बोल- जोगिया तोरे कारण
हम बन बन फिरत हैं
तो ना पायो खोज

नोज लगो यह नेहा रंगीले
ता सो ये बोझ।

अर्थ - नायिका कहती है कि वह अपने जोगी या प्रेमी को वन-वन ढूंढती है, फिर भी उसे ढूंढनहीं पाती। नायक के प्रति अपने प्रेम को कोसते हुए वह कहती है कि यह प्रेम भाड़ में जाये क्योंकि अब यह मेरे लिए बोझ बन गया है। इस भौतिक अर्थ के अलावा इस बोल का आध्यात्मिक अर्थ भी है। साधक परमात्मा की खोज में जन्म-जन्म से भटक रहा है, लेकिन वह परमात्मा को खोज नहीं पाता। इस खोज से थककर वह कहता है कि परमात्मा से मिलन की मेरी इच्छा समाप्त हो जाये, क्योंकि अब यह मेरे लिए बोझ बन गयी है।

स्क्रीनप्ले- नायिका का प्रेमी कहीं चला गया है। उसे यह तक नहीं पता कि वह कहां गया है। उसे ढूंढने के लिए नायिका जगह-जगह भटक रही है, फिर भी उसे खोज पाने में असमर्थ रहती है। आखिर तंग आकर वह प्रार्थना करती है कि नायक के प्रति उसका प्रेम समाप्त हो जाये, क्योंकि अब यह उस पर बोझ बन गया है और वह इससे थक गयी है।

इस रचना का आध्यात्मिक अर्थ भी है। साधक अपने इष्ट को जन्म जन्म से ढूंढरहा है। वह अपनी आत्मा का परमात्मा से मिलन चाहता है। किन्तु उसे काफी प्रयास करने पर भी

अपने इष्ट के दर्शन नहीं होते। आखिर वह सोचता है कि इससे तो इष्ट के दर्शन करने और अपनी आत्मा के परमात्मा से मिलन की उसकी आकांक्षा ही न रहे, क्योंकि अब यह उसके मन पर बोझ बन गयी है। उससे अब और सहन नहीं होता।

भटियार

बोल- निस दिन नाही बिसरत मूरत मोरारी
धन बरण सुन्दर तन अति सोबत तिहारी

माधो बन ब्रिंदाबन फीरत
कृष्ण मोरारी मोरारी।

अर्थ- कृष्ण की सुंदरता का वर्णन करते हुए राधा कहती है कि हे कृष्ण तुम्हारी मोहिनी मूरत मेरे मन में बसी रहती है। हे मुरारी, मेरा मन तुम्हें माधव वन और वृंदावन में घूमते-फिरते देखता रहता है।

स्क्रीनप्ले- जब से कृष्ण वृंदावन से मथुरा गये हैं, राधा को उनकी याद सताती रहती है। वह कहती है, हे कृष्ण, दिन हो या रात, मैं तुम्हारी सूरत कभी भुला नहीं पाती। तुम सर्व गुण सम्पन्न हो, सुन्दर हो और तुम्हारी छवि अत्यंत आकर्षक है। यह सब मेरे मन में इतना समाया हुआ है कि वृंदावन में हम जहां-जहां घूमते थे, मिलते थे और रास करते थे, मेरा मन अब भी उन सभी स्थानों पर तुम्हें देखता रहता है।

भंकार

बोल- तू ही करतार जग निसतार

इतनी बिनती मन रंग सुनो
करो बेड़ा पार।

अर्थ - ईश्वर की वंदना करते हुए कहा गया है कि तुम ही इस जगत की रचना करने वाले हो और तुम ही इसका पालन करने वाले हो। रचनाकार मनरंग के अनुसार, प्रभु से बस यही विनती है कि वह बेड़ा पार कर दे।

स्क्रीनप्ले- मनरंग की इस रचना में ईश्वर से कृपा करने की प्रार्थना की गयी है। रचनाकार कहता है कि इस संसार के रचयिता और पालनहार तुम ही हो। सब कुछ यहां तुम्हारी ही मर्जी से होता है। इसलिए तुमसे विनती है कि मेरा बेड़ा पार करा दो और मुझ पर अपनी कृपा बनाये रखो।

ललित

बोल- ए घटन लागी रैन
जागो जी जागो गर लागो

ए रैन घटन लागी
प्रीत बढ़न लागी
और लागी दुख देन।

अर्थ- नायिका रात को सोये हुए नायक को जगाते हुए कहती है कि रात बीत रही है, जागो और मुझे आलिंगनबद्ध कर लो। वह कहती है कि जैसे-जैसे यह रात बीत रही है, प्रेम करने की मेरी कामना बढ़रही है। और यह इतनी बढ़गयी है कि दुख देने लगी है।

स्क्रीनप्ले- रात धीरे-धीरे गुजर रही है। नायक सोया हुआ है। नायिका जाग रही है। बीतती हुई रात के इस पहर में उसके मन में प्रणय की उमंग का संचार होता है। जब प्रणय की उसकी यह कामना बहुत बलवती हो जाती है और उससे रहा नहीं जाता, तो वह सोये हुए नायक को जगाती है। वह उससे कहती है कि रात बीत रही है, उठकर मुझे अपने आलिंगन के पाश में बांध लो। वह नायक को झकझोर कर कहती है कि जैसे-जैसे यह रात घट रही है, वैसे-वैसे प्रणय की मेरी कामना बढ़रही है। यह कामना इतनी बढ़गयी है कि दुख देने लगी है और अब रहा नहीं जाता। इस प्रकार, नायिका अपनी कामना को शांत करने के लिए नायक को प्रणय-प्रेम का निमंत्रण देती है।

ललित

बोल- ए रैन का सपना
कासे कहूं री माई

ए सोवत-सोवत रैन बीत गई कोऊ नहीं पायो अपना।

अर्थ- नायिका रात के सपने के बारे में अपनी सखी को बताते हुए कहती है कि मैं इस सपने के बारे में किसे बताऊं ? वह कहती है कि पूरी रात कामना करते-करते बीत गई, लेकिन मुझे इस कामना को पूरी करने का कोई समाधान नहीं मिला।

स्क्रीनप्ले- नायिका ने रात को एक सपना देखा। उसके बारे में वह अपनी सखी को बताती है। उसे लगता है कि उसका जीवन एक सपने की तरह आया। जीवन की भूलभूलैया में वह खुद को नासमझ पाती है। उसे लगता है कि जीवन भर वह सोती रही। जब उसे समझ आयी तो उसे लगा कि जीवन में कुछ भी उसका अपना नहीं है।

इस भौतिक मंतव्य के अलावा इस रचना में एक आध्यात्मिक मंतव्य भी है। साधक को जीवन भर साधना करने के बाद भी अज्ञानता के कारण अपने इष्ट नहीं मिलते तो उसे अपना जीवन रीत जाने की शिकायत होती है। वह कहता है कि उसका पूरा जीवन अज्ञान में बीत गया। इस अज्ञानता के कारण उसे उस परमात्मा के दर्शन नहीं हुए, जिससे उसकी आत्मा का मिलन हो जाता। उसे यह महसूस होता है कि जगत में उसे कोई भी ऐसा नहीं मिला जिसे वह अपना कह सके।

ललित

बोल- भोरेईं आये मेरे दुवार
अलख कहां कहां जागे

सोहनी सूरत मोहनी मूरत
नैन भए अनुरागे।

अर्थ- नायक सारी रात कहीं और गुजारता है। वह सुबह को घर आता है, तो नायिका उससे पूछती है कि तुमने रात कहां गुजारी ? ये सोहनी सूरत और मोहिनी मूरत बनाकर तुम मेरे पास आये हो, लेकिन मैं जान गयी हूं कि तुम रात को किसी और के पास थे, क्योंकि तुम्हारी आंखों से प्रेम और अनुराग साफ दिखायी दे रहा है।

स्क्रीनप्ले- नायक सारी रात नायिका के पास नहीं था। वह सुबह को घर आता है। नायिका उसे देखकर कहती है कि तुम मेरे पास सुबह को आये हो, रात भर कहां रहे, किसके पास रहे, जोगी की तरह कहां-कहां भटके। उसे लगता है कि नायक ने रात किसी और के साथ बितायी है। नायक की स्थिति देखकर उसका यह संदेह और बढ़जाता है। वह कहती है कि तुम्हारी सूरत और निखर गयी है, तुम्हारा चेहरा ज्यादा मनमोहक लग रहा है। तुम्हारी आंखों में अब भी अनुराग और प्रेम दिख रहा है। लेकिन तुम मेरे सामने सोहनी सूरत और मोहनी मूरत बनाकर खड़े हो। इस तरह तुम मुझे बहकाने की कोशिश कर रहे हो।

ललित

बोल- सो सो बारी बलमा, तुमहीं सों बात कहिये
तुमहीं सो प्रीत रीत में कबहू न कहिये
मन में कपट और झूठी बात

हम पूछत तुम मुकर जात हो
यही बात तीहारी रंगीले
सौतन के घर रुत मानी है दो दो दिन और दो दो रात।

अर्थ - नायिका को नायक से बहुत अनुराग है। अपनी इस भावना को व्यक्त करते हुए वह कहती है कि बलमा, मैं तो तुम पर न्योछावर हूं। तुमसे प्यार में मैंने कभी झूठ या कपट की बात नहीं कही। जब मैं तुमसे कुछ पूछती हूं तो तुम मुकर जाते हो। रंगीले करते तुम ये हो कि दो-दो दिन और दो-दो रात सौतन के पास रहकर आते हो।

स्क्रीनप्ले- नायिका अपने नायक को बहुत प्रेम करती है, किन्तु दो दिन बाद उसके घर आने पर उसे संदेह होता है कि वह किसी और स्त्री के पास गया था। फिर भी, अपने प्रेम की अभिव्यक्ति करते हुए वह कहती है कि बलमा मैं तो पूरी तरह से तुम्हें ही समर्पित हूं, तुम्हारी ही बात करती रहती हूं। मैं कभी नहीं पूछती कि तुम कहां गये थे। कुछ पूछती हूं तो तुम मुकर जाते हो। यही तुम्हारी आदत है। तुम दो-दो दिन और दो-दो रात गायब रहते हो।

ललित

बोल- भांवदा यारदा जोबना
दूजे नजर नाहीं आंवदा

अलीफ मीम बीच फरक न कोई
अलीफ मीम बन आंवदा।

अर्थ- नायक के यौवन की प्रशंसा करते हुए नायिका कहती है कि मुझे तो अपनी प्रिया का यौवन बहुत अच्छा लगता है। उसके सामने मुझे दूसरा कोई नहीं भाता। अल्लाह और मोहम्मद में कोई अंतर नहीं है। इसलिए मुझमें और मेरे प्रेम में भी कोई फर्क नहीं।

स्क्रीनप्ले- नायिका अपने नायक पर पूरी तरह रीझी हुई है। वह कहती है कि अपने पिया के सिवा उसे कोई भी अच्छा नहीं लगता। वह कहती है कि जिस तरह अल्लाह और मोहम्मद में कोई फर्क नहीं है वैसे ही मुझसे और मेरे प्रेम में भी कोई फर्क नहीं है।

ललित पंचम

बोल- जो तुम वईं क्यों ना जाओ महाराज

सगरी रैन मोहे तरपत बीती
भोर भए उठ जागो महाराज।

अर्थ- भोर में नायक को उलाहना देते हुए नायिका कहती है कि मैंने सारी रात तड़पकर बितायी। इस आशा में कि तुम उठकर मेरे साथ प्रेम करोगे। अब भोर होने को है। अब तो उठ जाओ। अगर तुम मुझसे प्रेम करना नहीं चाहते तो महाराज, तुम वहीं क्यों नहीं चले जाते जहां तुम्हारा मन है।

स्क्रीनप्ले- नायिका पूरी रात अपने प्रिय से प्रेम करने की आशा में जागती और तड़पती रही । लेकिन नायक सोता ही रहा। भोर होने पर वह उसे जगाती है और कहती है कि महाराज, आप वहीं क्यों नहीं चले जाते, जहां आपका मन है। यहां आप मेरे पास होते हुए भी मेरे पास नहीं हो।

भिभास

बोल- घूमंड घूमंड ए नीके रास पागे
पीया मोरा रे

मदमाती आंखियां सदारंग
अनत बिरमे राहै।

अर्थ- नायिका कहती है कि नायक ने उस पर प्रेम-रस को घुमड़-घुमड़कर बरसाया है। इस अभिसार से नायक की आंखें मदमाती हो रही हैं। उसकी आंखों से प्रणय-सुख का रस झलक रहा है। वह कामना करती है कि उनका यह प्रेम अनंत समय तक इसी तरह चलता रहे।

स्क्रीनप्ले- अभिसार से नायिका की कामना परिपूर्ण हो गयी है। वह प्रणय-रस से पूरी तरह तृप्त है। वह कहती है कि उसके प्रिय ने उस पर प्रेम-रस की ऐसी वर्षा की है, जैसे घुमड़-घुमड़ कर धरती पर बादल जल की वर्षा करते हैं। जिस प्रकार बादल सूखी धरती की प्यास बुझाते हैं, उसी प्रकार नायक ने उसकी प्रणय कामना को पूरा करके उसे आनंद प्रदान किया है। वह कहती है कि अभिसार में किये प्रयास और संतोष से नायक की आंखें मदमाती हो गयी हैं और उनसे प्रणय-रस झलक रहा है। उसकी कामना है कि नायक उस पर अनंत समय तक सतत रूप से इसी प्रकार प्रेम की वर्षा करता रहे।

भिभास

बोल - मोरा रे मीत पीहरवा सुरजनवा बलमा
बेगी दरस वा मैकै आन दिखाओ

मम्मदशा तुम सदा रंगीलवा बरस भईलवा
तुमरे मिलन को इतनी कोऊ जाए सुनावो।

अर्थ- नायिका कहती है कि मेरा प्रिय, मेरा मीत बहुत सज्जन है। मेरे बलमा, जल्दी आकर मुझे अपने दर्शन दो। रचनाकार मोहम्मद शाह नायिका के जरिये यह कहता है कि सदारंगीले से मिले मुझे बरसों हो गये हैं। मेरी इतनी सी बात कोई उन्हें जाकर सुना दे।

स्क्रीनप्ले- नायिका विरह से व्याकुल है, पर आज भी उसे अपने प्रिय का रूप और गुण मोहित किये रहते हैं। उसे याद करके मिलने की उस चाह और बढ़ जाती है। वह अपने प्रिय की तारीफ करते हुए कहती है कि मेरा प्रिय मेरा मीत है। वह बहुत सज्जन है। फिर वह गुहार लगाती है कि मेरे बलमा जल्दी आ जाओ और आकर मुझे अपने दर्शन दो। रचनाकार मोहम्मद शाह उससे कहलवाते हैं कि अपने प्रिय से, उस सदारंगीले से मिले मुझे बरसों हो गये। कोई मेरी ओर से जाकर उनसे यह गुहार कर दे कि वे मेरे पास आ जायें, जिससे मेरा यह विरह दूर हो।

देसकार

बोल- अमलारा माता मासे बोलोजी

हूं तो थारी दासी साहेबे
थे महारा साहेबे
गांठ जतन की खोलोजी।

अर्थ- नायिका अपने रूठे हुए प्रेमी को माता की सौगंध देते हुए पूछती है कि तुम्हारे मन में मेरे लिए जो संकोच है वह मुझे साफ-साफ बता दो। मेरे प्रिय, मैं तो तुम्हारी दासी हूं और तुम मेरे स्वामी हो। तुमने दिल में जो कुछ बिठा रखा है, अब उसे साफ कर दो। अपने मन की बात साफ-साफ मुझे बता दो।

स्क्रीनप्ले- नायक के मन की बात जानने के लिए नायिका उसे माता की सौगंध देती है और पूछती है कि तुम्हारे मन में जो संकोच है, वह मुझे साफ-साफ बताओ। वह कहती है कि हे प्रिय, मुझसे खुलकर बात करो। मैं तो तुम्हारी दासी हूं। और तुम मेरे स्वामी हो। तुमने अपने दिल में संकोच की जो गांठ लगा रखी है, उसे अब तो खोल दो। इस प्रकार वह नायक से सारे गिले-शिकवे दूर करने का अनुरोध करती है।

देसकार

बोल- हूं तो तोरे कारण जागो
सो बलमा मोरे जागत भईली भोर

अंखियां मोरी तुम बिन तरसें
सदा लाग रही चहूँ ओर।

अर्थ- नायिका कहती है कि वह सारी रात नायक की प्रतीक्षा में जागती रही है। पूरी रात उसने जागकर बितायी और अब भोर हो गयी है। वह कहती है कि तुम्हें देखे बिना मेरी आंखे तरस रही हैं और मुझे सदा यही लगता रहता है कि भोर हो गयी है, यानी मेरी प्रतीक्षा बहुत लम्बी हो गयी है।

इस भौतिक अर्थ के अलावा इस रचना का आध्यात्मिक अर्थ भी है। साधक कहता है कि परमात्मा के दर्शन के लिए वह जीवन भर प्रयास करता रहा। इस प्रतीक्षा में उसका पूरा जीवन बीत गया है। परमात्मा के दर्शन को उसकी आंखें तरस रही हैं। उसे लगता है कि शायद अब भी उसे परमात्मा के दर्शन हो जायेंगे।

स्क्रीनप्ले- रचनाकार ने इस रचना में भौतिक और आध्यात्मिक, दोनों बातें कही हैं। भौतिक चित्रण यह है कि नायिका ने सारी रात नायक की प्रतीक्षा की है। अब तो भोर भी हो गयी है। पर नायक नहीं आया। उसके दर्शन के लिए नायिका की आंखें तरस रही हैं।

इस रचना में आध्यात्मिकता यह है कि साधक ने परमात्मा से मिलन की आशा में पूरा जीवन प्रतीक्षा करते-करते बिता

दिया है। उसका जीवन एक रात की तरह बीत गया। भोर उसके लिए दूसरे जीवन की तरह आयी है। परमात्मा के दर्शन को उसकी आंखें तरस गयी हैं। उसे आशा है कि शायद इस नयी भोर में, या दूसरे जन्म में उसे परमात्मा से मिलन में सफलता प्राप्त हो।

देवगरी बिलावल

बोल- बना बियाहने आया
अच्छी बनों के कारण सीसे सेहरा बंधाया

शुभ घड़ी शुभ दीन महुरत बनरी भरपाया
नैनो में कजरा धुलाया।

बोल- नायिका से विवाह करने आये नायक की छटा का वर्णन करते हुए रचनाकार कहता है कि दूल्हा शादी करने आया है। वह आंखों में काजल लगाकर और सिर पर सेहरा बांधकर आया है। शुभ घड़ी और शुभ मुहुर्त में दुल्हन को बियाहने आया है।

स्क्रीनप्ले- शादी करने के लिए आये दूल्हे की छटा और रूप का वर्णन इस रचना में किया गया है। दूल्हा पूरी सज-धज के साथ शादी करने आया है। अच्छी दुल्हन को पाने के लिए उसने सिर पर सेहरा बंधवाया है। इस शुभ घड़ी, शुभ दिन और शुभ मुहुर्त में वह दुलहन को लेने आया है। उसके नैनों में काजल लगा हुआ है। शादी करने के लिए आये दूल्हे का यह अनुपम रूप सबके मन को भाने वाला है।

अलैया बिलावल

बोल- दैया कहां गये वो लोग
ब्रिज के बसैया

ना मोरे पंख ना पग पायल
ना कोई सुध का लेवैया।

अर्थ- कृष्ण के ब्रज से मथुरा जाने पर सूने वृंदावन का उल्लेख करते हुए राधा कहती है कि हे सखी, वे लोग, वे ब्रजवासी कहां चले गये। न तो अब सिर पर मोरपंख है, न ही पैरों में पायल। उनके जाने से अब कोई हमारी सुध लेने वाला ही नहीं रहा।

स्क्रीनप्ले- कृष्ण वृंदावन से मथुरा गये तो उनके वहां न रहने से ब्रज सूना हो गया। राधा तो कृष्ण के विरह से इतनी व्याकुल हो उठी कि वह कहती है कि हे सखी, वे लोग, वे ब्रजवासी कहां गये। अब न तो सिर पर मोर पंख दिखता है, न ही पग में पायल। उनके जाने से मुझे तो विरह-ताप है ही, पूरा ब्रज ही अनाथ सा हो गया है। क्योंकि अब वहां मेरी और ब्रज की सुध लेने वाला कोई नहीं है। इस रचना में रचनाकार ने कृष्ण के वियोग में राधा की मनोदशा को चित्रित किया है।

बिलावल

बोल- ए राजा राम
ए मनीरंजन देस निरंजन
मन मत ज्ञान धरो तब रे

ए सकल कलाम मन केसो पती
देस को भंजन धर्म सब पंख औतार धरो।

अर्थ- राम की महिमा का वर्णन करते हुए रचनाकार कहता है कि हे राजा राम, तुम प्रत्येक भक्त के मन को और सकल जगत को आनंद देने वाले हो। अपने मन और बुद्धि में हमने तुम्हारा ही ज्ञान धारण किया है। रचनाकार कलाम कहता है कि तुम हमारे मन और इस सकल जगत के स्वामी हो। देश के कल्याण और धर्म की रक्षा के लिए तुमने अवतार लिया है।

स्क्रीनप्ले- इस रचना में रचनाकार ने भगवान राम की महिमा का वर्णन किया है। उन्हें इस जगत का कल्याणकारी बताते हुए रचनाकार कलाम कहता है कि हे राजा राम, तुम्हारा स्वरूप इतना भव्य है और छटा इतनी निराली है कि तुम प्रत्येक भक्त के मन और सकल जगत को मोहित करके आनंद प्रदान करने वाले हो। इसीलिए तुम हमारे मन और इस सकल जगत के स्वामी हो। राम के विष्णु का अवतार होने की पुराकथा का उल्लेख करते हुए रचनाकार कहता है कि तुम इस सकल जगत का कल्याण करने वाले हो और तुमने धर्म की मान्यताओं को स्थापित करने के लिए अवतार लिया है।

कुकुम बिलावल

बोल- देवी दुर्गे सदा संत रिशी पालनी

असुर दल दलनी संतन को मन हरनी
जो धावे फल पावे ब्रह्मवासिनी।

अर्थ- रचनाकार देवी दुर्गा की महिमा का वर्णन करते हुए कहता है कि देवी दुर्गा सदा संतों और ऋषियों का पालन करती है। वह असुरों के दलों का संहार करती है और संतों के मन को आकर्षित करती है, अर्थात संतों के मन में सदा दुर्गा की भक्ति रहती है। ब्रह्मवासिनी दुर्गा का जो भी ध्यान करता है, वह उसकी मनोकामनाएं पूरी कर देती है।

स्क्रीनप्ले- इस रचना में रचनाकार ने दुर्गा की महिमा की स्तुति की है। वह कहता है कि देवी दुर्गा सदा संतों और ऋषियों का पालन करती है, अर्थात सद् भावनाओं वाले भक्तों का सदा कल्याण करने वाली है। वह असुर दलों का संहार करके संसार की रक्षा करती है। इसीलिए वह संतों के मन में रमी रहती है अर्थात संत उसकी भक्ति में लगे रहते हैं। इस ब्रह्मवासिनी का जो भी ध्यान करता है, वह उसकी मनोकामनाएं जरूर पूरी कर देती है और इस तरह भक्त अपनी भक्ति का फल पाता है।

सुकुल बिलावल

बोल- कल न परत मोहे निस दीन री दई
बिरहा अगन मोरे तन में जरी दई

सुघड पीया को सुघड अत तज दीनो
को लागत आग तन में जरी दई।

अर्थ- नायिका कहती है कि रात-दिन मुझे चैन नहीं है। यह विरह मेरे तन में आग लगा रही है। मेरे सजीले और सुघड़ पिया का सब्र भी जवाब दे गया है इसलिए उसके तन में भी आग लगी है।

स्क्रीनप्ले- नायक और नायिका दूर-दूर हैं। दोनों को विरह ने व्याकुल कर रखा है। नायिका कहती है कि मुझे अपने प्रिय के बिना एक पल भी चैन नहीं पड़ता। विरह की व्याकुलता इतनी बढ़गयी है कि तन में आग सी लगी हुई है। उधर प्रिय परदेस गया है। वह गुणी है। सुघड़ है। सजीला है। विरह के कारण उसका सब्र भी टूट गया है। उसके तन में भी विरह की आग लगी हुई है। यानी विरह से दोनों बराबर व्याकुल हैं।

मियां की तोड़ी

बोल-

मेरो मन या हू या हू रटरे
जो तू अपनो भलो चाहै अब

दीन दुनी की माया मांगूं
ए करीम रहीम विद्या दे रब।

अर्थ-

साधक अपने मन से कहता है कि अगर तू अपना भला चाहता है तो 'या अल्लाह - या अल्लाह' कह। वह दीन व दुनिया के तमाम सुख अल्लाह से मांगता है। वह कहता है कि तू ही करीम है, तू ही रहीम है, मालिक मुझे विद्या का ज्ञान दे।

स्क्रीनप्ले-

इस रचना में साधक अल्लाह का नाम लेने का महत्व बताता है। वह कहता है कि अगर अब उसका मन अपना भला चाहता है तो बस अल्लाह का नाम रट। यानी मन में हमेशा अल्लाह का नाम रख। वह अल्लाह से दीन और दुनिया की तमाम खुशियां मांगता है, क्योंकि अल्लाह दयालु और कृपालु है और वह दीन-दुनिया दोनों के सुख दे सकता है। लेकिन वह इन सबसे बढ़कर अल्लाह से ज्ञान पाने की प्रार्थना करता है, ताकि वह अल्लाह को समझ सके और दीन दुनिया के सुखों को अच्छी तरह से भोग सके।

मियां की तोड़ी

बोल- ए जा जारे मोरा पातकवा रे
पीया ताईं देव पतीयां

इतनी बिनती कैयो तुमरा खुदा हाफिज
तुम बिन कौन सदारंग
जरीजात छतीयां।

अर्थ- विरह से व्याकुल नायिका पातक से कहती है कि मेरे प्रिय ने मेरी जरा भी सुध नहीं ली है। उन्हें जाकर मेरा संदेश देना। उनसे जाकर मेरी यह विनती करना है कि ईश्वर तुम्हे सलामत रखें। रचनाकार सदारंग के अनुसार, नायिका कहती है कि प्रिय मैं प्रेम की अग्नि में जली जा रही हूं।

स्क्रीनप्ले- सदारंग की इस रचना में नायिका के विरह को दिखाया गया है। नायक कहीं चला गया है। नायिका पातक के द्वारा अपना संदेश नायक को भेजती है। वह पातक से कहती है कि प्रिय को जाकर बताना कि मैं तो प्रेम की अग्नि में जलकर मिट जाऊंगी, लेकिन तुम सलामत रहो। इस तरह वह खुद को मिटाकर भी उसकी सलामती की दुआ करती है। वह अपने प्रिय को संदेश देती है कि मैं चाहे रहूं या न रहूं, तुम सलामत रहो। तुम्हारा खुदा हाफिज।

मियां की तोड़ी

बोल- देव दरस मोरे पियारे
राज दुलारे कृष्ण मतवारे

हूं तो दासी तोरी जनम करम की
तू है मेरा पीयारा
राजदुलारे कृष्ण मतवारे।

अर्थ- राधा कृष्ण से विनती करती है कि मेरे प्रिय, मुझे दर्शन दे दो। वह कहती है कि कृष्ण, तुम राजदुलारे और सबके प्यारे हो। मतवाले भी हो। मैं जन्म और कर्म से तुम्हारी दासी हूं। राजदुलारे और मतवाले कृष्ण, तुम मुझे प्रिय हो।

स्क्रीनप्ले- कृष्ण पर राधा मोहित है। उन्हें देखे बिना उसे पल भर भी चैन नहीं पड़ता। इसलिए वह कृष्ण से दर्शन देने की विनती करती है। वह कृष्ण को राजदुलारा और मतवाला बताती है। यानी वे सबको अच्छे लगते हैं, सबके प्यारे हैं। सबको अपना बनाने वाले ऐसे राजदुलारे और मतवाले कृष्ण को वह अपना प्रिय बताती है।

मियां की तोड़ी

बोल- अधर धरे मुख बांसरिया
'श्रवण सुनत सुध बुध बिसरी निकस जाए तन सासरिया

तन मन धन नौछावर कर हूं सदा रंगीले
तुम रे मिलन को लाग रही निस आसरिया।

अर्थ- कृष्ण जब अपने अधरों पर बांसुरी का मुख रखते हैं तो राधा कहती है कि उसकी तान सुनते ही मैं अपनी सुध-बुध खो देती हूं। मेरी हालत ऐसी हो गयी है मानो शरीर में सांस ही निकल गयी हो। वह कहती है कि रंगीले कान्हा, मैं तुम पर अपना तन, मन और धन न्योछावर करने तैयार हूं। वह रचनाकार सदारंगीले से कहती है कि उसे सदा प्रिय से मिलन की आस लगी रहती है।

स्क्रीनप्ले- कृष्ण के प्रेम में मगन राधा कहती है कि जब कृष्ण अपने अधरों पर बांसुरी का मुख रखकर उसे बजाते हैं तो उससे निकलने वाले संगीत से वह इतनी अभिभूत हो जाती है सुध-बुध ही खो बैठती है। उस तान का इतना गहरा असर होता है कि मेरे शरीर में सांस सी निकल जाती है अर्थात मैं कृष्ण के प्रेम में खोकर खुद को भी भूल जाती है। सदा रंगीले, मैं इतनी खो जाती हूं कि तन, मन, धन, क्या खुद को भी न्योछावर करने की आस में लगी रहती हूं।

मियां की तोड़ी

बोल- अल्ला जाने मोला जाने
नबी अली को नूर पहले रहो जगत में
हसन हुसैन चैन दोऊ

ज़हरा के फरजन अली के जिगरबंद
हौजे कोसर के पीए जाम दोऊ।

अर्थ- यह तो अल्लाह ही जानता है। इस संसार में सबसे पहले नबी का और अली का नूर आया। उनके इस नूर जारी रखने के लिए बाद में हसन और हुसैन आये। जहरा के ये दोनो बेटे अली के जिगर के टुकड़े हैं। ये दोनों जन्नत के नौजवानों के सरदार हैं। ये वहां के अमृत जल (कौसर) के मालिक हैं।

स्क्रीनप्ले- इस रचना में जहां अल्लाह का गुणगान किया गया है, वहीं नबी, अली, हसन और हुसैन की विशेषताएं भी बतायी गयी है। रचनाकार कहता है कि अल्लाह इस संसार की हर चीज को जानता है। वही जानता है कि संसार में सबसे पहले नबी और अली का नूर आया। उनके इस नूर को इस जगत में हसन और हुसैन ने जारी रखा। नबी की प्यारी बेटी जहरा के ये दोनों बेटे अली के जिगर के टुकड़े हैं। ये जन्नत के नौजवानों के सऱदार हैं। वहां के अमृत जल (कौसर) के मालिक हैं।

बहादरी तोड़ी

बोल- दैया बाट दूबर भैई
छाड़ दे मैंको लंगरवा, भरने न देत गागरिया

बार घट मै को रोकट टोकट
ए कैसी करूं दैया,
बीच ठाडो मोमदशा सदारंगीले चावैया।

अर्थ- नायिका कहती है कि नायक ने उसका रास्ते पर आना-जाना दूभर कर दिया है। वह उसे छेड़ता है और उसकी गागर तोड़ देता है। रास्ते में और घाट पर उसे रोककर उससे टोकाटोकी करता है। रचनाकार मोहम्मद शाह रंगीले नायिका से कहता है कि नायिका इससे परेशान है। वह अपनी सखी से कहती है कि चतुर नायक, जो उसकी राह बार-बार रोक लेता है और पानी नहीं भरने देता, उससे वह अपने को कैसे बचाये।

स्क्रीनप्ले- मोहम्मद शाह रंगीले की इस रचना में नायक की छेड़छाड़ से परेशान नायिका की मनोदशा का चित्रण किया गया है। वह कहती है कि नायक ने उसका कहीं भी आना जाना दूभर कर दिया है। वह सरेराह उसे रोककर छेड़छाड़ करता है। घाट पर पानी भरने जाती है तो उसकी गागर फोड़कर शरारत करता है। उसे पानी नहीं भरने देता। रास्ते पर और घाट पर, जहां भी देखता है, उसे रोककर टोकंता है, अपने मन की बात कहता है। इससे परेशान होकर वह कहती है कि ऐ सखी, इस चतुर और दुष्ट नायक से बचने के लिए अब मैं क्या करूं।

लक्ष्मी तोड़ी

बोल- आली आयो फाग यांहां पीया के मीलन
मोसे कैसे कटे रूत हू ना बीना

घरी घरी पल पल कैसे बीतत है कह ना सकत हूं
तेरी दुहाई नूररंग देत बिरहा दुख सुख धाईं माई
कैसे कटे रुत हू ना बिना।

अर्थ- फाग के मौसम में प्रिय से दूर नायिका कहती है कि फाग की ऋतु आ गयी है, जिसमें प्रिय से मिलन होता है। पर तुम मेरे पास नहीं हो। तुम्हारे बिना मैं यह ऋतु कैसे काटूं। मैं बता नहीं सकती कि घड़ी-घड़ी, पल-पल मेरा कितनी व्याकुलता से कटता है। रचनाकार नूररंग के अनुसार, नायिका दुहाई देती है कि उससे विरह अब नहीं कटता। वह कहती है कि सुख-दुख तो आते-जाते रहते हैं, पर प्रिय के बिना मैं यह ऋतु कैसे बिताऊं ?

स्क्रीनप्ले- नूररंग की इस रचना में विरह-वेदना से छटपटाती नायिका का चित्रण है। जब चारों ओर फाग की मस्ती हो तो नायिका का दूर गये अपने प्रेमी को याद करना स्वाभाविक है। वह किस तरह नायक की याद में एक-एक पल बिताती है, इसे बताने की स्थिति में भी नहीं है। वह दुहाई देती है कि यह विरह उसे बहुत कष्ट दे रहा है। हालांकि वह मानती है कि सुख और दुख का आना-जाना तो लगा रहता है, लेकिन प्रिय के बिना यह ऋतु उससे कट नहीं रही।

गूजरी

बोल- जीहू मोरा चाहै पीया मिलन को रखिये गरहू लागाए

जबते देखिए सुन्दर सूरत
तबते कछु नाही भाए।

अर्थ- मिलन की प्यासी नायिका कहती है कि मेरा मन प्रिय से मिलने को चाहता है। मेरी कामना है कि मैं उन्हें गले लगाकर रखूं। जब से मैंने उनकी सुन्दर सूरत सपने में देखी है, तब से मुझे कुछ भी नहीं भा रहा है।

स्क्रीनप्ले - नायिका के मन में नायक से मिलने की चाह इतनी बढ़गयी है कि वह उसे हमेशा के लिए गले लगाकर अपने पास रखना चाहती है। जब से उसने सपने में प्रिय की सुन्दर सूरत देखी है, तब से उसका मन अपने प्रिय में ही अटका हुआ है। उसके दिलोदिमाग पर नायक इस तरह छा गया है कि उसके बिना अब उसे कुछ भी अच्छा नहीं लग रहा है।

गूजरी

बोल- तुम दरस दे गयो कनाई
राधे कृष्ण नित सत देखो उनी के मन शास्त्र पुराई

मोर मुकट मोतीयन दुरमाला
पीताम्बर पट सेज बिछायी अंग अंग चुबको न जाई।

अर्थ- कृष्ण के अवतार लेने की कथा शास्त्रों में बतायी गयी है। शास्त्रों में यह भी कहा गया है कि श्याम के साथ राधा भी लोगों के मन में बसी हुई हैं। कृष्ण के सिर पर मोर मुकुट और गले में मोतियों की माला है। उनका पीताम्बर इस जतन और ध्यान से तैयार किया गया है कि इससे उनके शरीर को जरा भी कष्ट न हो।

स्क्रीनप्ले- इस रचना में कृष्ण को अवतारी बताते हुए उनके स्वरूप का चित्रण किया गया है। कृष्ण के रूप में विष्णु ने अवतार लिया था, यह कथा शास्त्रों में भी आती है। इस कथा का उल्लेख करते हुए रचनाकार कहता है कि शास्त्रों में यह भी प्रसंग आता है कि कृष्ण के साथ राधा भी जन-जन के मन में बसी हुई हैं। शास्त्रों में कृष्ण के मनमोहक स्वरूप को ऐसा माना गया है कि उनके सिर पर मोर मुकुट और गले में मोतियों की माला है। बड़े जतन से उनका पीताम्बर तैयार किया गया है, जो उनके शरीर पर शोभित होता है। इसे बनाने में यह ध्यान रखा गया है कि उनके शरीर को जरा भी कष्ट न हो।

जौनपुरी

बोल-	हूं तो जैहूं पीया के देस करहूं सोलाहू सींगरवा मां बहुत दिन पाछे मिलन बनेगो मो बिरहन को मा।
अर्थ -	नायिका कहती है कि मैं तो अपने पिया से मिलने पिया के देश जाऊंगी। मैं सोलह श्रृंगार करके जाऊंगी। मुझ विरहन को बहुत दिन बाद ये मिलन का मौका मिला है।
स्क्रीनप्ले-	इस रचना में उस नायिका की मनोदशा का चित्रण किया गया है, जो शादी के बाद काफी समय मायके में बिताकर गौने पर ससुराल जा रही हैं। लंबे इंतजार के बाद अपने पिया से उसका मिलना होगा। और उसे लेकर उसके मन में बहुत उमंगें हैं। वह अपनी सखी से कहती है कि अब वह घड़ी आ गयी है जब मैं अपने पिया के देश जाऊंगी। पिया से मिलने के लिए मैं खूब सजूंगी। सोलह श्रृंगार करूंगी। उनसे मिलने के लिए मैं बहुत तड़प रही हूं। मुझ विरहन का उनसे काफी समय बाद मिलन होगा। मुझे इस मिलन का बेताबी से इंतजार था।

जौनपुरी

बोल- सो अब रंग घोलीया माई
सजन मिलावे राह भईलवा

सांचो पीर निजामुदीन ओलिया
जनम जनम के दुख भूलीया।

अर्थ- बहुत रंग हो रहा है। खुशियां ही खुशियां हैं। साजन से मिलने की राह बनी है। निजामुद्दीन औलिया सच्चे पीर हैं। वे जन्म-जन्म के दुखों को दूर कर देते हैं।

स्क्रीनप्ले- इस रचना में चारों ओर खुशियों की बात और प्रिय से मिलने की चाहत के साथ ही निजामुद्दीन औलिया की भक्ति भी की गयी है। नायिका को आशा है कि उनकी कृपा से वह अपने प्रिय को पायेगी। वह अपनी सखी से कहती है कि रंगों की बहार आयी है। खुशियों का माहौल है। और अब वह अपने प्रिय से मिलेगी। वह आगे कहती है कि निजामुद्दीन औलिया सच्चे पीर हैं। वे जन्म-जन्म के दुखों को दूर कर देते हैं। उनकी कृपा से ही मुझे आज मेरे प्रिय मिलेंगे।

जौनपुरी

बोल- एनी एमा सुलतान ओलिया
खुवाजा निजामुद्दीन बधावा

छिन ही में वो नीहाल करत हैं
अजीज दीन को वहां ले जाओ नी।

अर्थ- अरी सखी, वे सुल्तान हैं, औलिया हैं, ख्वाजा हैं। वे निजामुद्दीन सारी बाधाओं को दूर करने वाले हैं। वे एक पल में अपने भक्तों को निहाल कर देते हैं। रचनाकार अजीज कहते हैं कि मुझे भी उनकी शरण में ले जाओ।

स्क्रीनप्ले- अजीज की इस रचना में ख्वाजा निजामुद्दीन औलिया की महिमा का बखान किया गया है। नायिका अपनी सखी से कहती है कि ऐ री, वे सुल्तान हैं, औलिया हैं, ख्वाजा हैं। वे निजामुद्दीन हर किसी की तमाम बाधाओं को दूर कर देते हैं। उनकी महिमा ऐसी हैं कि वे एक पल में अपने भक्तों को निहाल कर देते हैं। उनकी सारी मनोकामनाएं पूरी करते हैं। रचनाकार अजीज कहते हैं कि मुझे उनकी शरण में ले चलो। उनकी शरण में जाकर मेरे भी सारे कष्ट दूर हो जायेंगे।

जौनपुरी

बोल- अमूरैयां रात बिरहन के पास
टप टप अंसूवन की बूंद परत

राह बाट मैको रोकत टोकत
अबू न मानूंगी तीहारी बात।

अर्थ- नायिका कहती है कि प्रिय तुम रात को बिरहन के पास रहे। यह सोचकर मेरी आंखों से आंसुओं की बूंदे टप-टप करके टपक रही हैं। रास्ते में तो मुझे रोकते-टोकते हो, पर मिलने नहीं आते हो। अब मैं तुम्हारी कोई बात नहीं मानूंगी।

स्क्रीनप्ले- नायक की रंगीनमिजाजी से नायिका परेशान है। नायक रास्ते में रोककर तो उससे बात करता है, लेकिन उसे शक है कि वह रास किसी और के साथ करता है। वह कहती है कि प्रिय रात तुम किसी बिरहन के साथ रहे। यह सोचकर ही मेरा मन विचलित हो रहा है। मेरी आंखों से टप-टप आंसू टपक रहे हैं । तुम रास्ते में तो मुझे रोकते-टोकते हो, पर जाते किसी और के पास हो। मुझसे बेवफाई करते हो। अब मैं तुमसे बात नहीं करूंगी।

आसावरी

बोल- पेहरवा जागो रे मोरे मीत
चुरवा लागो लो तोरी घात

सोवत सोवत रैन बीत गई

चैत पात पिछली रात।

अर्थ - नायिका कहती है कि पीया अब तुम जाग जाओ। मैंने अपनी चूड़ियों को शांत कर रखा है। लेकिन ये तुम्हारी घात में हैं। सोते-सोते पूरी रात बीत गयी है। चैत महीने की इस रात को तुम रात भर सोये रहे। लेकिन अब तो जाग जाओ।

स्क्रीनप्ले- नायक रात भर सोया रहा। प्रेम की इच्छा मन में रखे नायिका उसके जागने का इंतजार करती रही। लेकिन वह नहीं जागा। आखिर नायिका उससे उठने की विनती करती है। वह कहती है कि पीया अब तो तुम जाग जाओ। मैंने अपनी चूड़ियों को शांत कर रखा है। लेकिन अब ये इस ताक में हैं कि खनखनाकर सबको जगा देंगी। तुमने सोकर यह पूरी रात बिता दी। चैत महीने की इस पूरी रात मैं मिलन का इंतजार करती रही। अब तो तुम उठ जाओ और मेरी कामना पूरी करो। कहीं मेरी चूड़ियों की झनकार सुनकर घरवाले जाग न जायें और यह मौका हमारे हाथ से निकल न जाये।

आसावरी

बोल- परीए वाके पायल सजनी
जो ना माने गुनीयन की सीख

जो गुनीयन की सीख ना माने
ऐसे मनुस के पास न जैये
दरस कहै वासूं दरीए।

अर्थ- नायक कहता है कि सजनी, जो गुणियों की सीख न मानता हो उसके पांव पर पड़ना। जो गुणियों की सीख फिर भी न माने तो फिर उसके पास न जाना। रचनाकार दरस कहता है कि जो इंसान गुणियों की सीख कभी न मानता हो, उससे दूर ही रहना चाहिए और उससे डरना चाहिए।

स्क्रीनप्ले- दरस की इस रचना में नायिका को आपसी व्यवहार का संदेश दिया गया है। नायक उससे कहता है कि जो व्यक्ति गुणियों की सीख न मानता हो उसके पैर पड़ना, यानी उसे मन्नतें करके समझाना कि गुणियों की बात माननी चाहिए। अगर वह फिर भी गुणियों की बात न माने तो उसके पास कभी न जाना, यानी उससे कोई रिश्ता न रखना। क्योंकि जो इंसान गुणियों की सीख न मानता हो, उससे दूर ही रहना चाहिए और डरना चाहिए।

कोमल रिशभ आसावरी

बोल- अब तो गर बीच सेली पीया की भई हूं भीकारी
घर घर भिक्षा मांग फीरी रंगीले
जोगत भीक तीहारी री।

अर्थ - नायिका कहती है कि हे सखी, अब तो अपने घर में मेरी हालत अपने पिया की भिखारी जैसी हो गयी है। वह अपने प्रिय से कहती है कि अगर मुझे तुम्हारे प्रेम की भिक्षा मिल जाये, तो दूसरों की सहानुभूति लेने की कोई जरूरत नहीं होगी।

स्क्रीनप्ले- नायिका को अपने पति का प्रेम नहीं मिलता, तो वह व्याकुल हो जाती है। मिलन की इच्छा पूरी करने के लिए वह उससे प्रेम की भीख मांगती है। वह अपनी सखी से अपनी हालत का बयान करती है। उससे कहती है कि हे सखी, अपने घर में ही मैं अपने पिया की भिखारी जैसी हो गयी हूं, क्योंकि मुझे उनका प्रेम नहीं मिलता। फिर वह अपने पति से प्रेम की भीख मांगती है। उससे कहती है कि अगर मुझे तुम्हारे प्रेम की भिक्षा और तुम्हारी सहानुभूति मिल जाये तो मेरा यह जीवन सफल हो। फिर मुझे दूसरों से सहनुभूति मांगने की जरूरत ना पड़े।

कोमल रिशभ आसावरी

बोल- ए जगत सपना री आली करत काहे गुमान
सोवत सोवत रैन बीत गई
कैसे हो चतुर सुजान।

अर्थ- नायिका की सखी उससे कहती है कि सखी, तू गुमान किस बात का कर रही है। यह जगत एक सपना है। यहां कुछ भी स्थायी नहीं है। बिना समझे अगर तुमने अपना जीवन बिता दिया, तो तुम चतुर सुजान कैसे बनोगे?

स्क्रीनप्ले- इस रचना में जीवन के दर्शन को बताया गया है। जीवन के स्थायी न होने के कारण किसी भी बात का अहंकार न करने की भी सीख दी गयी है। यह बात नायिका को समझाते हुए उसकी सखी कहती है कि सखी, तू गुमान किस बात का कर रही है? यह संसार तो एक सपने की तरह है। यहां सब कुछ बदलता रहता है। कुछ भी स्थायी नहीं है। अगर तुमने बिना समझे जीवन बिता दिया, तो ज्ञानी कैसे बनोगे? अज्ञानता में यह जीवन बिताने का कोई फायदा नहीं है। इसलिए इस जीवन में हमेशा ज्ञान प्राप्त करने की कोशिश करनी चाहिए।

खट

बोल- बिद्धिया धरे गुनीयन सो कहा अरी ए
गुण चर्चा की लराई लरिये

जो कुछ जानीए गाईये बजाइये
नेत्र गुनीयन के चरण जैईये।

अर्थ- अगर आप विद्वान हैं तो दूसरे गुणियों के गुणों की सराहना क्यों नहीं करते और विवाद क्यों करते हो? अगर बातचीत करनी ही हो, तो गुणों की करो। आपको जो कुछ भी आता है आप उसका प्रदर्शन करें। और गुणियों के आदर-सम्मान में अपनी आंखें बिछा दें। यही गुणी होने की निशानी है।

स्क्रीनप्ले– तानसेन की इस रचना में तानसेन ने अपने समय के गुणियों को संबोधित करते हुए कहा है कि अगर आप विद्वान हैं तो दूसरों के गुणों को सराहिये और आपस में विवाद के बजाय गुणों की चर्चा करें। जो कुछ आप जानते हैं उसे गाइये और बजाइये और लोगों की सराहना करिये। अपनी विद्या को बढ़ाइये और दूसरों का सम्मान कीजिये। गुणियों के सम्मान में अपनी आंखें बिछा दीजिये। उनका आदर दिल से कीजिये। बिना किसी मतभेद के कीजिये। इसमें यह सीख दी गयी है कि अगर कोई विद्वान है तो वह अपनी विद्वत्ता का दिखावा न करे और दूसरों में दोष न निकाले।

खट

बोल- मान री मान
यां तो भात भात के सामान

या जग से रब बचा सदारंग
ता पर ईतनो गुमान।

अर्थ- नायिका से नायक कहता है कि मेरी ये बात मान ले कि इस जग की किसी चीज में अपना मन मत लगा। यहां तो अजब-अजब तरह के लोग और चीजें हैं। रचनाकार सदारंग कहता है कि इस जगत से तो ईश्वर ही बचाये। फिर यहां किस चीज का गुमान किया जाये, जबकि यहां कुछ भी स्थायी नहीं है।

स्क्रीनप्ले- नायिका को अपने रूप पर बहुत गुमान है। जबकि नायक इस जीवन को नश्वर मानता है और नश्वरता पर भला अभिमान कैसा? इसलिए वह नायिका से कहता है कि तू मेरी एक बात मान ले। यहां तो अजब-अजब तरह के लोग और चीजें हैं। सबकी अपनी-अपनी खासियत है। इसलिए यह नहीं कहा जा सकता कि कौन किससे कम या ज्यादा है। रचनाकार सदारंग भी कहता है कि इस जगत से तो ईश्वर ही बचाये। इसलिए जब अपने हाथ में कुछ है ही नहीं, तो फिर यहां गुमान किस चीज का किया जाये? क्योंकि यहां कुछ भी तो स्थायी नहीं है।

देसी

बोल- थे माहरे डेरे आओ जी महाराजा जी
हौं तो थारी दासी टहेल करे शाजी

हौं तो थारी दासी साहेबे थे माहरा साहेब
रूडी रूडी बीन बजा शाजी।

अर्थ- नायक से नायिका कहती है कि आप हमारे घर आओ। मैं आपकी सेवा करना चाहती हूं। साहेब, मैं तो आपकी दासी हूं। आप मेरे साहेब हो। आप मेरे पास आकर मीठी-मीठी, अच्छी-अच्छी बातें करो।

स्क्रीनप्ले- नायक पर नायिका मोहित है। वह उसके लिए पूरी तरह समर्पित है। उसके मधुर वचन सुनने के लिए उसे अपने पास बुलाना चाहती है। इसके लिए वह खुद को उस पर न्योछावर करने को तैयार है। वह कहती है कि आप हमारे घर आओ। मैं तो आपकी दासी हूं। आपको घर बुलाकर आपकी सेवा करना चाहती हूं। मेरा मन खुद को आपकी दासी और आपको अपना साहब मान चुका है। मेरी बस यही इच्छा है कि आप मेरे पास आकर मुझसे मीठी-मीठी और अच्छी-अच्छी बातें करो।

देसी

बोल-	थे मोरा मन हर लीनो रे बटोही राजाजी ना जानू काहा कीनो रे घर की पैर सब बिसर गई मोसो ना जानू काहा कीनो रे।
अर्थ-	नायिका कहती है कि मुसाफिर, तुमने मेरे मन को हर लिया है। पता नहीं तुमने मुझ पर क्या कर दिया है। घर की सारी बातों को मैं भूल गयी हूं। पता नहीं तुमने क्या जादू कर दिया है।
स्क्रीनप्ले-	नायिका को एक अनजान मुसाफिर भा गया है। उसमें इतनी खूबियां हैं कि नायिका उसकी दीवानी हो गयी है। इस दीवानगी में वह सब कुछ भूल गयी है। उसे हरदम उसी का ख्याल रहता है। इसलिए वह उससे कहती है कि मुसाफिर, तुमने मेरे मन को अपने वश में कर लिया है। पता नहीं क्या जादू कर दिया है तुमने मुझ पर। मैं तो तुम्हारे ख्याल में इस तरह डूबी रहती हूं कि घर की सारी बातों को भूल गयी हूं। पता नहीं तुमने क्या कर दिया है। इन शब्दों में वह अपनी दीवानगी व्यक्त करती है।

देसी

बोल- जा रे कागा जा रे भेजूंगी संदेसवा

जब से पी परदेस गवन कीनो
सुख की नींद जा रे।

अर्थ- नायिका कागा से कहती है कि तू जाकर मेरे प्रिय को संदेश दे। उनसे जाकर मेरे मन की यह बात कह कि जब से वे परदेश गये हैं, मेरी सुख की नींद चली गयी है।

स्क्रीनप्ले- प्रिय के पास न होने से नायिका विरह से व्याकुल रहती है। वह उसे बुलाने के लिए तरकीब सोचती रहती है। उसके बिना उसे जरा भी चैन नहीं पड़ता। इसलिए आखिर में वह कागा से अपने प्रिय को बुलाने का संदेश भिजवाती है। वह कहती है कि कागा तू मेरे प्रिय के पास जा। उन्हें बस मेरा इतना सा संदेश दे कि जब से वे परदेस गये हैं, मेरी सुख की नींद चली गयी है। मेरे मन में उनका ही विचार रहता है। वह अपने ख्याल में सोचती है कि शायद कागा से उसका संदेश पाकर उसके प्रिय लौट आयें और मिलन की उसकी इच्छा पूरी हो।

देसी

बोल- तू आ पीया पियारे मोरे मंदरवा
तोरे रूप की धूम परी है नगर में

रखूंगी आंखन में और ना देखन दूंगी
अत सुख पायो मीया तोरे नगर में।

अर्थ- नायिका अपने प्रेमी से कहती है कि तू मेरे पास आ जा। तेरे रूप और गुणों की धूम पूरे नगर में मची हुई है। तू मुझे इतना अच्छा लगता है कि मैं तुझे अपनी आंखों में बसाकर रखूंगी और किसी दूसरे को नहीं देखने दूंगी। इस नगर में तेरे होने से मुझे बहुत सुख मिला है।

स्क्रीन प्ले - नायिका अपने प्रेमी पर रीझी हुई है। वह उस पर इतनी आसक्त है कि उसे बस अपना बनाकर रखना चाहती है। इसलिए उससे कहती है कि तू मेरे पास आ। तेरे रूप और गुणों की धूम पूरे नगर में मची हुई है। सब तेरी ही चर्चा कर रहे हैं। तू मुझे बहुत अच्छा लगता है और मुझे डर लगता है कि कोई तुझे मुझसे छीन न ले। इसलिए मैं तुझे अपनी आंखों में बसाकर रखूंगी और किसी दूसरे को नहीं देखने दूंगी। इस नगर में तेरे होने से मुझे बहुत सुख मिला है। इस रचना में यह दिखाया गया है कि रूपवान और गुणवान नायक पर नायिका बहुत मुग्ध है। वह उस पर अपना ही अधिकार चाहती है। उसे यह पसंद नहीं कि कोई दूसरी नारी उसे देखे।

देसी

बोल- कहा जाने सारे हमारी रे

ए आली री गौवन को चरावा।

अर्थ- नायिका कहती है कि हमारी बात कोई नहीं जानता। लोगों को तो बस यही लगता है कि कन्हैया गाय चराता है। पर वो है कौन, यह कोई नहीं जानता। इस बात को तो बस हम जानते हैं।

स्क्रीनप्ले- गोपियां कृष्ण पर न्योछावर हैं। एक गोपी कहती है कि हमारी बात कोई नहीं जानता। कृष्ण को वन में देखकर लोग तो यही समझते हैं कि वह गाय चरा रहा है। पर वह कौन है, इसे कोई नहीं जानता। यह बात तो बस हम जानते हैं। इस रचना के भौतिक और आध्यात्मिक दोनों अर्थ हैं। भौतिक अर्थ ये है कि कृष्ण के साथ गोपियों के रास की बात केवल गोपियां जानती हैं। और किसी को इसका पता नहीं। आध्यात्मिक अर्थ ये है कि लोग तो कृष्ण को बस चरवाहा समझते हैं, पर उनके अवतारी और दिव्य स्वरूप का पता केवल गोपियों को है।

लंका दहन सारंग

बोल- आज अंजन दीयो राह दिखा नैनन को

मीने मृगहीन कुले लजत खंजन रे
अदीके चंचल चपल शाम सुख दीनो।

अर्थ- नायिका कहती है कि आज ऐसा अंजन देना, जो नैनों को प्यार की सही राह दिखाये। इस अंजन को लगाकर मेरी आंखें यमुना के तट की सुन्दर आंखों वाली मछली, हिरणी और खंजन की आंखों को भी लज्जित कर दें। मेरी आंखों ने आज जो ये दृश्य दिखाये हैं, उनसे मेरे चंचल और चपल मन को बहुत सुख का अनुभव हो रहा है।

स्क्रीन प्ले- वृंदावन में घूमते हुए नायिका ने अनेक जीवों को प्रेम करते देखा तो उसके मन में भी प्रेम की चाह पैदा हो गयी। लेकिन वह सच्चे प्रेम को पहचानने की शक्ति चाहती है। इसीलिए वह कहती है कि आज प्यार की सही राह दिखाने वाला अंजन देना। यानी मुझे इतना विवेक देना कि मैं प्यार की सही राह को पहचान सकूं। यमुना के तट पर मछली, हिरणी और खंजन की सुन्दर आंखों जितनी मेरी आंखें न केवल सुन्दर हों, बल्कि उन्हें जीवन की सही राह देखने और समझने की दृष्टि भी मिले। जब से मैंने वे दृश्य देखे हैं, तब से मेरा मन भी बहुत चंचल और चपल हो गया है। इससे मुझे खुशी हो रही है और सुख का अनुभव हो रहा है।

वृंदावनी सारंग

बोल- ऊधो धन, धन तुमरो बिहाग
धन तुम ठाकुर धन हो सेवक
धन तुमरो बिहाग।

अर्थ- ऊधो तुम धन्य हो, तुम्हारा भाग्य धन्य है। तुम ठाकुर के सेवक हो। तुम्हें उनकी सेवा का अवसर मिला है। इसलिए तुम्हारा भाग्य धन्य है।

स्क्रीनप्ले - ब्रज से मथुरा जाकर कृष्ण राज-काज में व्यस्त हो जाते हैं। इस व्यस्तता में ब्रज और गोपियों को भूल जाते हैं। जब उन्हें उनकी याद आती है तो वे उनका हालचाल जानने के लिए उद्धव को दूत बनाकर भेजते हैं। उद्धव ब्रज जाकर गोपियों को कृष्ण का संदेश देते हैं तब गोपियां उनसे कहती है कि उद्धव, तुम धन्य हो। तुम्हारा भाग्य धन्य है। तुम इसलिए भाग्यशाली हो क्योंकि तुम्हें ठाकुर कृष्ण के पास रहकर उनकी सेवा का अवसर मिला है।

वृंदावनी सारंग

बोल- तेंनू पेनू आज चोला
शुभ घड़ी लगन धरत अत सुगंध मलत
और अंग शाम को नवेला

धन तेरो भाग सूहाग सुन्दरी
नित नवेला अलबेला।

अर्थ - रचनाकार नायक से कहता है कि आज इस शुभ घड़ी में तुमने सुन्दर चोला पहना है, शरीर पर सुगंध लगायी है। लगन के इस शुभ अवसर पर तुम्हारा रूप नवेला हो गया है। फिर वह नायिका से कहता है कि सुंदरी तुम भाग्यवान हो। तुम्हारे सुहाग को धन्य है जो तुमने नित नवेला और अलबेला पति पाया है।

स्क्रीन प्ले- विवाह के लिए नायक बहुत सज-धजकर तैयार हुआ है। रचनाकार उससे कहता है कि इस शुभ घड़ी में तुमने अच्छे वस्त्र पहने हैं। शरीर पर सुगंध लगायी है। आज तुम्हारी शादी है। अब प्रिय से तुम्हारा मिलन होगा। फिर वह नायिका से कहता है कि तू सचमुच भाग्यवान है जो तुझे इतना सुंदर और सुघड़ पति मिला है।

शुद्ध सारंग

बोल- ए तपन लागी गैल सो बलमा मोरे
आज के दिन यां ही रै ये

मधुबन में हरे हरे बिरवा जिन तले
बैठे सुख कीजीये।

अर्थ - नायिका कहती है कि हे प्रिय, इतनी ज्यादा गर्मी है कि गलियां तप रही है। आज के दिन यहीं रह जा। मधुबन में हरे-हरे पेड़ों के नीचे बैठकर ठंडी हवा का सुख लो यहां रहकर।

स्क्रीनप्ले- जेठ की दोपहर है। बहुत तेज गर्मी पड़ रही है। नायक चलने को तैयार होता है, तो नायिका उससे रुकने का मनुहार करती है। उसे गर्मी का वास्ता देती है। वह कहती है कि प्रिय, गर्मी के ताप से गलियां तप रही हैं। तू आज कहीं मत जा। आज के दिन यहीं रह जा। यहां फिर भी अच्छा नजारा है। तू यहां हरे-हरे पड़ों के नीचे बैठकर ठंडी हवा का आनंद ले। इससे तुझसे सुख मिलेगा।

गौड़ सारंग

बोल- कजरारे, गोरी तोरे नैन सलोने मधुभरे
पीया के प्यारे, ए री अंजन बिना

चंचल चपल चपला सी चमकत
खंजन मीन मृग वारू ए री अंजन बिना।

अर्थ- गोरी, तेरे नैन कजरारे, सलोने और मदभरे हैं। ये पिया के प्यारे हैं। सखी कहती है कि ये तो अंजन के बिना भी बहुत सुन्दर हैं। ये चंचल हैं, चपल हैं, बिजली की तरह चमकते हैं। इनके सामने खंजन, मछली और हिरणी के नयन भी कुछ नहीं हैं। बिना अंजन के भी तेरे इन सुंदर नैनों पर मैं वारी जाऊं।

स्क्रनीप्ले- नायिका के नैन बहुत आकर्षक हैं। वे सबको अपनी ओर आकर्षित कर लेते हैं। उनकी तारीफ करते हुए नायिका की सखी कहती है कि गोरी, तेरे नैन कजरारे, सलोने और मदभरे हैं। तेरे पिया को ये बहुत प्यारे हैं। अंजन लगाये बिना भी ये बहुत सुंदर लगते हैं। ये चंचल हैं, चपल हैं और बिजली की तरह चमकते हैं। सुंदर और मोहक नैनों की तुलना खंजन, मछली और हिरणी के नैनों से की जाती है। लेकिन तेरे नैनों के सामने तो खंजन, मछली और हिरणी के नैन भी कुछ नहीं हैं। बिना अंजन के भी इतने सुंदर दिखने वाले तेरे इन नैनों पर मैं वारी जाऊं।

गौड़ सारंग

बोल- दिन दिन बढ़त प्रीत तीहारी अबहूं मैं तीहारी

ना जानू सीरी मन रंगीले
पढ़दीनो मोपे कैसो मंत्र कारी।

अर्थ- नायिका कहती है कि दिन पर दिन मेरा प्रेम तुमसे बढ़ता जाता है। अब मैं तुम्हारी हो गयी हूं। रंगीले, पता नहीं तुमने मेरे मन को कैसे अपने वश में कर लिया है, ना जाने कितने-कितने असर वाले मंत्र तुमने मुझ पर चलाये हैं। ये मंत्र बहुत असर वाले हैं। इन मंत्रों के द्वारा तुमने मेरे मन को अपने वश में कर लिया है।

स्क्रीनप्ले- नायक ने नायिका पर ऐसा जादू कर दिया है कि वह उस पर पूरी तरह से मोहित हो गयी है। उसके प्रति उसका यह आकर्षण बढ़ता ही जाता है। इसलिए वह कहती है कि हर दिन तुमसे मेरा प्रेम बढ़ता जाता है। जब भी तुम्हारे बारे में सोचती हूं, और भी ज्यादा प्रेम उमड़ आता हैं। मैं अब तुम्हारी हो गयी हूं। रंगीले, तुमने मुझ पर पता नहीं कैसा जादू कर दिया है। पता नहीं मुझ पर तुमने कितने-कितने मंत्र फूंक दिये हैं। ये मंत्र बहुत असर वाले हैं। इनके असर से मैं हरदम तुम्हारी ओर खिंची जाती हूं। इनसे तुमने मुझे पूरी तरह अपने वश में कर लिया है।

गौड़ सारंग

बोल- सैंयो में तो रचनी धरीए वेजमानी

हाथन मेंहदी भीन वस्त्र
चूरे भरी वे कलाइयां।

अर्थ- नायिका से मेंहदी कहती है कि मैं तो बहुत रचने वाली हूं। हाथ पर मुझे लगाते ही रंग आ जाता है। तेरे हाथों में मेंहदी रची है। तुमने अच्छे अच्छे वस्त्र पहने हैं, और तुम्हारी कलाइयां चूड़ियों रो भरी हैं। उससे तुम्हारी सुंदरता खिल गयी है।

स्क्रीनप्ले- नायिका खूब बन-ठन कर तैयार हुई है। जब वह अपने हाथों में रची मेंहदी देखती है तो बस देखती ही रह जाती है। फिर उसे ख्याल आता है कि मेंहदी उससे बात कर रही है, अपनी तारीफ कर रही है और उसकी भी तारीफ कर रही है। नायिका के ख्याल में, मेंहदी उससे कहती है कि मैं बहुत रचती हूं। जैसे ही तू अपने हाथों पर मुझे लगाती है, मेरा रंग खिल उठता है। देख, तेरे हाथों में मेंहदी लगी है। तूने अच्छे वस्त्र पहन रखे हैं। तेरी कलाइयां चूड़ियों से भरी हैं। इन सबसे तेरी सुंदरता और खिल गयी है। इस भौतिक अर्थ के अलावा इस रचना का एक आध्यात्मिक अर्थ भी है कि सच्चे प्रेम को पाने के लिए श्रृंगार या किसी अन्य साधन की जरूरत नहीं होती। उसके लिए आत्मा का निर्मल और सुंदर होना ही काफी है।

गौड़ सारंग

बोल- पीहू पलन लागी मोरी अंखीया
आली बिन पीया मोरा जीया घबराए
चैन नहीं आवे घरी पल छिन दिन रैन

वीर पतगवा ले जा संदेसवा
पीया संग कैयो हमरी बिता
तुमरे दरस को जीया तरसे।

अर्थ- नायिका पपीहे से कहती है कि हे पपीहे, प्रिय का इंतजार करते-करते मेरी आंखें दुखने लगी हैं। पिया के बिना मेरा मन घबराता है। घड़ी, पल, क्षण, दिन और रात को मुझे चैन नहीं आता। भाई कागा, तू मेरा ये संदेश पिया को जाकर दे। मेरी विपदा उन्हें जाकर बता कि उनके दर्शन को मन तरस रहा है।

स्क्रीनप्ले- नायक के दूर होने के कारण नायिका विरह से व्याकुल है। वह अपनी तड़पन पपीहा को बताती है। कागा को अपना भाई बनाकर अपने पिया को संदेश भेजती है कि वह आकर मिलन की उसकी इच्छा पूरी करे। वह कहती है कि हे पपीहे, मैं बहुत समय से पिया का इंतजार कर रही हूं। उनका इंतजार करते-करते मेरी आंखें थक गयी हैं। उनके पास न होने के कारण मेरा मन घबराता रहता है। हर घड़ी, हर पल, हर क्षण, दिन और रात को मुझे चैन नहीं आता। भाई कागा, पिया को मेरा संदेश जाकर दो और उन्हें मेरी यह विपदा बताओ कि मैं उनके दर्शन को तरस रही हूं।

सारंग

बोल- झूम झूम झूम बादरवा बरसन आए
पीया बिन कछु न सुहावत
उमंड घुमंड बरसन लागो री गरज गरज गरज

आवन कै गए अजहूं ना आए कुंवर शाम सोतन घर छाए
जीया घबरावत निस दिन लरज लरज लरज।

अर्थ - नायिका कहती है कि बादल खूब झूम-झूम कर बरसने के लिए आये हैं लेकिन इस वर्षा ऋतु में भी पिया के बिना मुझे कुछ भी नहीं सुहाता है। बादल तो खूब उमड़-घुमड़ कर आये हैं और गरज-गरज कर बरस रहे हैं। श्याम आने को कहकर गये थे, पर अभी तक नहीं आये हैं। मेरे मन में बुरे-बुरे ख्याल आते हैं। लगता है कि वे किसी सौतन के पास हैं। इससे रात-दिन मेरा मन घबराता है। दिल में हूक उठती रहती है।

स्क्रीनप्ले- वर्षा ऋतु है। बरसात से मौसम भी सुहाना हो गया है। लेकिन नायक के अपने पास न होने के कारण नायिका का मन विरह से व्याकुल है। ऐसे में उसे तरह-तरह के ख्याल आते हैं। वह कहती है कि बादल-खूब झूम-झूम कर बरसने के लिए आये हैं। लेकिन पिया के पास न होने के कारण बरसात के इस सुहाने मौसम में भी मुझे कुछ नहीं सुहाता। मन बेचैन रहता है। उमड़-घुमड़ कर आये बादल गरज-गरज कर बरस रहे हैं। वे आने को कहकर गये थे, पर अभी तक नहीं आये हैं। उनके न आने से मेरे मन में यह ख्याल आ रहा है कि वे किसी सौतन के पास हैं। इस कारण रात-दिन मेरा मन घबराता रहता है। दिल में हूक उठी रहती है।

भीमपलास

बोल- कैसे कहे धीरज धरूं ऊधो तुम जोग पठायो

एक समय हरे बिंदराबन में कानन फूल पहनायो
जिन कानन माटी के मुंदरा मधुकर हाथ पठायो।

अर्थ- कृष्ण के विरह से व्याकुल राधा को जब कृष्ण के दूत ऊद्धव ने धीरज रखकर जोगिन बनने का संदेश दिया, तो राधा ने तमतमाकर ऊद्धव से कहा कि ऊधो मैं भला धीरज कैसे धरूं और तुमने आखिर मुझे जोगिन बनने की सलाह दी ही क्यों? वह कहती है कि जिस मधुकर या कृष्ण ने कभी वृंदावन में रास करके मेरे कानों में फूल पहनाये थे, वही अब मुझे मिट्टी की मुद्राएं भेज रहा है कि मैं उन्हें धारण करके सन्यासिन बन जाऊं।

स्क्रीनप्ले- कृष्ण वृंदावन से मथुरा जाकर इतने व्यस्त हुए कि राधा को भूल ही गये। बहुत समय बाद उन्हें राधा की याद आयी तो उन्होंने राधा का हाल जानने के लिए अपने बाल सखा उद्धव को भेजा। उद्धव के हाथ कृष्ण ने मिट्टी की मुद्राएं भी भेजीं और शरारत में राधा को यह संदेश देने को कहा कि इन मुद्राओं को अपने कानों में धारण करके वह सन्यासिन बन जाये। उद्धव ने जब राधा को धीरज बंधाते हुए यह संदेश दिया तो वह नाराज हो गयी। उसने गुस्से से तमतमाकर कहा कि उद्धव तुम मुझे धीरज रखने को कैसे कह सकते हो? और मुझसे यह कहने की तुम्हारी हिम्मत कैसे हुई कि मैं जोगिन बन जाऊं। कृष्ण ने कभी वृंदावन में मेरे कानों में फूल पहनाकर रास किया था। उन पलों को मैं कभी भुला नहीं सकती। और अब वही कृष्ण मेरे लिए मिट्टी की मुद्राएं भेज रहा है कि उन्हें धारण करके मैं जोगन बन जाऊं। मेरे साथ इतनी निष्ठुरता क्यों?

भीमपलास

बोल- नाद समंद्र महा कठिन रचे कौन करे विस्तार हे नरसो

नाद समंद्र के तीरन को स्वरसती बररै
या जग में दोऊ तू में धरत तबहु न पायो पार हे दरसो।

अर्थ- नारद को सम्बोधित करके कहा गया है कि नाद समुद्र की रचना बहुत कठिन की गयी है। नाद समुद्र इतना विशाल है और व्यापक है कि इसका विस्तार कोई नहीं कर सकता। इसके तटों को पार करने के लिए सरस्वती के वरदान की जरूरत पड़ेगी। जैसे इस जग में एक तट से दूसरे तट तक जाने के तूम्बे धरने पड़ते हैं, उसी तरह नाद समुद्र को पार करने के लिए सरस्वती की वीणा के दोनों तूम्बे यानी उनका आशीर्वाद चाहिए।

स्क्रीनप्ले- रचनाकार दरसपिया ने इस रचना में नाद रूपी समुद्र के असीम विस्तार के बारे में बताया है। वह कहता है कि नाद समुद्र की रचना बहुत कठिन की गयी है। नारद को सम्बोधित करते हुए रचनाकार कहता है कि नाद समुद्र इतना विस्तृत है कि इसका और विस्तार कोई नहीं कर सकता। इसके एक तट से दूसरे तट तक जाने के लिए यानी इसे पूरी तरह समझने के लिए सरस्वती के वरदान की जरूरत पड़ती है। वह कहता है कि इस जगत के सागर को जिस तरह तूम्बे धरकर पार किया जाता है, उसी तरह सरस्वती की वीणा के दो तूम्बों को आशीर्वाद के रूप में पार करके नाद समुद्र को पार किया जा सकता है।

भीमपलास

बोल- वाहु कवन देस लगन लगायो रे भंवरू

हमरे तो जिया को तू की जान सुख रंग
तुमरे देखन को मैं आयी रे भंवरू।

अर्थ- नायिका कहीं दूर चले गये नायक को सम्बोधित करते हुए कहती है कि तुमने आखिर कौन से देश में जाकर मन लगा लिया है। वह कहती है कि मेरी जान तो तुम ही हो और मैं तुम्हें देखने और तुमसे मिलने के लिए ही यहां आयी हूं।

स्क्रीनप्ले- नायक, नायिका से कहीं दूर चला गया है। लेकिन वह उसे भुला नहीं पाती। अपने मन की इच्छा बताते हुए वह पहले तो यह पूछती है कि नायक ने आखिर कौन से देश में जाकर अपना मन लगा लिया है। फिर अपने प्रेम को अभिव्यक्त करते हुए कहती है कि मेरी जान तो तुम ही हो। और अंत में अपने प्रेम की पराकाष्ठा को व्यक्त करते हुए कहती है कि मैंने तो यह जन्म ही तुम्हारे लिए लिया है। उसे इस बात की टीस है कि हालांकि उसका यह जन्म नायक के लिए ही है, लेकिन फिर भी वह कहीं दूर चला गया है, उसके पास नहीं है।

भीमपलास

बोल- लो कछुवा काहे करहूं प्रीत करी रहे नियारे

काहे को करत तू इतनी बतियां मो सों
कौन करैं तेरी रीस।

अर्थ- दोहरा दिखावा करने वाले नायक से शिकायत करते हुए नायिका कहती है कि तुम मुझसे प्रेम का दिखावा क्यां कर रहे हो, जबकि तुम मुझसे दूर ही रहते हो। वह कहती है कि तुम मुझसे प्रेम की इतनी सारी बातें क्यों करते हो? ऐसा झूठा दिखावा करने में तुम्हारी बराबरी भला कौन कर सकता है?

स्क्रीनप्ले- नायिका से प्रेम का प्रदर्शन करने पर भी नायक उसके पास नहीं रहता, लेकिन जब भी उससे मिलता है तो बहुत मीठी-मीठी बातें करता है। उससे यह शिकायत करते हुए वह कहती है कि जब तुम मेरे पास रहते ही नहीं हो तो तुमने मुझसे प्रेम ही क्यों किया? नायिका यह तो स्वीकार करती है कि नायक जब भी उससे मिलता है तो बहुत देर तक प्रेम की मीठी-मीठी बातें करता है, लेकिन वह उससे यह भी पूछती है कि जब तुम मेरे पास रहते ही नहीं हो, तो इतनी देर ऐसी बातें क्यों करते हो? अंत में वह उसे उलाहना देती है कि मीठी-मीठी बातों का झूठा दिखावा करने में उसकी बराबरी कोई नहीं कर सकता।

भीमपलास

बोल- अब तो बड़ी बेर भई करम करो मोरे साई

आन पड़ी मझधार भंवर में
भौंसागर से पार करो मोरे साई।

अर्थ- नायिका कहती है कि हे भगवान, तुमने मुझे जिस हाल में भी रखा, मैंने उसे खुशी से स्वीकार किया। पर अब बहुत हो गया है, अब सहन नहीं होता। स्वामी अब तो कृपा करो। मेरे जीवन की नाव भंवर में फंस गयी है। हे भगवान, मुझे इस भवसागर से पार कराओ।

स्क्रीनप्ले- नायिका ने जीवन में दुख देखे और भोगे हैं। इसकी उसे कोई शिकायत नहीं है। उसने हर चीज को भगवान की दी हुई मानकर संतोष किया है। लेकिन अब जीवन की कठिनाईयों को वह सहन नहीं कर पा रही है। वह मुश्किलों में फंस गयी है और उन मुश्किलों से निकालने के लिए भगवान से गुहार करती है। वह प्रार्थना करती है कि भगवान, तुम्हारे दिये हुए दुख मैं सहन करती रही हूं। इसकी कभी कोई शिकायत मैंने नहीं की। लेकिन अब यह मेरी सहनशीलता के बाहर हो गया है। अब तो मुझ पर दया करो। मेरे जीवन की नाव मुश्किलों के भंवर में फंस गयी है। अब तो मुझे दुखों के इस भवसागर से पार करा दो। मेरी कठिनाइयों और पीड़ाओं को दूर कर दो।

भीमपलास

बोल- ए री मां मोरा मन हर लीनो ओ दुखवा में कासे कहूं री

जितने औगुन हमी संग कीनो सो हमने चित में धर लीनो कुंवरशाम मोसे छल बल कीनो नैन मिलाकर मन बस कीनो।

अर्थ- नायिका अपनी सखी से कहती है कि अरी, प्रिय ने मेरा मन हर लिया है। पर विरह का अपना दुख मैं किससे कहूं। उसने जो भी अच्छा-बुरा मेरे साथ किया, उसे मैंने अपने मन में ही छिपा लिया है। उसका कुछ भी बुरा नहीं माना। प्रिय ने मुझसे छल-बल किया है। उनका छल ये है कि उन्होंने आंखों ही आंखों में मेरे मन को अपने वश में कर लिया है।

स्क्रीनप्ले- कृष्ण के विरह में व्याकुल गोपी अपनी सखी से कहती है कि अरी, कान्हा ने मेरा मन हर लिया है। लेकिन वे यहां नहीं हैं। तो अपना यह दुख मैं किससे कहूं। उन्होंने जो कुछ भी अच्छा-बुरा बर्ताव मेरे साथ किया, उसे मैंने अपने मन में ही छिपा लिया है। उसका जरा भी बुरा नहीं माना। कृष्ण ने मुझसे ये बड़ा छल किया है कि उन्होंने मुझसे आंखें मिलाकर मेरा मन हर लिया है। मेरा मन अब उनके ही वश में है।

बरवा

बोल- ए री मै को नाही परत चैन तरपत हूं मैं परी

मनरंग अजहूं नहीं आए असुवन लागी झरी।

अर्थ- विरह-व्याकुल नायिका अपनी सखी से कहती है कि प्रिय के बिना मुझे चैन नहीं पड़ता। मैं विरह से व्याकुल होकर पड़ी रहती हूं। वह रचनाकार मनरंग से भी कहती है कि मेरे प्रिय अभी तक नहीं आये और उनके वियोग में मेरी आंखों में आंसुओं की सावन जैसी झड़ी लगी हुई है।

स्क्रीनप्ले- प्रिय के वियोग में नायिका तड़प रही है। मनरंग की इस रचना में नायिका अपनी सखी से कहती है कि प्रिय के पास न होने से मैं व्याकुल होकर पड़ी रहती हूं। मुझे जरा भी चैन नहीं आता और मैं तड़पती रहती हूं। मेरे प्रिय अभी तक नहीं आये हैं। उनके विरह में मेरी आंखों से सावन की झड़ी के समान आंसुओं की धारा बहती रहती है। इस रचना में विरह की अत्यधिक व्याकुलता का चित्रण किया गया है।

बरवा

बोल- बाजे मोरी पायलीया कैसे कर आउ मितवा तुमरे पास सास ननद मोरी जनम की बैरन चर्चा करेंगी वो तो बीच लोगवा।

अर्थ- नवविवाहित वधू कहती है कि प्रिय, मेरी पायल बजती है। मैं तुम्हारे पास कैसे आऊं ? सास और ननद मेरी जनम की बैरी हैं। अगर मैं तुम्हारे पास आयी तो उन्हें पता चल जायेगा और वे लोगों के बीच इसकी चर्चा करेंगी और मुझे गाली देंगी।

स्क्रीनप्ले- नयी-नवेली दुल्हन अपने पति के पास जाना चाहती है। लेकिन वह सामाजिक परम्परा से बंधी हुई है। उसने रस्मों के मुताबिक उसने तमाम जेवर पहनकर श्रृंगार कर रखा है। वह कहती है कि प्रिय मैं तो तुम्हारे पास आना चाहती हूं, पर जैसे ही चलती हूं तो मेरी पायल बजती हैं। इससे सबको पता चल जाता है। और सास-ननद तो मेरी जनम की बैरन हैं। अगर मैं तुम्हारे पास आयी तो उन्हें पता चल जायेगा। फिर वे लोगों से यह चर्चा करेंगी कि मैं बहुत बेशर्म हूं।

पटदीप

बोल- तुमी सन लागी रटना रे पीहरवा मोरा रे

निस दिन तुमरो ध्यान धरत हूं
मनरंग वारूं जीयारा रे पीहरवा मोरा रे।

अर्थ- नायिका अपने प्रेमी से कहती है कि मन बार-बार तुम्हारा ही नाम रटता है। मेरे प्रिय, मेरे ख्यालों में तुम ही समाये रहते हो। मनरंग की इस रचना में नायिका कहती है कि मेरे प्रिय, अपने दिल को मैं तुम पर ही न्योछावर करती हूं।

स्क्रीनप्ले- मनरंग की इस रचना में यह चित्रण किया गया है कि नायिका को हरदम अपने प्रिय का ध्यान रहता है। वह उसी के ख्यालों में डूबी रहती है। वह नायक को सम्बोधित करते हुए कहती है कि मेरा मन बार-बार तुम्हारा नाम रटता है। मेरे ख्यालों हर समय तुम ही रहते हो। मेरे प्रिय, मैं अपना मन तुम्हें समर्पित करती हूं और तुम पर न्योछावर करती हूं।

पटदीप

बोल- धन धन भाग मंदीलरा घर काज रे

नीके भाग सदारंग उनी के
नित जोत करत है पीया संग राज रे ।

अर्थ- धन्य-धन्य भाग्य हैं कि तुम्हारे घर खुशियों के चिराग जल रहे हैं, क्योंकि तुम्हारे घर आज कोई शुभकाज है। तुम्हारा भाग्य अच्छा है। जिसके साथ तुम जीवन बिताने जा रही हो, वहां राज करोगी और सुख भोगोगी।

स्क्रीनप्ले- नायिका का विवाह है। उसकी सखी उसे शुभकामना देते हुए कहती है कि आज तुम्हारा विवाह है और तुम्हारे घर खुशियों के चिराग जल रहे हैं। तुम्हारे धन्य भाग्य हैं। सचमुच तुम्हारा भाग्य बहुत अच्छा है, जो इतना अच्छा पति तुम्हें मिला है। तुम इतने अच्छे व्यक्ति के साथ जीवन बिताने जा रही हो कि वहां राज करोगी और हमेशा सुख भोगोगी। इस रचना में भारतीय संस्कृति के अनुसार लोकपरम्परा से दुल्हन को शुभकामना दी गयी है और उसे वैवाहिक जीवन में राज करने का आशीर्वाद दिया गया है।

पटदीप

बोल-	पीया नाहीं आए मैं कैसे करूं दई जब से गए मोरी सुधहु ना लीनी ये दुख कोन सहे दई।
अर्थ-	विरह-व्याकुल नायिका अपना दुख अपनी सखी को सुनाते हुए कहती है कि मेरे प्रिय मेरे पास नहीं आये हैं, मैं क्या करूं। वे जब से गये हैं, उन्होंने मेरी सुध ही नहीं ली है। यह दुख मैं कैसे सहूं और अपने मन का दर्द किससे कहूं।
स्क्रीनप्ले-	नायिका विरह से व्याकुल है। कहीं दूर गये अपने प्रिय की याद उसे बहुत सता रही है। वह अपनी सखी से अपनी व्यथा व्यक्त करते हुए कहती है कि मेरे प्रिय मेरे पास नहीं आये हैं। मैं क्या करूं ? इस तरह, वह अपनी असहायता दिखाती है। उसे इसकी बहुत टीस है कि जब से प्रिय दूर गये हैं, उन्होंने उसकी सुध ही नहीं ली है। वह अपना यह दुख आखिर कैसे सहे और किससे कहे ? लोकलाज के कारण किसी से कुछ कह भी तो नहीं सकती। नायिका विरह की आग में जलते हुए भी लोकलाज का ध्यान रखती है। रचनाकार ने इसमें भारतीय संस्कृति का भी चित्रण किया है।

पटदीप

बोल- मैं तोरे संग ना बोलूं पीहरवा ढीठ लंगरवा

हमी संग तुमरी नाही बनीरे रात रहे तुम सोत नगरवा।

अर्थ- नायिका कहती है कि प्रिय मैं तुमसे नहीं बोलूंगी। तुम बहुत ढीठ और निर्लज्ज हो। हमारे साथ तुम्हारी बन नहीं सकती, क्योंकि तुम रात को सौत के साथ रहते हो।

स्क्रीनप्ले- नायक की निर्लज्जता से नायिका परेशान है। वह कहती है कि तुम बहुत निर्लज्ज हो, इसलिए मैं तुम्हारी किसी बात का विश्वास नहीं करूंगी। मेरे साथ तुम्हारी नहीं बन सकती क्योंकि तुम रात को सौत के पास जाते हो। नायक के इस दोहरे व्यवहार के कारण नायिका उससे कोई सम्बंध नहीं रखना चाहती।

सिंदुरा

बोल- देख री पिया सपने आये तबहु ते परत नाही चैन

जब ते गये सजीले सुधहु न लीनी
तब ते परत नाही चैन।

स्क्रीनप्ले - नायिका को सपने में नायक दिखता है जो कहीं दूर गया हुआ है। वह अपनी सखी को बताती है कि जब से उसने सपने में नायक को देखा है, तब से उसे चैन नहीं आ रहा। वह शिकायत के स्वर में कहती है कि जब से उसके सजीले सजन गये हैं, उन्होंने उसकी सुध ही नहीं ली है। और उन्हें देखे बिना चैन नहीं पड़ रहा है।

स्क्रीनप्ले- नायक कहीं दूर गया हुआ है। नायिका हर पल उसकी याद में ही डूबी रहती है। ऐसे में, एक रात उसे सपने में नायक दिखायी देता है। वह अपनी सखी को बताती है कि जब से उसने सपने में प्रिय को देखा है, तब से उसकी विरह भावना इतनी बढ़गयी है कि उसे चैन नहीं आ रहा। वह शिकायत के स्वर में कहती है कि जब से उसके सजीले सजन दूर गये हैं, उन्होंने उसकी सुध तक नहीं ली है। लेकिन उनकी निष्ठुरता के बावजूद मुझे तो उन्हें देखे बिना चैन नहीं पड़ता।

सिंदुरा

बोल- आली री मेरे आये पीहरवा करहु सोलहु सिंगरवा

तन मन धन सब उन पर वारू जब लागू अहमद के गरवा।

अर्थ- नायक के घर आने पर नायिका खिल उठती है और कहती है कि मेरे पिया आये है। उन्हें रिझाने के लिए मुझे तैयार होना है और सोलह श्रृंगार करने हैं। रचनाकार अहमद नायिका के इस भाव को व्यक्त करते हुए कहता है कि नायिका जब नायक के गले लगती है, तो अपना तन-मन-धन उस पर न्योछावर कर देती है। यानी पूरी तरह उसे समर्पित होने को तैयार है।

स्क्रीनप्ले- नायक काफी समय बाद घर लौटा है। उसके आने से नायिका खिल उठी है। वह अपनी खुशी को दबा नहीं पाती और अपनी सखी से कहती है कि उसके पिया घर आये हैं और उनके लिए उसे सोलह श्रृंगार करने हैं। रचनाकार अहमद नायिका के इस मनोभाव को व्यक्त करता है। वह कहता है कि जब वह नायक के गले लगती है तो अपना तन-मन-धन, सब उस पर न्योछावर कर देती है। और खुद को पूरी तरह उन्हें समर्पित कर देती है।

मधुवंती

बोल- मान री मान सखी बतीयां काहे करत ईतना गुमान

सब गुनीयन मिल बिनती करत हैं सबरस की बतिया मान।

अर्थ- रचनाकार सबरस नायिका से कहता है कि अपनी सखी की बातें मान ले। तू इतना क्यों अकड़ती है? सब ज्ञानी लोग तुझसे कितनी विनती करते हैं कि तुझसे जो कहा जा रहा है, तू उसे मान ले।

स्क्रीनप्ले- नायिका को अपने रूप और खुद पर बहुत घमंड है। इसलिए वह हमेशा अकड़ में रहती है। उसकी सखियां उसे बहुत समझाती रहती हैं कि इतना अकड़ना अच्छी बात नहीं है। लेकिन वह अपने यौवन के मद में इतनी चूर रहती है कि किसी की भी बात नहीं मानती। इसलिए रचनाकार सबरस उसे सीख देते हुए कहता है कि अपनी सखी की सयानी बातें तू मान ले। तू इतना अकड़ती आखिर क्यों है? तेरी यह अकड़ बेकार है, क्योंकि यह रूप और यौवन स्थायी नहीं है। सब ज्ञानी और बड़े लोग तुझसे यह समझने की विनती करते रहते हैं पर तू किसी की नहीं सुनती।

मुलतानी

बोल- री तेरो जोबन कैसे बचेगो या होरी में आज रे

डर है री मोहे वा दिन को जब रंग मचेगो या होरी में आज रे।

अर्थ- नायक होली के माहौल में नवयौवना नायिका से कहता है कि होली के हुड़दंग में आज तेरा यौवन कैसे बचेगा। इस माहौल में कोई ना कोई तो तुझ पर जरूर रीझ जायेगा। उसे डर है कि होली पर जब रंग खेला जायेगा और चारों ओर धमाल होगा, तो नायिका मतवालों से कैसे बचेगी।

स्क्रीनप्ले- होली के हुड़दंगी माहौल में नायक को अभी अभी यौवना हुई नायिका के यौवन की चिंता सताने लगती है। उसे डर है कि जब होली के रंग में रंगे मतवाले रंग खेलने निकलेंगे तो उस हंगामे में नायिका बच नहीं पायेगी। उस पर वे हुड़दंगी रंग तो डालेंगे ही, कोई न कोई उस पर रीझ भी जायेगा। तब वह भला खुद को कैसे बचा पायेगी। इस प्रकार नायक नवयौवना नायिका को अपना यौवन संभालकर रखने का संकेत करता है।

मुलतानी

बोल	सुनदर सुरजनवा साईंयावे साईंयावे मन भाईवा वे निस दिन तुमरो धियान धरत हूं आन मिलावे रब साईयावे।
अर्थ -	नायिका कहती है कि मेरा प्रेमी सुन्दर और सुरजन है। मेरा वह सुंदर प्रिय मेरे मन को भाता है। हे प्रिय, मुझे रात-दिन तुम्हारा ही ध्यान रहता है। अब तो रब ही मुझे तुमसे मिलायेगा।
स्क्रीनप्ले	नायिका अपने प्रेमी के रूप की तारीफ करती है। वह कहती है कि मेरा प्रिय बहुत सुंदर और सज्जन है। वह सुंदर पीया मेरे मन को बहुत अच्छा लगता है। रात-दिन मुझे उसी का ध्यान लगा रहता है। उससे मिलन की आस मन में हरदम रहती है। उम्मीद है कि अब तो रब ही मुझे उससे मिलवायेगा। ईश्वर की कृपा हुई तो मेरा प्रेमी मुझे जरूर मिलेगा।

जेत कल्याण

बोल - पपीहा न बोल रुत सावन की अतही डरा पावे

जब ते पी परदेश गवन कीनो
तब ते कछु नहीं सुहावे।

अर्थ - विरहिणी नायिका पपीहे से कहती है कि वह बोलना बंद करे, क्योंकि सावन की ऋतु बिना पिया के उसे बहुत डराती है। वह कहती है कि उसके प्रिय जब से परदेस गये हैं, तब से उसे कुछ भी नहीं सुहाता है।

स्क्रीनप्ले- अपने प्रिय के वियोग में नायिका तड़प रही है। वर्षा की ऋतु में उसकी यह तड़पन और बढ़जाती है। वर्षा ऋतु में बार-बार पीहू-पहू करने वाले पपीहा को भी वह डांटती है। उससे चुप रहने को कहती है, क्योंकि उसके पीहू-पीहू करने से उसे अपने प्रिय की याद तड़पाती है और विरह के क्षणों में उसे अपने पिया के बिना वर्षा से और भी ज्यादा डर लगता है। अपनी विरह- भावना को व्यक्त करते हुए वह कहती है कि जब से उसके प्रिय परदेस गये हैं, तब से वह इतनी व्याकुल रहती है कि उसे कुछ भी नहीं सुहाता।

जैतश्री

बोल- सुगन बिचारो आली पीया के आवन की बेगी मिलेंगे के नाहीं
ए हो मग जोवत जुग बीत गई आंखन आगे फिर जात परछाई।

अर्थ - नायिका कहती है कि कोई आकर मुझे अच्छा समाचार दो कि प्रिय आने वाले हैं। मुझे यह भी बताओ कि वे मुझे मिलेंगे या नहीं। ओ सखी, मैं उनकी राह देख रही हूं और इस इंतजार में कई युग बीतते जा रहे हैं। मेरी आंखों में उनकी छवि सदा परछाई की तरह फिरती रहती है।

स्क्रीनप्ले- नायिका को नायक का इंतजार है। वह अपने प्रिय के आने का समाचार सुनने को तरस रही है। वह विनती करती है कि कोई तो प्रिय के आने का शुभ समाचार दे। अगर वे आ गये हों तो यह भी बताओ कि मुझे वे मिलेंगे या नहीं। वह अपनी सखी से कहती है कि मैं कब से उनकी राह देख रही हूं। उनके इंतजार की बेताबी इतनी बढ़गयी है कि एक-एक पल एक-एक युग की तरह बीत रहा है। और इस दौरान मेरी आंखों में सदा उनकी ही छवि परछाई की तरह फिरती रहती है।

जैतश्री

बोल- जब ते पीहूं सपने आए तब ते नींदरिया नहीं आवे

शाम बिना मो तन को रंगीले सेजरिया नाही सुहावे।

अर्थ- नायिका कहती है कि जब से उसके प्रिय उसे सपने में दिखे हैं, तब से उसे नींद नहीं आ रही। अपने श्याम के बिना उसे एक क्षण भी चैन नहीं आता। और पिया बिना सूनी सेज जरा भी नहीं सुहाती।

स्क्रीनप्ले- नायक कहीं दूर गया हुआ है। नायिका वैसे ही उसके विरह में व्याकुल है, ऊपर से उसे रात को सपने में नायक दिखता है। इससे उसकी व्याकुलता और बढ़जाती है। यह सपना देखने के बाद उसे नींद नहीं आती। श्याम के बिना नायिका की विरह-भावना बढ़ने लगती है। सेज पर खुद को अकेली पाकर उसे सेज भी नहीं सुहाती। अकेलापन उसे बहुत सालता है।

जैतश्री

बोल- सजनवा तैं परदेस गवन कीनो चार आंगुल कागज नाहीं दीनो

ऐसे भए सैंयां काहू के रंग में मनवा भीजाई।

अर्थ- नायिका अपने प्रिय को सम्बोधित करते हुए कहती है कि सजन तुम परदेस चले गये हो और वहां जाकर तुमने चार अंगुल का पत्र भी नहीं लिखा है। मुझे लगता है कि तुम वहां जाकर किसी और के रंग में बस गये हो और उसी से तुमने अपना मन भी जोड़ लिया है।

स्क्रीनप्ले- विरहिणी नायिका को संदेह होता है कि उसका प्रेमी किसी और के प्रेम में पड़ गया है। इसीलिए वह शिकायत करती है कि सजन, तुम जब से परदेस गये हो, मुझे बिल्कुल भूल गये हो। यहां से जाने के बाद तुमने मुझे एक छोटा सा पत्र तक नहीं लिखा है। इसलिए मुझे संदेह होता है कि परदेस जाकर तुम्हें किसी और से प्रेम हो गया है। वह कहती है कि तुम कहीं और जाकर किसी और के रंग में बस गये हो और उसी से तुमने अपना मन जोड़ लिया है।

पूरिया धनाश्री

बोल - अब तो रूत माने आये ना बोलूं मैं तुमी सो पियारे

रैन जगाए प्रेम पगाए वांही जाओ जिनके मन भाई।

अर्थ- नायक से नायिका कहती है कि अब तुम सुख करने मेरे पास आये हो। पर मैं तुमसे बात नहीं करूंगी। रात तुमने कहीं और बितायी, प्रेम कहीं और किया। जो तुम्हारे मन को भायी हुई है, उसी के पास जाओ।

स्क्रीनप्ले - नायिका को बताये बिना नायक रात को कहीं और रह गया। सुबह को वह घर आता है तो नायिका उससे रूठ जाती है। वह उससे कहती है कि अब तुम मेरे पास आये हो। जाओ मैं तुमसे बात नहीं करूंगी। रात तुमने कहीं और बितायी, प्रेम कहीं और किया। मेरे पास नहीं आये, जबकि तुम्हें मेरे पास होना था। फिर अब मेरे पास क्यों आये हो ? जो तुम्हारे मन को भायी है, तुम उसी के पास जाओ।

पूरिया धनाश्री

बोल - चन्द्रा नी जग दा वे तैनू अल्लादी आमानवे मीया

ए तकते मुलक होवे तुमी को मुबारक मक्की मदनी के खम्ब।

अर्थ- रचनाकार ने पैगम्बर हजरत मुहम्मद के बारे में कहा है कि तुम चांद की तरह इस जगत में चमक रहे हो। तुम्हें दुनिया का राजकाज मुबारक हो। तुम मक्का और मदीने की ताकत हो।

स्क्रीनप्ले - इस रचना में पैगम्बर हजरत मुहम्मद के अनुयायियों ने उनकी शान में कसीदे पढ़े हैं और उनकी प्रशंसा करते हुए उन्हें मक्का-मदीने का आधार स्तम्भ कहा है। रचनाकार कहता है कि हजरत, आप चांद की तरह इस जगत में चमक रहे हैं। आपको दुनिया का राजकाज मुबारक हो। आप तो मक्का और मदीने की ताकत हैं।

पूरिया धनाश्री

बोल- आज मोरे घर बार मंदीलेरा पीया आवन की बारी रे
फूल्हन सेज बिछाए राखूं मोतियन मांग मांग भराओर रे
ए जो पीया आवें अपने मदर में
ए बल जाऊं वारी रे।

अर्थ- नायिका कहती है कि पूरे घर में दीपक जलाओ क्योंकि आज पिया मेरे घर आ रहे हैं। मैं उनके आने की खुशी में फूलों से सेज सजाऊंगी और मोतियों के थालों से उनका स्वागत करूंगी। वह अपने ख्यालों में खोयी हुई सोचती है कि जब पिया घर आयेंगे तो मैं अपना सब कुछ उन पर न्योछावर कर दूंगी।

स्कीन प्ले- नायिका को जब पता चलता है कि उसके पिया घर आने वाले हैं तो वह खुशी से फूली नहीं समाती। वह उसके स्वागत की तैयारियां करने में जुट जाती है। वह अपने पिया के घर आने की खुशी में पूरे घर में दीपक जलाने को कहती है। अपनी खुशी को छिपा नहीं पाती और कहती है कि उनके आने की खुशी में मैं फूलों से सेज सजाऊंगी और मोतियों के थालों से उसका स्वागत करूंगी। फिर वह ख्यालों में खो जाती है और सोचती है कि जब पिया घर आयेंगे तो घर का माहौल प्रेम से सराबोर हो जायेगा। मैं उनके गले में बांहें डालकर उन पर अपने प्रेम की वर्षा करूंगी और अपना सब कुछ उन पर न्योछावर कर दूंगी।

पूरबा

बोल- आज सो बना बन आयोरी मा लाड लडावन दे री

ऐसी रे बनरे को सब रस सेरा बनरी के मोतीयन मांग भरावन दे री।

अर्थ- आज बन्ना खूब बन-ठनकर आया है। उसके लाड़ लड़ाने दे। बन्ने का सेहरा बहुत सुंदर है। अरी बन्नी की मांग मोतियों से भरो।

स्क्रीनप्ले - शादी करने आये बन्ने की छटा बन्नी की सखियां देखती रह जाती हैं। उन्हें वह बहुत अच्छा लगाता है। एक सखी उसकी तारीफ करते हुए कहती है कि आज बन्ना खूब बन-ठनकर आया है। इसके खूब लाड़ लड़ाने दो। खूब आवभगत करने दो इसकी। इसका सेहरा भी बहुत सुंदर है। उस पर खूब फब रहा है। अरी सखियो बन्नी सचमुच भाग्यशाली है, जो उसे इतना अच्छा बन्ना मिला है। इसलिए बन्नी की मांग मोतियों से भरो।

पूरिया कल्याण

बोल- मोरे घर आ जा
सुजनवा मीत पीहरवा
तन मन धन सब उन पर वारूं
मनरंग दरस दिखा जा।

अर्थ- नायिका कहती है कि मेरा प्रिय भालामानुष है। वह उसे अपने घर आने का निमंत्रण देती है। वह कहती है कि जब मेरे प्रिय मेरे घर आयेंगे, तो मैं अपना तन, मन, धन सब कुछ उन पर न्योछावर कर दूंगी। वह रचनाकार मनरंग से कहती है कि अब तो उसके प्रिय आकर उसे दर्शन दे दें।

स्क्रीनप्ले- मनरंग की इस रचना में संयोग के लिए व्याकुल नायिका के मनोभावों का चित्रण किया गया है। वह अपने सज्जन प्रेमी को समर्पित होने को आतुर है। उसकी प्रशंसा करते हुए वह कहती है कि वह बहुत सजीला, प्यारा और मनमोहक है। वह अपना तन, मन, धन, सब उन पर न्योछावर कर देगी। उसकी प्रतीक्षा काफी लम्बी हो गयी है। इसलिए अब तो उसे उसके दर्शन की अभिलाषा है।

गोरी

बोल- आवें राजन आया महारे डेरे का इकरा मिजमानी

तन मन जोबन अरपन करहूं मोतियन थाल भराईयां।

अर्थ- नायिका कहती है कि राजन अपने वादे के मुताबिक मेरे घर पर आया है।
उसने मुझे मेजबानी का मौका दिया है। उसे मैं अपना तन, मन और यौवन अर्पित कर दूंगी और मोतियों के थाल समर्पित करूंगी।

स्क्रीन प्ले- नायक के आने से नायिका बहुत खुश है। वह कहती है कि उसके प्रेमी ने उसके पास आने का वादा किया था और अब आकर उसने अपना वादा निभाया है। उसने मेरा मेहमान बनकर मुझे मेजबानी करने का मौका दिया है। मैं खुद को उस पर वार दूंगी। उसकी सेवा में अपना, तन, मन और यौवन सब कुछ समर्पित कर दूंगी। मोतियों के थाल के साथ खुद को उसकी सेवा में अर्पित कर दूंगी।

ललिता गोरी

बोल- प्रीतम सैंया दरस दिखा जा मोरा जीया चाहे

बिन कंथ कछु न सुहाए ए रही लोना जाए
सदारंग डारूं गरबैंयां।

अर्थ- विरह से व्याकुल नायिका अपने नायक को सम्बोधित करते हुए कहती है कि ओ मेरे प्रीतम, मेरे सैंयां, अब तो मुझे दर्शन दे दे। तुझसे मिलने की मेरे मन में बहुत इच्छा है। तेरे पास न होने पर मुझे कुछ भी अच्छा नहीं लगता। हमेशा रोना आता रहता है। अगर तू आ जाये, तो तेरे गले में बांहें डालकर तुझे सदा के लिए अपने पास रोक लूं।

स्क्रीन प्ले- नायक कहीं दूर चला गया है। नायिका उसके विरह में व्याकुल है। वह नायक से विनती करती है कि उसके पास आ जाये। नायिका कहती है कि ओ मेरे प्रियतम, ओ मेरे स्वामी अब तो अपने दर्शन दे दे। मेरे मन की कामना है कि तू अब मेरे पास आ जा। वह कहती है कि तेरे पास न होने पर मुझे कुछ भी अच्छा नहीं लगता, मैं दुखी रहती हूं। इससे मेरी व्याकुलता इतनी बढ़गयी है कि मुझे हर पल रोने का मन करता है। अगर तू एक बार आ जाये तो मैं तेरे गले में बांहें डालकर तुझे सदा के लिए अपने पास रोक लूंगी।

पूरीया

बोल- झनन झनन पग पायल बाजे बाजे री माई

ए नेवर तेरो अतत बाजे ना बाजे री माई।

अर्थ- नायिका कहती है कि मेरे पैर की पायल झनन झनन बजती है। यह लगातार बजती रहती है।

स्क्रीनप्ले- नायिका ने खूब श्रृंगार कर रखा है। जेवर पहन रखे हैं। रिवाज के अनुसार वह सजधज कर निकली है। वह चलती है तो उसके जेवर बजते हैं। तब उसकी सखी कहती है कि अरी तेरी पायल तो झनन-झनन बजती है। और तेरा नेवर लगातार बजता ही रहता है।

पूरीया

बोल- मोज मानी रंग कर रसीया वे जीव शतरी धाई मानी वे

भांगड़ली पीयो तो मनरंग रसीया शालूडा री कोरचानी वे।

अर्थ- नायिका कहती है कि मेरा रसिया बहुत मौजमस्ती करता है। वह क्षत्रिय बहुत बुद्धिमान, बलवान और गुणवान है। वह रचनाकार मनरंग से कहती है कि अगर रसिया ने भांग पी तो मुझे भी बिना पिये उसका नशा हो सकता है।

स्क्रीनप्ले- नायिका चंचल है। अपने प्रिय की मौजमस्ती की बात स्वीकार करती है। फिर अपने प्रिय के गुणों की तारीफ करते हुए शरारत भी करती है। मनरंग की इस रचना में नायिका कहती है कि रसिया मेरे साथ बहुत मौजमस्ती करता है। वह क्षत्रिय इतना बुद्धिमान, बलवान और गुणवान है कि सब उसका सम्मान करते हैं। अंत में वह शरारती लहजे में कहती है कि रसिया, अगर तुमने भांग पी, तो उसका नशा मुझे भी हो जायेगा। तब हम अपनी मौज मस्ती पर जरा भी काबू नहीं रख पायेंगे।

श्री

बोल- ए री हूं तो आसन गईली पास न गईली लोगवा
धरै मैको नाम

जब से गए मोरी सुधहू ना लीनी देहली धरो नाही पाव।

अर्थ- नायिका कहती है कि हे सखी, मैं तो किसी के आस पास भी नहीं गयी। लोग मुझे नाहक ही बदनाम कर रहे हैं। जब से वे गये हैं, उन्होंने मेरी खबर नहीं ली है और मैंने घर से बाहर कदम तक नहीं रखा है। और लोग यों ही बातें बना रहे हैं।

स्क्रीनप्ले- नायिका को दोहरा दुख है। एक तो वह प्रिय के वियोग से व्याकुल है और दूसरे लोग उसे लेकर तरह-तरह की बातें बना रहे हैं। इससे दुखी होकर वह अपनी सखी से कहती है कि मैं तो किसी के आसपास भी नहीं गयी। लोग मुझे यों ही बदनाम कर रहे हैं। जब से मेरे प्रिय गये हैं, उन्होंने तो मेरी खबर तक नहीं ली। लौटकर नहीं आये। फिर भी मैंने देहरी से बाहर कदम तक नहीं रखा। और लोग मेरा नाम लेकर यों ही बातें बना रहे हैं, मुझे बदनाम कर रहे हैं।

मारवा

बोल- ए मोरा मन लागो सांवरे सलोने से

सुनियो री मोरी बगर पड़ोसन
वा मोरा जिया चाहे करूंगी नेहा री रे।

अर्थ - नायिका अपनी सखी से कहती है कि मेरा मन तो सांवरे सलोने कृष्ण से लग गया है। वह अपनी पड़ोसनों को भी सुनाते हुए कहती है कि मेरे हृदय में तो कृष्ण ही बसे हैं। मैं उनकी खूब सेवा करूंगी।

स्क्रीनप्ले- नायिका को कृष्ण से प्रेम है। वह अपनी इस भावना को किसी से छिपाती नहीं है। अपनी सखी को बताती है कि मेरा मन तो सांवरे सलोने कृष्ण के आकर्षण में बंध गया है। वह अब मेरे नहीं, उनके ही पास है। वह अपनी पड़ोसनों को भी बताती है कि मेरे हृदय में कृष्ण का वास है। उनकी ही छवि मेरे सामने रहती है। मैं उनकी दासी हूं। उनकी खूब सेवा करूंगी। यहां रचनाकार कृष्ण और गोपियों के भौतिक प्रेम के अलावा आध्यात्मिक प्रेम की ओर भी संकेत करता है।

मारवा

बोल-	काहूं की रीत को करे पीहरवा जो जानत नाही मन की रीत हूं अधीन मनरंग तुमही तो मेहरबान सबके दाता सदारंगीले प्रीत।
अर्थ -	नायिका कहती है कि मेरा प्रिय पता नहीं कौन सी नयी रीत कर रहा है। उसे मेरे मन की बात मालूम ही नहीं है। रचनाकार मनरंग कहते हैं कि मैं तो तुम्हारे ही अधीन हूं। तुम सब पर मेहरबान हो, सबके दाता हो। हमेशा रंगीले रहने वाले हो।
स्क्रीनप्ले-	नायिका इस बात पर नाराज है कि नायक उसके मन को नहीं समझता। अपनी ही करता है। इससे दुखी होकर वह कहती है कि मेरा प्रिय मेरे मन की बात को जानता ही नहीं है। पता नहीं वह कौन सी नयी रीत कर रहा है। वह रचनाकार मनरंग से कहती है कि मैं तो फिर भी अपने प्रिय के अधीन हूं। उन्हीं को अपना सब कुछ मानती हूं। वे सब पर मेहरबान हैं। सबके दाता हैं। सदा प्रेम करने वाले हैं।

रात की पुरिया

बोल- माई री मोहे लाज आबत है कैसे मिलूं पीया संग धाई

हमरे तो जीया में ऐसी आवत है रहिये री बिस खाई।

अर्थ - अरी मां, मुझे लाज आ रही है। मैं तुमसे कैसे मिलूं ? मैं पिया के पास रहकर आयी हूं। मेरे दिल में आ रहा है कि मैं जहर खा लूं ? पिता के सामने आखिर किस मुंह से जाऊं ?

स्क्रीनप्ले- शादी के बाद दुल्हन पहली बार मायके आती है तो वह अपने घरवालों से बहुत लजाती है। आखिर वह पहली बार उनसे दूर गयी थी। वह भी अपनी ससुराल। और अपने पिया के साथ रहकर आने से उसकी लज्जा बढ़ जाती है। वह अपनी मां से कहती है कि मां री, मुझे लाज आ रही है। मैं तुमसे कैसे मिलूं ? मैं पिया के पास रहकर आयी हूं। मुझे इतनी लाज आ रही है कि पिता के सामने जाने की तो हिम्मत भी नहीं पड़ रही। उनके सामने किस मुंह से जाऊं ? मेरे मन में यह विचार आ रहा है कि इससे तो मैं जहर ही खा लूं। इस रचना में उस नायिका के मन की दशा का भी चित्रण किया गया है, जो अपने प्रेमी के पास शादी से पहले रह आयी हो।

शाम की गुनकली

बोल- ए मोह लेत धीरस बतीयन सो
सुघर नार सुरजन वा पियारे को दीजे

सजे सींगार सीख मान ले सजनी
बेगी उठो चलो पीया मिलनवे को कर जातार।

अर्थ- नायिका कहती है कि हे सखी, नायक अपनी रसभरी बातों से सबके मन को मोह लेता है। इस प्यारे को भगवान कोई सुघड़ नारी दे। अब तू सज ले, श्रृंगार कर ले, पर हमारी यह सीख मान ले कि उठकर जल्दी चल। प्रिय से मिलने जाना है।

स्क्रीनप्ले- नायिका नायक के गुणों पर मोहित है। इतनी ज्यादा मोहित है कि वह खुद भी उससे मिलन होने की कामना करती है और उसके मन से यह भी दुआ निकलती है कि मनमोहक प्रिय को अच्छी नारी के रूप में अच्छा जीवन-साथी मिले। वह कहती है कि हे सखी, नायक अपनी बातों से सबके मन को मोह लेता है। वह इतना अच्छा है कि भगवान उसे कोई सुघड़ नारी दे। अब तू खूब सज ले, श्रृंगार कर ले, पर मेरी इतनी बात मान ले कि जल्दी तैयार होकर चल। हमें प्रिय से मिलने जाना है। ऐसा न हो कि हमें देर हो जाये और उसे कोई दूसरी ले जाये।

गारा

बोल- लंगरवा छाड़ दे बैयां मोरी रे
कर कन लागीवे नादान चूरीयां
दोऊ करन कर पकरत जोरी रे

तुमरे मिलन को आई लो पीहरवा
सास ननद की चोरी रे।

अर्थ- नायक से नायिका कहती है कि बेशर्म, मेरी बांह छोड़ दे। मेरी नादान चूड़ियां टूटने लगी हैं। तू क्यों पकड़-धकड़ कर रहा है ? मैं तो तुझसे ही मिलने आयी हूं। पर मुझे सास-ननद का डर है।

स्क्रीनप्ले- नायिका संयुक्त परिवार में रहने के कारण अपने पति से अक्सर मिल नहीं पाती। वह मौका देखकर उसके पास जाती है तो पति बेताबी से उसका हाथ पकड़कर उसे अपनी ओर खींचता है। इस पर वह उसे बेताबी पर काबू करने की नसीहत देते हुए कहती है कि बेशर्म, मेरी बांह छोड़ दो। तुम्हारी इस मजबूत पकड़ से मेरी नादान चूड़ियां टूटने लगी हैं। इसलिए घरवालों को पता चल जायेगा। तुम इतने बेसब्र क्यों हो ? तुमसे ही मिलने के लिए यहां आयी हूं। पर मुझे सास-ननद का डर है। टूटने के बाद हाथ में चूड़ियां न देखकर उन्हें हमारी इस खेला-खाली का पता चल जायेगा और वे मुझे ताने मारेंगी।

मालीगौरा

बोल- दरस सरस देत दुख बिसरन को
करत कृपा प्रभू सुख बरन को

दाता विधाता दीनदयाल तुम
रिध सिध नव निध दीजे साहू को
अहमद दास तीहारे चरनन को।

अर्थ- कोल्हापुर के साहूजी महाराज की तारीफ में कहा गया है कि महाराज जब दर्शन देते हैं तो लोग अपने सारे दुख भूल जाते हैं। जब वे किसी पर कृपा करते हैं तो उससे सुख का अनुभव होता है। हे महाराज, तुम दाता हो, विधाता हो, दीन हो, दयालु हो। रचनाकार अहमद प्रार्थना करता है कि साहू महाराज को खूब रिद्धि, सिद्धि और धन मिले। वह खुद को उनके चरणों का दास बताता है।

स्क्रीनप्ले- कोल्हापुर के साहूजी महाराज के दरबारी रचनाकार अहमद ने इस रचना में उनका गुणगान करते हुए खुद को उनके चरणों का दास बताया है। वह कहता है कि महाराज जब दर्शन देते हैं तो उन्हें देखकर लोग अपने सारे दुख-दर्द भूल जाते हैं। जब वे किसी पर कृपा करते हैं तो उनकी कृपा पाकर वह सुखी हो जाता है। वह कहता है कि महाराज तुम दाता हो, विधाता हो, दीन हो, दयालु हो। तुम्हें खूब रिद्धि, सिद्धि और धन मिले। उनके गुण बताने तथा उनके लिए शुभकामना करने के बाद अंत में वह खुद को उनके चरणों का दास बताता है।

मालश्री

बोल- मूंदरया मोरी रे पीहरवा
काहूं को दी नी छूने उंगलिया की मूंदरिया

प्रेम प्रीत परतीतन मानी
तब हम जानी काहू को दीनो गर को हरवा।

अर्थ- नायिका कहती है कि प्रिय ने मेरी छोटी उंगली के लिए मुझे अंगूठी दी थी, वो किसी और को दे दी है। उसे केवल अंगूठी ही नहीं दी बल्कि अपने प्रेम को जताने के लिए उसे गले का हार भी दिया।

स्क्रीनप्ले- नायिका कहती है कि नायक ने उसके लिए एक अंगूठी ली थी। लेकिन नायक ने वह अंगूठी किसी और को दे दी। इतना ही नहीं, उसने अपना प्रेम जताने के लिए उसे गले का हार भी दे दिया।

पूरबी

बोल- इन अंखियन एरी आली अतही लाड लडाई

पहले अपने आपी उरूझी फिर मोहे उरूझाई।

अर्थ- नायिका कहती है कि मैंने अपनी इन आंखों की बड़ी देखभाल की है। इनका काफी ख्याल रखा है। मैंने इन्हें कभी इधर-उधर देखने और भटकने नहीं दिया। लेकिन मेरी इन आंखों ने पहले तो किसी और को देखा, उसके साथ उलझीं और फिर मुझे भी उसके प्रेम में उलझा दिया।

स्क्रीनप्ले- नायिका को आंखों ही आंखों में नायक से प्रेम हो गया। इससे उसका मन खुश है। लेकिन इसके लिए वह अपनी आंखों को मीठा उलाहना देती है। वह कहती है कि अपनी इन आंखों और इनकी सुंदरता की मैंने बहुत जतन से देखभाल की है। इन्हें कभी भटकने नहीं दिया और किसी से लड़ने नहीं दिया। मेरी ये आंखें पहले तो किसी और से लड़ीं, उसके प्रेम में उलझीं, फिर इन्होंने मुझे भी उसके प्रेम में उलझा दिया। ये आंखें हैं तो मेरी, लेकिन इन्होंने काम किसी और का किया है।

दिन का शंकरा

बोल- ए केसी अंधेरीयां रैन गई मोरी माई पीया नहीं
आए मोरे मंदरवा

ए काहू ईत आन मिला सदारंग छाए लई गरवा।

अर्थ- नायिका कहती है कि विरह की काली अंधियारी रातें बीत गयीं, पर मेरे पिया मेरे पास नहीं आये। वह रचनाकार सदारंग से कहती है कि मेरे पिया से कहो कि जल्दी आकर वे मुझसे मिलें और गले लगायें।

स्क्रीनप्ले- नायक के पास न होने के कारण नायिका उसका इंतजार करती रहती है। मिलन की उसकी इच्छा भी अधूरी है। वह चाहती है कि नायक जल्दी घर आये, जिससे उनका मिलन हो। अपनी व्यथा सुनाते हुए नायिका कहती है कि विरह की काली अंधियारी रातें मैंने अपने पिया का इंतजार करके बितायी हैं पर वे नहीं आये। फिर वह रचनाकार सदारंग से गुहार करती है। वह कहती है कि मेरे पिया से कहो कि वे जल्दी मुझसे मिलें और अपने गले लगा लें।

यमन

बोल- सूहेलरा आनंद मेहर घर काज रे बजाओ रे
तूरीयन मंगलरा

सब सखीयन मिल चौक पुरावो
एक समधन गर डार हारवा
एक समधन घिस लावो री संदीलरा।

अर्थ- मेरे शुभचिंतक, आज मेरे घर शुभ काम हैं। उससे बहुत आनंद हो रहा है। तुरही बजाओ और मंगल मनाओ। सब सखियां मिलकर चौक पुराओ। उनमें से एक समधन वर के गले में हार डालने के लिए तैयार रहे और दूसरी समधन वर के माथे पर तिलक करने के लिए चंदन घिसकर लाए।

स्क्रीनप्ले- शादी का वातावरण है। बारात द्वार पर आने वाली है। चारों ओर खुशियों का माहौल है। वर के स्वागत की तैयारियां हो रही हैं। ऐसे में, वधू की मां खुशी से फूली नहीं समा रही है। वह कहती है, मेरे शुभचिंतक, आज मेरे घर शुभ बेला है। शादी का शुभ काज है। इस खुशी में तुरही बजाओ और मंगल गीत गाओ। वधू की सभी सखियां मिलकर चौक पुराएं। एक समधन वर के गले में हार डालकर उसका स्वागत करने को तैयार रहे। वर के माथे पर तिलक करने के लिए दूसरी समधन चंदन घिसकर लाए।

यमन

बोल- एरी जोगी के वारी वारी जैहूं
वा की सुन्दर जप माला पर बल बल हारी

कानन कुनडल भभूतर माई
सींगी फूकत घर घर अलख जगाए।

अर्थ- नायिका कहती है कि सखी, मैं जोगी की सुन्दर जपमाल पर वारी-वारी हूं। वह कान में कुंडल पहने हुए है। उसने अपने शरीर पर भभूत मला हुआ है। वह शंख बजा रहा है और घर-घर जाकर अलख जगा रहा है।

स्क्रीनप्ले- शाम का समय है। एक भव्य और दिव्य जोगी अपनी पूरी छटा के साथ घर-घर अलख जगाता फिर रहा है। सभी सखियां उस पर मोहित हैं। नायिका कहती है कि अरी सखी, मैं इस जोगी के सुन्दर और भव्य रूप पर वारी-वारी जाती हूं। उसकी सुन्दर जपमाला पर तो मैं बलिहारी हूं। वह कान में कुंडल पहने है। उसके शरीर पर भभूत मला है। वह शंख बजा रहा है। इतनी आभा के साथ वह घर-घर जाकर अलख जगा रहा है।

यमन

बोल- अबमोरी आली री मोहे सुनत बांसरिया
सुध न रही तन की तन सों तेरी सों

बाट घाट और जोत जग माई मन तो लागत हो बन में
उन ही बागरहो परी रहत दुर्जन घेरा घेरी सो।

अर्थ- सखी, मेरी हालत ऐसी हो गयी है कि जब मैं कृष्ण की बांसुरी सुनती हूं तो उससे तन की सुध नहीं रहती। मुझे अपनी कसम और तेरी कसम। रास्ते पर, घर पर, हर जगह जगमग है। लेकिन मेरा मन तो वन में लगा है। ख्यालों में मैं वन में उनके साथ होती हूं। मैं वहां जाना चाहती हू पर ये दुष्ट सखियां मुझे घेरे रहती हैं। वहां जाने का मौका ही नही देतीं।

स्क्रीनप्ले- राधा का मन कृष्ण पर मोहित है। वह उनकी बांसुरी की दीवानी है। और उनसे मिलने को बेताब रहती है, लेकिन सखियां उसे छोड़ती ही नहीं। अपने मन की व्यथा एक सखी से बताते हुए वह कहती है कि सखी, कृष्ण की बांसुरी सुनकर मुझे अपने तन की सुध नहीं रहती। मैं अपनी खुद की कसम खाती हूं। तेरी भी कसम खाती हूं। रास्ते पर और घर पर, हर जगह जगमग है, लेकिन यहां होकर भी मेरा मन यहां नहीं है। मेरा मन तो वन में लगा है, जहां कृष्ण इस समय बांसुरी बजाने में मगन हैं। मेरा मन उधर ही खिंचा चला जा रहा है। मेरा शरीर यहां जरूर है, लेकिन ख्यालों में मैं कृष्ण के आलिंगन में हूं। मेरे मन में कल्पना हो रही है कि मैं उनकी बांसुरी पर झूम रही हूं। मैं वहां जाना चाहती हूं। पर ये दुष्ट सखियां मुझे इसका मौका ही नहीं देतीं। हर समय मुझे घेरे रहती हैं।

यमन

बोल- ए तुम बिन कोन खबरिया ले

सुख संपत और अन धन लक्ष्मी विद्धिया देओ करतार।

अर्थ- हे भगवान, अगर तू हमारी खबर नहीं लेगा, तो कौन लेगा ? हमें सुख, संपत्ति, अन्न, धन, लक्ष्मी और इन सबसे बढ़कर विद्या दो।

स्क्रीनप्ले- इस रचना में भक्त ने भगवान से अपने लिए और सबके लिए तरह-तरह के धनों का आशीर्वाद मांगा है। वह भगवान को सबका दाता मानते हुए कहता है कि हे भगवान, अगर तू हमारी खबर नहीं लेगा, तो कौन लेगा। आखिर तू ही तो हमारा जन्मदाता है। हम तेरे वरदान के याचक हैं। वरदान में हमें सुख दे, संपत्ति दे, अन्न दे, धन दे, और लक्ष्मी दे। और इन सबसे ज्यादा विद्या दे, क्योंकि सबसे बड़ा धन तो विद्या ही होता है।

यमन

बोल- ए री आली पीया बिन सखी कल न परत मोहे घरी
पल छिन दिन

जब से गए सोतन बस कीनो रतियां कटत मोहे
तारे गिन गिन।

अर्थ - विरह से व्याकुल नायिका कहती है कि हे सखी, प्रिय के बिना मुझे हर घड़ी, पल, क्षण और दिन चैन नहीं पड़ता। वे जब से यहां से गये हैं, उन्होंने मेरी कोई सुध नहीं ली। लगता है कि वे किसी सौतन के फेर में पड़ गये। उनकी याद में मैं तड़पती रहती हूं। तारे गिन-गिनगिनकर रात बिताती हूं।

स्क्रीनप्ले- नायक कहीं चला गया है। वह नायिका के पास लौटकर नहीं आता, तो नायिका को संदेह होता है कि वह कहीं और जाकर किसी और के पास बस गया है। व्याकुल होकर नायिका अपनी सखी से कहती है कि प्रिय के बिना मैं हर घड़ी, पल, क्षण और दिन तड़पती रहती हूं। मुझे चैन नहीं पड़ता। मुझे लगता है कि यहां से जाकर वे मुझे भूल गये हैं और किसी सौतन के बस में पड़ गये हैं। उनकी याद में मैं पूरी रात तड़पती रहती हूं। तारे गिन-गिन कर किसी तरह रात काटती हूं।

यमन

बोल- अल्ला दो जग में शरम रख मेरी तू ऐसो ही
पाक परवर दिगार

पैदा किये की लाज तुमी को तुम दाता हम चेरी ।

अर्थ - अल्लाह की इबादत करते हुए कहा गया है कि हे अल्लाह, दोनों जगत में मेरी लाज रखना। तू बहुत पाक और परवरदिगार है। हमें तुमने ही यह जिंदगी बख्शी है। इसलिए हमारी लाज तुम्हारे ही हाथों में है। तुम मालिक हो। हम तो तुम्हारे बंदे हैं।

स्क्रीनप्ले- इस रचना में अल्लाह की तारीफ की गयी है और उससे कृपा बनाये रखने की दुआ की गयी है। अल्लाह से सिर झुकाकर मांगा गया है कि हे अल्लाह, दोनों जगत में मेरी लाज रखना। तू बहुत पाक और परवरदिगार है। सबका ध्यान रखने वाला है। हमें तुमने ही यह जिंदगी बख्शी है। इसलिए हमारी लाज तुम्हारे ही हाथों में है। तुम इस पूरी कायनात के मालिक हो। हम तो बस तुम्हारे बंदे हैं और तुम्हारी बंदगी में लगे रहते हैं।

यमन

बोल- गुरु बिन कैसे गुन गाएं
गुन न माने तो गुन नहीं आवे
गुनीयन में बेगुनी कहावे

माने तो रिझावे सबको
चरण परे शाभीकन के
तब आवे अछपल बोल ताल सुर।

अर्थ- बिना गुरु के गुण नहीं आ सकते, ज्ञान नहीं मिल सकता। अगर आप इस सीख को नहीं मानेंगे तो गुणवान नहीं बनेंगे। और तब गुणियों के बीच बैठकर भी आप बिना गुण वाले ही कहलायेंगे। अगर आप इस सीख को मान लेंगे तो आपमें सबको रिझाने का गुण पैदा हो जायेगा। इसके लिए आपको शाभीकन के चरणों में जाना पड़ेगा। रचनाकार अछपल कहते हैं कि शाभीकन के आशीर्वाद से ही बोल, ताल और सुर का ज्ञान मिलेगा।

स्क्रीनप्ले- अछपल की इस रचना में पहले ज्ञान का महत्व बताया गया है। फिर ज्ञान पाने का, गुर समझाया गया है। और अंत में यह सीख दी गयी है कि संगीत का सच्चा ज्ञान किसी महापुरुष के आशीर्वाद से ही पाया जा सकता है। रचनाकार ने अपने अध्यात्मिक गुरु शाभीकन की ओर संकेत किया है। रचनाकार कहता है कि गुण और ज्ञान पाने के लिए अच्छे गुरु का होना जरूरी है। जो इस सीख को नहीं मानेगा, वह गुणवान नही बन सकता। और जिस व्यक्ति में गुण नहीं है, वह चाहे कितने ही गुणवान लोगों के बीच बैठ जाये, कहलायेगा बिना गुण वाला ही। जो इस सीख को मानेगा,

उसमें इतने गुण आ जायेंगे कि वह सबको रिझा सकेगा और संगीत का ज्ञान पाने के लिए तो शाभीकन के चरणों में ही जाना होगा। रचनाकार अछपल का कहना है कि शाभीकन के आशीर्वाद से ही बोल, ताल और सुर का ज्ञान मिलेगा। अगर शाभीकन की कृपा हो जाये, तो ही संगीत का सच्चा ज्ञान मिल सकता है और अच्छा गायक बना जा सकता है।

भोपाली

बोल- अब मान ले री पीतम की बतियां
या ही से बढ़े तेरो गियान धियान

हठ की हठीली मानत ना ही
का पर इतनो गुमान।

अर्थ- प्रिय के सामने नखरे दिखा रही नायिका से रचनाकार कहता है कि अब तू अपने प्रिय की बात मान ले। उसकी बात मानने से ही तेरा ज्ञान और ध्यान बढ़ेगा। तू अपने हट पर अड़ी हुई है, हठीली बनी हुई है, मानती ही नहीं है। तुझे इतना अहंकार किस बात है ?

स्क्रीनप्ले- नायक बार-बार नायिका को मनाता है। पर वह उससे रूठी हुई है। रचनाकार उससे कहता है कि अब तो अपने प्रिय की बात मान जा। प्रिय की बात मानने से ही तेरा ज्ञान और ध्यान बढ़ेगा। तू यह सब समझती नहीं है। अपने हठ पर अड़ी हुई है। न जाने क्यों इतनी हठीली बनी हुई है। मानती ही नहीं है। तुझे आखिर इतना अहंकार क्यों है? अहंकार का त्याग करके अपने प्रिय की बात मान जा। उसी मे तेरा मान है।

भोपाली

बोल-	ए री आज भईलवा सुखवा मोरे जीया को सुन सुन पीया की बात आवन कहीलवा बेगी मिलाओ सदारंग अनत भईले मोरे काज।
अर्थ-	नायिका कहती है कि सखी आज पिया के आने की बात सुनकर मेरा मन बहुत खुश हुआ। उन्होंने अपने आने का संदेश भेजा है। यह सुनकर मेरे दिल की चाह और बढ़गयी है। मैं चाहती हूं कि जल्द से जल्द हमारा मिलन हो। वह रचनाकर सदारंग से कहती है कि पिया के आने की खबर सुनकर मेरे सारे काम ठीक हो गये हैं।
स्क्रीनप्ले -	नायिका का विरह बस खत्म होने वाला है। आखिर उसके प्रिय ने अपने आने का संदेश जो भेजा है। यह सुनकर वह खुशी से फूली नहीं समा रही है। वह अपनी सखी से कहती है कि हे सखी, आज पिया के आने की बात सुनकर मेरा मन बहुत खुश हुआ। उनके आने का संदेश सुनकर मिलन की मेरी चाह और बढ़गयी है। मैं चाहती हूं कि जल्द से जल्द हमारा मिलन हो। वह रचनाकार सदारंग से कहती है कि पिया के पास न होने से मेरे सभी काम बिगड़ रहे थे। अब उनके आने की खबर सुनकर मेरे वे सारे काम संवर जायेंगे।

भोपाली

बोल- इतने जोबन पर मान न करीए जो करीए रब से डरीए ये जोबना पियारी है दस दिन का ता पर इतना गुमान न करीए।

अर्थ- नायिका से नायक कहता है कि तेरा यौवन अच्छा है। पर उस पर मान मत कर और रब से डर। क्योंकि प्यारी, यह यौवन केवल दस दिन का है। इसलिए इस पर ज्यादा अहंकार मत करना।

स्क्रीनप्ले- नायिका को अपने यौवन पर बहुत अभिमान है। वह अपनी सुन्दरता पर इठलाती रहती है। नायक को यह अच्छा नहीं लगता। इसलिए वह नायिका से कहता है कि तेरा यौवन खूब भरा-पूरा है। पर उसका अभिमान मत करना और भगवान से डरना। भगवान को अभिमान और अभिमानी लोग पसंद नहीं हैं। वह नायिका को समझाते हुए आगे कहता है कि तू मुझे बहुत प्यारी है। पर इतना याद रखना कि यह यौवन तो केवल चंद दिनों का है। बाद में ढल ही जायेगा। इसलिए इस पर तुझे जरा भी अहंकार नहीं होना चाहिए।

भोपाली

बोल- पार करो मोरी नईया भंवर से
सुमीरण तुमी को निस दिन मन में

गहरी वो नदीया नाव झोझरी शा सदारंग
तैरत तुमीतो राखो सुघड की लाज।

अर्थ- मुझे इस संसार के भवसागर से पार करा दो। रात-दिन तुम्हारा ही ध्यान रहता है। नदी गहरी है और मेरी नाव जर्जर है। रचनाकार सदारंग कहते हैं कि इस गहरी नदी में इस जर्जर नाव पर सवार होकर मैं तुम्हारे ही भरोसे उतरा हूं। मुझ जैसे सुघड़ की लाज अब तुम्हारे ही हाथों में है।

स्क्रीन प्ले- सदारंग की इस रचना में ईश्वर से प्रार्थना की गयी है कि वह कृपा करके उसे भवसागर से पार करा दे। रचनाकार विनती करता है कि हे प्रभु मुझे इस भवसागर से पार करा दो। जीवन रूपी यह नदी बहुत गहरी है। मेरी नाव जर्जर है। यानी इस जीवन को अच्छी तरह बिताने के साधन मेरे पास नहीं हैं। मैं तुम्हारे ही भरोसे इस जर्जर नाव में सवार होकर इतनी गहरी नदी में उतरा हूं। मुझ जैसे सुघड़ की लाज अब तुम्हारे ही हाथों में है। अगर तुम्हारी कृपा हुई, तो मैं हंसी-खुशी यह भवसागर पार कर लूंगा।

भोपाली

बोल- हे महादेवा त्रीसूल धरन दुख भनजन गनेश
जिनके जग भनजन महादेवा

पांच देव पंचायन पूजन कर कपोल वादी निरमल सो
बेल फूल चंदन कमल कर पती महादेवा।

अर्थ- हे महादेव तुम त्रिशूलधारी हो, दुखों को दूर करने वाले हो। तुम्हारा पुत्र गणेश भी दुनिया के दुखों को दूर करने वाला है। जब पंचदेव की पूजा पंचामृत से की जाती है तो महादेव अपने भक्तों की बुद्धि को निर्मल कर देते हैं। महादेव को बेलपत्र, चंदन, कमल और करपत्र अर्पित किये जाते हैं।

स्क्रीनप्ले- इस रचना में शिव की महिमा का बखान करते हुए उनकी पूजा की विधि भी बतायी गयी है। रचनाकार कहता है कि हे महादेव तुम त्रिशूल धारण करते हो। दुनिया के सभी दुखों को तुम ही दूर करते हो। और तुम्हारा पुत्र गणेश भी तुम्हारी तरह दुनिया के दुखों को दूर करने वाला है। जब भक्तगण पंचामृत से पंचदेव की पूजा करते हैं तो महादेव उनकी बुद्धि को निर्मल कर देते हैं। फिर उनके मन में कोई मैल नहीं रहता। और महादेव की पूजा की विधि यह है कि उन्हें बेलपत्र, चंदन, कमल और करपत्र अर्पित किये जाते हैं। इस विधि से पूजा करने वालों पर वे कृपा रखते हैं।

भोपाली

बोल- हो थारे जोबनदा मानेना साडे नालवे

कोन किसी के आवे जावे दाना पानी किस्मत लावे
कहत सुखचैन की होत।

अर्थ- रचनाकार नायिका से कहता है कि अपने यौवन और धन का घमंड हमारे सामने मत दिखा। कौन किसी के यहां आता-जाता है? किस्मत और दाना-पानी ही ले जाता है। रचनाकार सुखचैन का कहना है कि जहां पर कुछ है, वहीं तो लोग आयेंगे।

स्क्रीनप्ले- नायिका को अपने रूप और धन पर बहुत घमंड है। वह समझती है कि लोग उसके यौवन और धन के कारण उसके पास आते हैं। रचनाकार सुखचैन का कहना है कि यह तो किस्मत का खेल है। जिसका दाना-पानी जहां हो वह वहीं पहुंच जाता है और जिसके पास देने के लिए कुछ है उसी से लोग आस लगाते और उसके पास जाते हैं। इसलिए कभी भी घमंड नहीं करना चाहिए।

शुद्ध कल्याण

बोल- एरी माई पीया आवें मोरे मंदरवा कर हूं मान बस आरी

पलखन डगर बुहारूं री सजनी
जब आवें मोरे रसके रंगीले आरी।

अर्थ- नायिका कहती है कि ऐ सखी, मेरे पिया मेरे घर आ रहे हैं और मुझे बहुत खुशी हो रही है। उनके स्वागत में मैं अपनी पलकें बिछा दूंगी। घर-द्वार सब सजाऊंगी। जब वे मेरे पास आयेंगे, तो ये आंखें ही नहीं, मैं उन पर सब कुछ न्योछावर कर दूंगी।

स्क्रीनप्ले- नायिका अपने प्रेमी से मिलने की शुभ सूचना अपनी सखी को देती है। उसके स्वागत में वह घर-द्वार बुहारती है। वह कहती है कि ऐ सखी, मेरे पिया आ रहे हैं उनके आने का समाचार सुनकर मेरा मन बहुत खुश हो रहा है। मैं उनके स्वागत के लिए घर-द्वार को पलकों से बुहार रही हूं। ये आंखें ही नहीं, मैं उन पर सब कुछ न्योछावर कर दूंगी।

आनंदी

बोल- आरे बारे सैयां तोहे सकल बन ढूंढूं

बिदना तीहारी कोऊ न जाने देवो दरस मोहे अपना।

अर्थ - नायिका कहती है कि बावरे पिया, मैं तुम्हें हमेशा हर जगह ढूंढती रहती हूं। मेरे दिल की वेदना कोई नहीं जानता। अब तो मुझे अपने दर्शन दे दो। अब तो आ जाओ।

स्क्रीनप्ल– नायिका को विरह सता रहा है। उसे अपने प्रिय की याद आती रहती है। वह उसे सम्बोधित करते हुए कहती है कि मैं तुम्हें हर जगह ढूंढती फिरती हूं। तुम्हारे वियोग के कारण मेरे दिल में बहुत वेदना है। पर उसे कोई नहीं जानता। कब से मैं तुम्हारा इंतजार कर रही हूं। अब तो आ जाओ। अपने दर्शन देकर मेरी यह बेचैनी दूर कर दो।

आनंदी

बोल- अजहू न आये शाम बहुत दिन बीते

पलखन डगर बुहारूँ मग झारूँ
जो आवें मोरे शाम।

अर्थ- राधा को कृष्ण का इंतजार है। वह कहती है कि श्याम बहुत दिन से नहीं आये हैं। अगर वे आयें तो मैं उनके मार्ग को अपनी पलकों से बुहारुं और उनकी राह को साफ और आनंदमय बना दूं।

स्क्रीनप्ले- कृष्ण के वियोग में राधा व्याकुल है। वह अपनी सखी से कहती है कि श्याम को आये बहुत दिन हो गये। मैं कब से उनका इंतजार कर रही हूं। अगर वे यहां आयें तो उनके स्वागत में कोई कसर नहीं रखूंगी। प्यार से उनकी अगवानी करूंगी। उनकी राह को अपनी पलकों से बुहारूंगी और उनके मार्ग को साफ और आनंदमय कर दूंगी। पूरी लगन से उनका स्वागत करूंगी।

शंकरा

बोल- ni डर डर नीवारे शाहे जहांगीर बलबीर राजा राम

ऐसी हट से से डरा और नन ननते खंजन नचावे।

अर्थ- बादशाह जहांगीर निडर हैं, बलवान हैं। उनकी हठ सबको भयभीत कर देती है। उनकी आंखों को देखकर कंपकंपी छूट जाती है।

स्क्रीनप्ले- इस रचना में जहांगीर की वीरता और न्यायप्रियता का बखान किया गया है। रचनाकार कहता है कि बादशाह जहांगीर निडर और बलवान हैं। उनके इन गुणों की तुलना राजा राम से की गयी है। वे जब कुछ करने की हठ ठान लेते हैं तो फिर उसे पूरा करके छोड़ते हैं। इसीलिए उनकी हठ सबको भयभीत कर देती है। उनकी आंखों में इतना तेज है कि उन्हें देखकर भय से कंपकपी छूट जाती है। इस प्रकार, जहांगीर के विराट व्यक्तित्व का चित्रण किया गया है।

शंकरा

बोल- अनहद नाद को वेद न पायो, बलहारी गुनी ग्यानी

बलिहारी उन गुरुअन के अहमद
जिन वेद की बात बखानी।

अर्थ- रचनाकार अहमद कहते हैं कि अनहद नाद को वेद भी नहीं पा सका। उन गुरुओं पर बलिहारी हूं जिन्होंने वेद का बखान किया है और उसकी शिक्षाओं तथा महानता का वर्णन किया है।

स्क्रीनप्ले- अहमद ने इस रचना में ज्ञानियों और विद्वानों की वंदना की है। वे कहते हैं कि नाद तो इतना अनंत और असीम है कि उसे वेद भी नहीं पा सके हैं। लेकिन वेदों में ज्ञानियों ने बहुत ज्ञान भरा है। और जिन गुरुओं तथा विद्वानों ने वेदों के इस ज्ञान का बखान किया है, मैं उन पर बलिहारी हूं।

शंकरा

बोल- आओ मोरे मंदरवा बालम तुमरे दरस को मैं कब की खड़ी

देख दरस तुम जीया तरसत है
हमरी बिता सुन आंसुवन की लागी झरी।

अर्थ- विरह से व्याकुल नायिका अपने प्रेमी से कहती है प्रिय मेरे पास आओ। मेरा मन तुम्हारे दर्शन के लिए तड़प रहा है। विरह के कारण मेरी आंखों से इतने आंसू बह रहे हैं कि जैसे वर्षा की झड़ी हो।

स्क्रीनप्ले- नायिका ने काफी समय से अपने प्रेमी को नहीं देखा है। इसलिए वह विरह से व्याकुल है। वह उसे पास आने के लिए कहती है। उससे दर्शन देने की मिन्नतें करती है क्योंकि उसे देखने के लिए उसका मन तड़प रहा है। वह कहती है कि मेरी विनती सुनकर मेरे पास आ जाओ क्योंकि मैं इतनी तड़प रही हूं कि मेरी आंखें हमेशा बरसती रहती हैं। इनसे लगातार आंसुओं की झड़ी लगी रहती है। इसलिए जल्दी आकर अपने दर्शन दो।

शंकरा

बोल- एसो ढीठ लंगर करे झकाझोरी
और ठिठोरी निपट निडर मोरी ना माने
अंचरा पकर मोरी बईयां मारोरी
और ठिठोरी निपट निडर मोरी ना माने।

अर्थ- नायिका कहती है कि उसका नायक बहुत ढीठ और नटखट है। वह उससे छेड़छाड़ और हंसी-मजाक करता रहता है। वह इतना शरारती और निडर है कि मेरी एक नहीं सुनता। वह मेरा आंचल पकड़कर मेरी बांह मरोड़ देता है। वह नटखट, शरारती और निडर मेरी एक नहीं सुनता और अपने मन की करता है।

स्कीनप्ले- नायक जब भी नायिका को अपने पास पाता है तो वह उससे जबरदस्ती प्रेम भरी छेड़छाड़ करता है। झकाझोरी करके कभी वह नायिका का आंचल पकड़ता है, तो कभी उसकी बांह मरोड़कर उसे अपनी ओर खींचता है। नायिका को यह सब अच्छा तो लगता है, लेकिन उसे समाज की लोकलाज है। इसलिए वह कहती है कि उसका नायक बहुत ढीठ और नटखट है। वह उससे छेड़छाड़ और हंसी-मजाक करता रहता है। उसे अवसर और स्थिति का भी ख्याल नहीं रहता। उसकी शिकायत करते हुए वह कहती है कि वह इतना शरारती और निडर है कि मेरी एक नहीं सुनता। वह मेरा आंचल पकड़कर मेरी बांह मरोड़ देता है। वह बहुत नटखट, शरारती और निडर है। ऐसा न करने के लिए मैं उससे कितना भी कहूं, पर वह कभी मेरी बात नहीं सुनता। हमेशा अपने मन की करता है। पर मैं भी आखिर क्या करूं ? यह सब मुझे भी तो अच्छा लगता है।

बिहाग

बोल- ए केसे सुख सोवे नीदरिया शाम मूरत चित चढ़ी

सोत सोत सदारंग अकुलाई ये वेदना बढ़ी।

अर्थ- नायिका कहती है कि सुख की नींद कैसे सोऊं ? उसकी छवि हरदम मन में बसी रहती है। मैं सोने की कोशिश करती हूं लेकिन अचानक तड़पकर उठ बैठती हूं। इससे मेरी वेदना और बढ़जाती है।

स्क्रीनप्ले- नायक के कहीं दूर जाने से नायिका विरह से व्याकुल है। वह अपनी सखी से कहती है कि अरी, मैं सुख की नींद कैसे सोऊं ? मेरे प्रीतम यहां नहीं हैं और मेरे मन में उनकी ही छवि बसी है। वह रचनाकार सदारंग को अपनी व्यथा बताते हुए कहती है कि जब सेज पर मैं अकेली सोती हूं तो अचानक तड़पकर उठ बैठती हूं। विरह के कारण इस तरह नींद से जागने पर मेरी वेदना और बढ़ जाती है।

बिहाग

बोल- ए कवन ढंग तोरा तू तो इतरात इतरात री जात

उठ री मना ले मेरा कहा मान ले सोतन कर रही घात।

अर्थ- नायिका की सखी उससे कहती है कि तू इतनी घमंडी क्यों है जो तू हर समय बिना मतलब इतराती रहती है। मेरा कहा मान ले और अपने प्रेमी के साथ प्यार भरा अच्छा व्यवहार कर। कहीं ऐसा न हो कि तेरे इस घमंड भरे व्यवहार से वह अपना मन कहीं और लगा ले। इस जग में सौतनें तो ऐसे मौके की तलाश में ही रहती हैं।

स्क्रीनप्ले- नायिका को अपने रूप और यौवन पर बहुत अहंकार है। इसलिए वह हमेशा इतराती रहती है। उसकी सखी उसकी शुभचिंतक होने के नाते उसे सलाह देती है कि वह ज्यादा अहंकार न करे और अपने प्रेमी से प्यार भरा अच्छा व्यवहार करे। वह उससे कहती है कि तेरा यह कौन सा तरीका है जो तू हमेशा घमंड में रहती है। अपने प्रिय से भी ठीक से व्यवहार नहीं करती। तुझे नहीं मालूम कि सौतनें तो ऐसे मौके की घात लगाये ही बैठी रहती हैं। तू अपने इस घमंडी व्यवहार को छोड़कर एक सच्ची प्रेमिका का व्यवहार अपना ले।

बिहाग

बोल- अबरे लालन मैको रे
जुग बीत गये तिहारे मिलन को
तरप तरप जीयारा तरसे

नैना मोरे भर आये
बिजरी सी डर लागे हीयारा लरजे
दामनी सी कोंद कोंद मेहा बरसे।

अर्थ- राधा कहती है कि कृष्ण, तुमसे मिलन के जतन में जो समय मैंने बिताया है, वह कई युगों के समान है। यह समय मैंने तड़प तड़प कर बिताया है। विरह में मेरे नैनों से जो आंसू बहे, वे घनी वर्षा के समान हैं। मेरे आंसुओं की यह वर्षा बिजली की चमक और कड़क के साथ मुझे डराती है।

स्क्रीनप्ले- कृष्ण के वियोग में नायिका बेहाल है। कृष्ण की याद में वह रात-दिन तड़पती रहती है। उसके मन में हमेशा कृष्ण से मिलन की आस बनी रहती है। अपनी मनोदशा बताते हुए वह कहती है कि कृष्ण, तुमसे मिलन के जतन में मैंने जो समय बिताया, वह कई युगों के समान था। मैंने तड़प-तड़पकर यह समय बिताया है। विरह में मेरे नैनों से बहे आंसू घनी वर्षा के समान है। ये मूसलाधार बारिश की चमक और कड़क की मानिंद मुझे डराते रहते हैं।

बिहाग

बोल - देखो सखी कनहैया रोके थाडो है गैल
पनीया भरन कैसे जाऊं मोरी आली

मैं जल जमुना भरन घर से जात थी
बीचू में मिल गयो ए नंद को छेला।

अर्थ- नायिका कहती है कि सखी, कृष्ण हमारा रास्ता रोककर खड़ा है। मैं पानी भरने कैसे जाऊं ? पानी भरने घर से यमुना के तट पर जा रही थी तो वहां रास्ते में नंद का छैला मुझे मिल गया।

स्क्रीनप्ले- नायिका परेशान है कि वह जब पानी भरने जाती है तो कृष्ण रास्ते में उसे रोक लेते हैं। उसे कृष्ण की यह लीला अच्छी लगती है, लेकिन उसे लोकलाज का डर है। इसलिए वह अपनी सखी से कहती है कि हे सखी, कृष्ण हमारा रास्ता रोककर खड़ा है। मैं अब पानी भरने कैसे जाऊं ? जब भी मैं पानी भरने घर से यमुना के तट पर जाती हूं तो बीच में नंद का छैला हमेशा वहां रास्ता रोके खड़ा रहता है।

मारू बिहाग

बोल- रसीया हो ना जाओ वांहुरे देस

मन चिन्ता मत बांवेरी भई रे
करूंगी जुगनिया को वेस।

अर्थ - नायिका कहती है कि हे रसिया तुम उस देश को मत जाओ। मेरे मन को चिंता है और वह चिन्ता मुझे परेशान कर रही है अगर तुमने मेरी यह बात नहीं मानी तो मैं जोगन बन जाऊंगी।

स्क्रीनप्ले- नायक जब परदेश जाने की बात करता है, तो नायिका परेशान हो जाती है। उसे नायक का अपने से दूर जाना बिल्कुल पसंद नहीं। वह वियोग सहन नहीं कर सकती। इसलिए नायक से कहती है कि रसिया उस देश को मत जाओ। तुम्हारे वहां जाने की बात सुनते ही मैं चिंतित और परेशान हो गयी हूं। तुम्हारे बिना जीवन में मेरे लिए कोई रस नहीं रह जायेगा। इसलिए अगर तुम वहां गये, तो मैं जोगन बन जाऊंगी।

बिहागड़ा

बोल- आज आनंद मुख चंद्र ऐसी त्रीया नेह करे करे बैन
पीया गर लागन को

बलपन जोबन की भरी मधुभरी अंखीयां
मोतीयन मांग सूहात सूहागन को

अर्थ - आज मुख पर आनंद ही आनंद दिख रहा है। नायिका प्रेम की अभिव्यक्ति कर रही है और प्रिय से मिलन की इच्छा का बयान कर रही है। नव यौवन के अभिसार से उसकी आंखे मदभरी हो गयी हैं। दुल्हन बनने पर मोतियों से सजी मांग उसके रूप को बहुत शोभित कर रही है।

स्क्रीन प्ले- नवयौवना नायिका अपने ख्याल में विवाह के बाद अपने पति से मिलन के आनंद में डूबी हुई है। उसके चंद्रमा जैसे सुन्दर मुख पर आनंद के भाव साफ नजर आ रहे हैं। अभी यौवन उस पर आया ही है। अभिसार से उसकी आंखें मदभरी हो गयी हैं। मोतियों से भरी मांग इस दुलहन पर बहुत शोभित हो रही है। इस रचना में नयी दुल्हन के रूप और पति से मिलन के सुख का चित्रण किया गया है।

बिहागड़ा

बोल- ए पियारी पग होले होले धर
हां री हटीली मत कर ईतनो गुमान

जेसी पग ऊपर पायल बाजे
हां री नवेली ने कहू मेरो कयो मान।

अर्थ- नायिका की सखी उससे कहती है कि इतना जोर से इठलाकर मत चल। धीरे-धीरे चल। अरी हठीली अपने यौवन पर इठला मत। तेरी पायल बहुत अच्छी है। तुझ पर बहुत शोभित होती है। पर इस पर इतना गुमान मत कर। नवेली, मेरी इस नेक सलाह को मान ले कि पायल से बढ़ी अपनी सुन्दरता पर इठला मत।

स्क्रीनप्ले- नयी नवेली युवती रिवाज के मुताबिक सज घजकर निकलती है। जब वह चलती है तो उसकी पायल बजती है। इस पर वह इठलाती है और गुमान करती है। उसकी सखी उसके इस हठीलेपन को रोकती है और उसे धीरे-धीरे चलने की सलाह देती है। वह मानती है कि उसके पग पर उसकी पायल बहुत सुंदर लग रही है। लेकिन उस पर घमंड न करने की सलाह देती है।

किदारा

बोल- एरी नैनन बैर कीयो मोसे ना जानू कौन जनम के बैरी मेरे

देखत ही उनके भये बांवरे
बिरहा दुख दीनी कीनी बांवरी
इन दूतन को का कोसूं।

अर्थ - नायिका अपनी सखी से कहती है कि मेरे नैनों ने मुझसे बैर कर रखा है। पता नहीं ये मेरे किस जन्म के बैरी हैं। नायक को देखते ही ये रीझ जाते हैं और बावरे हो जाते हैं। प्रिय यहां हैं नहीं। उनके विरह से मैं दुखी हूं। और इस दुख ने मुझे बावरा बना दिया है। इस हालत में मैं अपनी इन दूती आंखों को क्या कोसूं।

स्क्रीनप्ले - नायक से विरह के कारण नायिका व्याकुल है। नायक को देखे बिना उसे चैन नही मिलता। उसकी आंखें हर समय नायक की राह देखती रहती हैं। लेकिन नायक के न आने पर वह अपनी सखी से अपनी आंखों की ही शिकायत करती है। वह कहती है कि मेरी आंखें मुझसे बैर कर रही हैं। पता नहीं ये मेरी कौन से जनम की भूल का बदला ले रही हैं। प्रिय को देखते ही चंचल हो जाती हैं। उनसे प्रेम करने लगती हैं और अब जब वे यहां नहीं हैं तो विरह ने मुझे पागल कर रखा है। इस हद तक पागल कर रखा है कि यह मेरी सहनशीलता से बाहर है। तो इन नैनों को भी मैं क्या कोसूं ?

किदारा

बोल- रैन गई उठ जागो पीहरवा
चिड़िया चों चों बोलन लागी

झगरत झगरत रैन बीत गइ
जागो पिया नहीं दूंगी दुहाई
भोर भई उठ जागो पीहरवा।

अर्थ - नायिका कहती है कि रात गुजर गयी है। सुबह की चिड़ियां बोलने लगी हैं। हम दोनों रात भर आपस में झगड़ते ही रहे। अब पिया तुम उठ जाओ, नहीं तो मैं दुहाई दूंगी। सुबह हो गयी है। पिया अब तो उठ जाओ।

स्क्रीनप्ले- नायक और नायिका किसी बात पर रात भर झगड़ते रहे। सुबह के समय नायक को नींद आ गयी। अब नायिका उसे उठाना चाहती है, क्योंकि एक तो रात को उसकी कामना पूरी नहीं हुई, दूसरे सुबह देर तक उसके सोने पर सबको लगेगा कि उन्होंने रात भर प्रेम किया है। इसलिए वह नायक से कहती है कि देखो चिड़िया बोलने लगी हैं। रात गुजर गयी और सुबह हो गयी है। पूरी रात हम दोनों ने आपस में झगड़कर काटी और अब तुम सो रहे हो। पिया, अब उठ भी जाओ, नहीं तो मैं दुहाई दूंगी। सुबह हो गयी है। अब तो उठ जाओ।

चांदनी किदारा

बोल- पायो पायो मोहे राम नाम धन कबहूना लागे काही

गुरु प्रासाद साधन की संगत भागन ही बन आए।

अर्थ - नायिका कहती है मुझे राम नाम का धन मिल गया है। उसे पाने के लिए मुझे कुछ करना नहीं पड़ा। यह अनमोल धन तो केवल सच्ची लगन से ही मिला है। वह कहती है कि गुरु को बताने की इच्छा हो, यानी गुरु ज्ञान देना चाहे और उस ज्ञान को पाकर उसकी साधना करने वाला शिष्य भी मिल जाये, तो ईश्वर की प्राप्ति हो जाती है। पर ये दोनों चीजें भाग्य से ही मिलती हैं।

स्क्रीन प्ले - यह रचना अध्यात्मिकता का पुट लिये हुए है। इसमें ज्ञान या मोक्ष की प्राप्ति का मार्ग भी बताया गया है। साधक को भक्त कहता है कि मुझे राम नाम का धन मिल गया है। और इसके लिए मुझे कुछ खास नहीं करना पड़ा है। यह अनमोल धन तभी मिलता है, जब आप में सच्ची लगन हो। गुरु अगर ज्ञान देना चाहे और उस ज्ञान की शिष्य साधना भी कर ले तो मोक्ष मिल ही जाता है और ईश्वर के दर्शन हो जाते हैं। लेकिन ये दोनों चीजें मिलती भाग्य से ही हैं।

मलुवाह किदारा

बोल- अचरा मोरा हूं बामनी तू लंगर तुरकवा जिन छूवो

आन अचानक बैयां मरोरी हूं काहा कीनो तुरकवा जिन छूवो।

अर्थ - नायिका कहती है कि मेरा आंचल क्यों पकड़ रहा है? मैं ब्राह्मणी हूं। तू तुर्क है। तू मुझे मत छू। तूने अचानक आकर मेरी बांह मरोड़ी और मुझे छुआ है। अरे तुर्क, मैंने तुझे क्या कहा था जो तू मुझे छू रहा है।

स्क्रीनप्ले- यह उस समय का प्रसंग है, जब भारत में मुस्लिम आये थे और हिन्दू-मुस्लिम संस्कृतियां पास आ रही थीं। ऐसे में, एक तुर्क सैनिक एक ब्राह्मण लड़की के नजदीक आने की कोशिश करता है। वह लड़की उसे चाहती है और उसकी मित्रता भी चाहती है। लेकिन वो यह भी जानती है कि अलग-अलग धर्म के होने के कारण वे एक नहीं हो सकते। लेकिन जब वो तुर्क उसके करीब आने की कोशिश करता है और उसका आंचल पकड़ता है तो वह उससे कहती है कि मैंने ऐसा क्या किया जो तू मेरा आंचल पकड़ रहा है। वह उससे बात तो करना चाहती है, पर उसे करीब आने से रोकती है।

हेम कल्याण

बोल-	दईया रे मे कासे जाए पुकारूं हमारे तो जीया में कल नाही आवे कब आवें मोरे रस के रसीले लाज शरम सब वारूं ।
अर्थ -	नायिका कहती है कि हे सखी, मैं किसे जाकर पुकारूं ? मेरे मन को चैन नहीं है। मैं किससे जाकर पूछूं कि मेरे प्रिय, रस के रसीले कब आयेंगे। वे जब भी आयेंगे तो मैं उन पर सब कुछ न्योछावर कर दूंगी।
स्क्रीनप्ले-	नायक कहीं चला गया है। नायिका को उसकी याद सताती रहती है। वह विरह से व्याकुल होकर अपनी सखी से कहती है कि मैं अपने विरह का दुख किससे कहूं ? मेरे मन को चैन नहीं है। मैं किससे जाकर यह पूछूं कि वे कब आयेंगे। पर वे जब भी मेरे पास आयेंगे, तो मैं अपना सब कुछ उन पर न्योछावर कर दूंगी। पूरी तरह उन्हें समर्पित हो जाऊंगी।

सावनी कल्याण

बोल- दैया बड़ी बात भई सुरजनवा मैको आप ही मनावन पड़ी रे

नाव ना जानू थाव ना जानू गोकुल गांव को बसैया।

अर्थ- प्रेम में कृष्ण द्वारा पहल करने से राधा प्रसन्न है। वह कहती है कि ए सखी यह तो बड़ी बात हो गयी। उस सुरजन अर्थात कृघ्ण ने खुद ही मनाया है। मैं उसका नाम और गांव तक नहीं जानती। बस इतना पता है कि वह गोकुल गांव का रहने वाला है उसने वन में मुझसे प्रणय निवेदन किया है।

स्क्रीनप्ले- कृष्ण की दीवानी राधा की खुशी का कोई पारावार नहीं है। और वह भला खुश हो भी क्यों नहीं ? उसके लिए तो यह बड़ी बात है कि कृष्ण ने खुद उसे मनाया है। गोकुल गांव के वासी कान्हा ने वन में उससे प्रणय निवेदन किया है। इससे मुग्ध नायिका की भांति राधा का इठलाना स्वाभाविक है।

सावनी कल्याण

बोल- देव देव सतसंग श्रीरंग बाबा गंग कारण सब शीवा के आये

जपत बाबा डींगरी प्रलाद
समान सदा भक्त रैये
संकट दूर करे मुरारी।

अर्थ- अगर सत्संग अच्छे होंगे तो मुरारी सारे संकट हर लेंगे। शिवजी की उपासना के लिए साधु, गंग और चारण आये हैं। बाबा डींगरी प्रहलाद के समान सब जप करें। उनकी तरह ही मन में भक्ति रहे। ऐसे भक्तों के संकट मुरारी दूर कर देते हैं।

स्क्रीनप्ले- इस रचना में ईश्वर की महिमा का वर्णन किया गया है। लेकिन ईश्वर भी तभी सहायता करते हैं जब सत्संग अच्छे हों। यानी ईश्वर की प्राप्ति अच्छे गुण वालों को ही होती है और गुणवान बनने के लिए अच्छे सत्संग जरूरी हैं। शिवजी की उपासना साधु, गंग और चारण सब करते हैं। बाबा डींगरी प्रहलाद जैसी तन्मयता से जप करने से ही कल्याण होता है। ऐसे भक्तों के संकट मुरारी दूर कर देते हैं।

लक्षासाग

बोल- धन घड़ी धन महूरत री माई
धन सुहाग की रात री माई

मम्मद शा बर बियाहने आया
और रंगीला सब साथ री माई।

अर्थ - शुभ घड़ी, शुभ मुहुर्त आया है। यह मौका मुबारक हो। सुहाग की ये रात मुबारक हो। मुहम्मद शाह वर बनकर ब्याह रचाने आया है। रंगीला और कई अन्य गुणीजन उसके साथ हैं।

स्क्रीनप्ले- मुहम्मद शाह की शादी पर इस रचना में मुबारकबाद दी गयी है। रचनाकार कहता है कि मुहम्मद शाह को यह शुभ घड़ी, शुभ मुहुर्त मुबारक हो। सुहाग की ये रात भी उसे मुबारक हो। वह वर बनकर खूब सज-धजकर बारात लेकर ब्याह रचाने आया है। रंगीला तथा कई और गुणीजन भी उसके साथ हैं।

कामोद

बोल- हूं तो जनमन छाडूगी तुमी सन प्यारे प्रीतम सोंग

बिदना तोसे यही मांगत हूं मेरे प्यारे को दीजो एक ही रंग।

अर्थ- मैं जनम-जनम तक प्यारे प्रीतम के साथ ही रहूंगी। हे भगवान, मैं तुमसे बस इतना ही मांगती हूं कि अपने प्रिय के मन में केवल मैं ही बसी रहूं। उनके मन पर बस मेरे ही प्रेम का रंग चढ़ा रहे।

स्क्रीनप्ले- नायिका अपने प्रिय पर इतनी मोहित है कि वह जन्म-जन्मांतर तक उसी के साथ रहना चाहती है। लेकिन प्रिय के मन में किसी और का बसना उसे बर्दाश्त नहीं है। वह उस पर एकाधिकार चाहती है। वह चाहती है कि वह तो प्रिय की बनकर रहेगी, पर साथ ही प्रिय भी सदा उसी का बना रहे। इसलिए वह कहती है कि मैं जन्म-जन्म तक अपने प्रीतम के साथ ही रहूंगी। वह भगवान से प्रार्थना करती है कि अपने प्रीतम के मन में केवल वही बसी रहे। उनके मन पर कभी किसी और का अधिकार न हो। केवल उसी के प्रेम का रंग उनके मन पर चढ़ा रहे।

कामोद

बोल- ए माती मालन भर जोबन में उत्तर काहू न देत

हरवा गुदलाई मन बस करबे को चितवनमे हर लेत।

अर्थ- माती मालन पर भरपूर यौवन आया है। जब मालन वन में फूल तोड़ने जाती है तो उसकी सुन्दरता देखकर हर कोई मोहित हो जाता है। पर पूछने पर वह कोई जवाब नहीं देती है। वह ऐसे सुंदर हार गूंथकर लायी है, जो मन को वश में कर लेते हैं। वह चितवन को बस में कर लेती है। आंखों में समा जाती है। पर उसे खुद पर इतना गुमान है कि वह कोई जवाब नहीं देती।

स्क्रीनप्ले- मालन की सुंदरता पर सब रीझे हुए हैं, लेकिन वह सबको अनदेखा करती है। उसे अपने यौवन पर इतना अभिमान है कि वह किसी को भी जवाब नहीं देती। रचनाकार कहता है कि माती मालन पर भरपूर यौवन आया है। जब वह फूल तोड़ने वन में जाती है, तो उसकी सुंदरता देखकर हर कोई मोहित हो जाता है। वह हार भी इतने अच्छे और सुंदर गूंथकर लाती है, जो मन को वश में कर लेते हैं। वह सबकी चितवन को वश में कर लेती है। पर उसे खुद पर बहुत गुमान है। अगर कोई उसे प्यार का संदेश देता है, तो वह उसे जवाब तक नहीं देती।

कामोद

बोल - अत मन भाई पीहू के लछन

द्रीग बोल बोल लाल कपोल सबरंग।

अर्थ- नायिका कहती है कि पिया के लक्षण मुझे बहुत भाते हैं। उनकी आंखें हरदम बोलती रहती हैं। गाल लाल रहते हैं। रचनाकार सबरंग कहते हैं कि नायक के ये सारे लक्षण बहुत अच्छे लगते हैं।

स्क्रीनप्ले- नायिका का मन नायक के गुणों पर बहुत मोहित है। उसे नायक के ये गुण बरबस अपनी ओर आकर्षित किये रहते हैं। वह कहती है पिया के लक्षण मुझे बहुत भाते हैं। उनकी आंखे हरदम बोलती रहती हैं। उनमें नेह का संदेश रहता है। वे हर समय खुश रहते हैं। इससे उनके गाल लाल रहते हैं। रचनाकार सबरंग भी कहते हैं कि नायक के ये लक्षण हम सबको बहुत अच्छे लगते हैं।

कामोद

बोल- एसो तुमी को ना जाने ना थी
तुम कीनी हमी संग इतनी चतुराई

औरन के संग जाए बसे
तुम हमी से छुपावत सोगंध सरस
कीनी चतुराई।

बोल- नायिका कहती है कि मुझे जानकारी नहीं थी कि तुम ऐसे हो। तुमने मुझसे झूठ बोला और दगा किया। तुम औरों के पास जाते हो और मुझसे छिपाते हो। बहुत चतुराई से मेरे सामने कसम खाकर अपनी बात का यकीन दिलाते हो।

स्क्रीनप्ले- नायक बहुत चतुर है। वह औरों के पास जाता है और जब नायिका उससे पूछती है तो वह कसम खाकर कहता है कि ऐसी बात नहीं है। वह किसी के पास नहीं जाता। वह ये बात इतनी खूबसूरती से कहता है कि नायिका को उस पर यकीन आ जाये। तब नायिका उससे कहती है कि मुझे पता नहीं था कि तुम ऐसे हो। मैं तो तुम पर बहुत भरोसा करती थी। तुमने मुझसे झूठ बोला और दगा किया है। तुम औरों के पास जाते हो और यह बात मुझसे छिपाते हो। जब मैं तुमसे इस बारे में पूछती हूं तो तुम बहुत चतुराई से मेरे सामने कसम खाकर अपनी बात का यकीन दिलाते हो। पर अब मैं तुम्हारी इन झूठी बातों में आने वाली नहीं हूं।

अचोब

बोल- झींगरवा झींगारन लागे मा
अंबूवा की डारी तले मा मंदर बाजो रे

बसंतरुत आयी ढोला भंवरु गुजारे
उमंग जोबन आई पीया नहीं आये।

अर्थ- नायिका अपनी सखी से कहती है कि झींगर इस तरह झिंगारने लगे हैं मानो आमों की डालियों के नीचे मंदिर की शहनाइयां बज रही हों। हे प्रिय, वसंत ऋतु आ गयी है। भौंरे गुंजारने लगे हैं। मेरी उमंग बहुत ज्यादा बढ़ गयी है, पर प्रिय अभी तक नहीं आये।

स्क्रीनप्ले- इस रचना में वसंत ऋतु आने पर दिखने वाले माहौल का वर्णन किया गया है। साथ ही, इस मौसम में नायिका की मिलन की चाह भी बढ़गयी है और इसलिए वह अपने प्रिय को बुलाती है। वह कहती है कि मंदिर की शहनाइयों की तरह झींगर झिंगारने लगे हैं। आमों की डालियों के नीचे मादक संगीत का माहौल है। वसंत ऋतु आ गयी है। ऐसे मौसम में मेरे मन की उमंग और बढ़गयी है। मन में मिलने की चाह है, पर प्रिय तुम अभी तक नहीं आये।

दुर्गा

बोल- रसकान रे तूमी हो जग के निसतार

भंव जल उतरू ना गुन मोमे तुम ही लगाओ पार।

अर्थ - रास रचाने वाले कृष्ण, तुम ही इस जगत के पालनहार हो। इस भंवर रूपी संसार से पार होने की क्षमता मेरे अंदर नहीं है। मुझे इस भंवर से तुम ही पार लगाओ।

स्क्रीन प्ले- इस रचना में कृष्ण से प्रार्थना की गयी है कि वह हमें भवसागर पार कराये। वह खुद तो रास रचाता रहता है, लेकिन सबका पालनहार भी वही है। इसलिए कृष्ण की गुहार करते हुए भक्त कहता है कि रास रचाने वाले ओ कृष्ण, तुम ही इस जगत के पालनहार हो। मुझमें इतनी क्षमता नहीं है कि मैं इस संसार के भवसागर को पार कर लूं। मुझे इस भंवर से तुम्हीं पार कराओ। इस संसार से मुझे तुम्हीं मोक्ष दिलाओ।

दुर्गा

बोल- तू जिन बोल री पियारी तेरो रंग चूवे परेगो

नेक सीख मान निलज तेरो अधिक जियारा जरेगो।

अर्थ - नायिका से सखी कहती है कि तू जो अपने यौवन के बारे में इतना बोल रही है, तो जान ले कि एक दिन वह ढल जायेगा। अरी निर्लज्ज, तू मेरी ये सीख मान ले। क्योंकि वह दिन आने पर तेरा दिल बहुत जलेगा।

स्क्रीन प्ले- नायिका को अपने यौवन पर बहुत गुमान है। वह सखियों के बीच अपनी सुन्दरता और यौवन पर बड़े-बड़े बोल बोलती रहती है। इसलिए एक सखी आजिज आकर उससे कहती है कि तू अपने यौवन की ही बात हरदम करती रहती है। पर एक बात जान ले कि यौवन कभी स्थायी नहीं होता। तेरा यौवन भी एक दिन ढल जायेगा। अरी निर्लज्ज, मेरी यह नेक सीख तू मान ले। क्योंकि जब तेरा यौवन ढलेगा, तो तेरा दिल बहुत जलेगा। तुझे तब बहुत पछतावा होगा।

दुर्गा

बोल- मोरा मन लागो तुमी सों मितवा
काहे करत नाही चैन मोसो

तुम जाए कुब जा घर बिरम रहे
ये कौन गांव की रीत मोसो।

अर्थ- नायिका कहती है कि मेरा मन तुमसे लग गया है। पर तुम मुझे सुख क्यों नहीं दे रहे हो। ये कहां की रीत है, जो तुम मुझसे ऐसा व्यवहार कर रहे हो।

स्क्रीनप्ले - नायिका को नायक से शिकायत है। वह उससे प्रेम करती है, लेकिन नायक उसके पास नहीं आता। वह कहती है कि मेरा मन तो तुमसे लग गया है, लेकिन तुम मुझे मिलन का सुख नहीं दे रहे हो। मेरे पास नहीं आते। जरूर तुम किसी और के साथ रह रहे हो। ये कहां की रीत है जो तुम मुझसे ऐसा व्यवहार कर रहे हो। तुम्हारा यह व्यवहार बिल्कुल भी ठीक नहीं है।

दुर्गा

बोल- राग गुनी दुर्गा बखाने
ग-नी वर्जित कर शास्त्र प्रमाने

प वादी और रे समवादी
सांझ समय में सब कोई माने।

अर्थ- गुणी लोग दुर्गा राग कां बखान इस प्रकार करते हैं कि इसमें ग और नी स्वर शास्त्रों के अनुसार वर्जित हैं। इसका प स्वर वादी स्वर है और रे स्वर समवादी स्वर है। सब लोग यह स्वीकार करते हैं कि इसके गाने और बजाने का समय शाम का समय माना गया है।

स्क्रीनप्ले- यह राग दुर्गा का लक्षण गीत है। इस गीत में राग दुर्गा का शास्त्र सम्मत और तकनीकी पक्ष बताया गया है। रचनाकार कहता है कि गुणी लोगों का मानना है कि राग दुर्गा में शास्त्रों के अनुसार ग और नी स्वर वर्जित हैं। इसका प स्वर वादी स्वर है और रे स्वर समवादी स्वर है। और सब लोग मानते हैं कि यह शाम का राग है। इसे शाम के समय ही गाना-बाजना चाहिए।

दुर्गा

बोल- सखी मोरी रुन झुन पायल बाजे केसे आऊं तोरे डिंगवा

ऐसी अंधियारी कारी बिजरी सी चमक जाए
सास नंद को देऊंगी लखन गारी।

अर्थ- नायिका अपनी सखी से कहती है कि एक तो अंधियारी रात है, दूसरे बिजली चमक रही है और तीसरे सास-ननद जनम की बैरन बैठी हैं। ये तीन बाधाएं पार करके मैं प्रिय के पास कैसे जाऊं। चौथी बाधा हर समय बजती रहने वाली मेरी पायल है। मुझे सबसे ज्यादा परवाह तो सास-ननद की है। उनके लिए मन से लाखों गालियां निकलती हैं।

स्क्रीनप्ले- नायिका का मन अपने पति से मिलने के लिए तड़प रहा है। लेकिन वह उससे मिलने के लिए नहीं जा सकती। अपनी सखी से कहती है कि एक तो अंधियारी रात है, दूसरे बिजली चमक रही है और तीसरे मेरी सास-ननद जो मेरी जनम की बैरन है, वे बैठी हैं। ये तीन बाधाएं पार करके तो मैं अपने प्रिय से मिलने जा भी सकती हूं, लेकिन छुन-छुन बजने वाली मेरी पायल ऐसी बाधा है, जिसे मैं पार नहीं कर सकती। अंधियारी रात और बिजली की तो फिर भी उतनी परवाह नहीं है, लेकिन सास-ननद की बातों का डर लगता है। पायल की आवाज सुनकर उन्हें पता चलेगा तो वे मुझे तानें मारेंगी। यही कारण है कि मेरा मन उन्हें लाखों गालियां देने का करता है।

अभोगी

बोल- आयो आयो शरन गुरू आयो पायो पायो चरन गुरू पायो

विद्धिया महान दे सबरस को ऐसो गुरू महान पायो।

अर्थ - मैं अपने गुरू की शरण में आया हूं और मुझे उनकी सेवा का मौका मिला है। रचनाकार सबरस कहते हैं कि मुझे ऐसा महान गुरू मिला है, जो मुझे महान विद्या का ज्ञान देता है।

स्क्रीनप्ले- इस रचना में गुरू की महिमा और गुरुभक्ति बतायी गयी है। सच्चे ज्ञान के लिए अच्छा गुरू मिलना चाहिए। इसलिए गुरू को सबसे बड़ा कहा गया है। रचनाकार कहता है कि मुझे जिस गुरु की शरण मिली है और जिसकी सेवा करने का अवसर प्राप्त हुआ है, वह महान है। इस सेवा से मुझे काफी कुछ सीखने को मिलता है और आनंद भी होता है। रचनाकार सबरस कहता है कि मुझे सचमुच महान गुरू मिला है। वह मुझे महान विद्या का ज्ञान दे रहा है। मैं इससे धन्य हूं।

जय जयवंती

बोल- आली पिया आये मेरे बहु जीया सुख भयो
किरपा कीनी मोपे कृष्ण माधो मुकुंद

बल बल जाऊं अहमद तीहारे
दरस देखत द्रीगन अतही आनंद।

अर्थ - नायिका अपने पिया के आने से बहुत खुश है। वह अपनी सखी को अपने पिया के आने से मिले सुख और आनंद के बारे में बताती है। वह इसका कारण बताती है कि यह सब कृष्ण माधो मुकुंद की कृपा से हुआ है। रचनाकार अहमद पर नायिका बली-बली जाती है और वारी वारी जाती है। वह कहती है कि अहमद पिया ने उसे उसके पिया के दर्शन कराये हैं जिससे उसकी आंखों को बहुत आनंद मिला है।

स्क्रीनप्ले - नायिका अपने प्रिय के आने से इतनी खुश है कि वह अपनी खुशी को छिपा नहीं पाती। अपनी सखी से इस खुशी को साझा करते हुए वह कहती है कि पिया के आने से उसके मन को बहुत सुख मिला है। पिया को लौटाकर कृष्ण माधो मुकुंद ने उस पर बहुत कृपा की है। रचनाकार अहमद कहता है कि नायिका अपने प्रिय पर इतनी रीझ रही है कि वह उस पर बली-बली, वारी वारी जा रही है, यानी उस पर सब कुछ न्योछावर करने को तैयार है।

जय जयवंती

बोल- ए जीयारा तरपत री सजनी री कासे कहूं यही बात

जब से गए मोरी सुधहूं न लीनी कोन सौतन के सात ।

अर्थ - नायिका कहती है कि मेरा मन तड़प रहा है। मैं यह बात किससे कहूं ? जब से मेरे प्रिय गये हैं, उन्होंने मेरी सुध ही नहीं ली है। पता नहीं वे किस सौतन के पास रहते हैं।

स्क्रीनप्ले- नायक कहीं दूर गया हुआ है। नायिका को हरदम उसकी याद सताती रहती है। लेकिन अपनी यह तड़पन वह किसी को बता भी नहीं सकती। वह कहती है कि यहां से जाने के बाद प्रिय ने मेरी सुध ही नहीं ली है। पता नहीं वे वहां परदेस में किसके साथ हैं। नायिका को एक ओर तो विरह सता रहा है, दूसरी ओर उसे अपने प्रेमी के किसी और के साथ होने का ख्याल भी परेशान किये हुए है।

जय जयवंती

बोल- लहरा माई सजन नहीं आये कहूं कैसे कटे दिन रैन माई

कौन सुने कासे कहूं ये दुख बतियां माई।

अर्थ - नायिका अपनी सखी से कहती है कि मेरे सजन नहीं आये। मैं कैसे बताऊं कि उनके बिना मेरे दिन और रात कैसे कटते हैं। मेरे दुख की ये बात कौन सुनेगा ? मैं अपनी यह व्यथा किससे कहूं ?

स्क्रीनप्ले - नायक नायिका के पास नहीं है। नायिका को उसका इंतजार है। यह इंतजार बढ़ता ही जा रहा है। विरह से व्याकुल होकर नायिका कहती है कि अरी सखी, मेरे साजन नहीं आये। तुझे कैसे बताऊं कि उनके बिना मेरे दिन और रात कैसे कटते हैं। अपना यह दुख मैं किससे कहूं? मेरी यह व्यथा कौन सुनेगा ?

जय जयवंती

बोल- मोरे मदर अजहू नहीं आये का ऐसी भूल भई मोसे आली

प्रेम पिया बिन अंखियां तरस रही कोन सोतन बिरमाये।

अर्थ - नायिका अपनी सखी से कहती है कि मुझसे भला ऐसी क्या भूल हो गयी जो मेरे प्रिय अभी तक नहीं आये। अपने प्रेम पिया को देखने के लिए मेरी आंखें तरस रही है। पता नहीं, किस सौतन ने उन्हें भरमा लिया है।

स्क्रीनप्ले - नायक जब से कहीं गया है, उसने नायिका का हाल-चाल तक नहीं पूछा है। नायिका उसके वियोग में विरह से व्याकुल तो है ही, उसे यह भी लगता है कि कहीं उससे कोई भूल तो नहीं हो गयी, जो नायक नाराज होकर चला गया है। साथ ही, उसे यह भी ख्याल आता है कि कहीं किसी और ने तो उसके प्रिय को अपने जाल में नहीं फंसा लिया है। वह अपनी सखी से कहती है कि अपने प्रेम पिया को देखने के लिए मेरी आंखें तरस रही हैं। कहीं उन्हें किसी और ने तो नहीं भरमा लिया है। इस तरह, विरह से व्याकुल होने के कारण उसके मन में कई ख्याल आते रहते हैं।

तिलक कामोद

बोल- सकल दुख हरण सदानंद
घट घट प्रगट जगत हू
सो अलख अमर जल

जग पत बिपत खंडन अगीतन को
गती देत सुखदायक, दान अती प्रबल ।

अर्थ- ईश्वर सभी दुखों को हरने वाला है । वह संसार के कण-कण में व्याप्त है । वह सम्पूर्ण ज्ञान में उपस्थित है, अमर है, शाश्वत है। इस जग का स्वामी है। विपत्ति को दूर करने वाला है। वह हर शरीर को जीवन देता है। सबको सुख प्रदान करता है। जब किसी पर कृपा करता है, तो भरपूर करता है।

स्क्रीन प्ले- इस रचना में ईश्वर की महिमा का गुणगान किया गया है। रचनाकार कहता है कि ईश्वर की महिमा अपरम्पार है। वह सभी के सब दुखों को दूर करने वाला है। संसार के हर कोने में, कण-कण में मौजूद है। दुनिया भर के ज्ञान के रूप में वह हमारे सामने उपस्थित है, यानी ज्ञान अर्जित करके ही ईश्वर को प्राप्त किया जा सकता है। वह अमर और शाश्वत है। सृष्टि के आदि से अंत तक है। इस जगत का स्वामी वही है। वही हर शरीर को जीवन देता है। विपत्तियों को दूर करता है। सबको सुखी रखता है। जब भी किसी पर कृपा करता है, भरपूर करता है। उसकी दयालुता का कोई पारावार नहीं है।

तिलक कामोद

बोल- सुर संगात राग विद्धिया संगीत प्रमान
जो कंठ करे दिखाए
वा को जानिए गुनी ग्यानी

अनु, धित, लघु, गुरू, प्रीत
ताल मूल धर्म रखीए संगात
सो अंछर सुध बानी।

अर्थ- सुर और राग का ज्ञान संगीत के सिद्धांत के अनुसार होने के बावजूद जिसकी आवाज सुरीली है और जो अच्छा गा सकता है, उसे ही गुणी ज्ञानी समझिये। संगीत की बारीक से बारीक जानकारी, उससे लगाव और ताल का ज्ञान ही काफी नहीं है। सुर और ताल दोनों का साथ होना जरूरी है। संगीत की तकनीकी जानकारी ही काफी नहीं है, शुद्ध वाणी होना जरूरी है। सबसे महत्वपूर्ण बात है कंठ का सुरीला होना।

स्क्रीनप्ले- इस रचना में संगीत की थ्योरी और प्रेक्टिकल का अंतर बताया गया है। शास्त्रों के अनुसार संगीत की बारीक जानकारी होना ठीक है। लेकिन कंठ द्वारा उसे प्रस्तुत करना जरूरी है। इसलिए रचनाकार कहता है कि सुर, राग, विद्या और संगीत के सिद्धांत का ज्ञान होने के बावजूद अच्छा गायक वही बन सकता है जिसकी आवाज सुरीली और वाणी शुद्ध हो। तभी उसे गुणी और ज्ञानी समझना चाहिए।

तिलक कामोद

बोल- नीर भरन कैसे जाऊं सखी री ऐमें
डगर चलत मोसे करत रार ऐमें

चनचल चपल नट हट कर
मानत नही काहू की बात
बिनती करत में तो गई री हार ऐमें।

अर्थ - नायिका कहती है कि अरी सखी, मैं पानी भरने कैसे जाऊं? वो रास्ते में छेड़छाड़ करता है। वो चंचल, चपल, नटखट और हठीला है। किसी की भी बात नहीं सुनता। मैं तो उससे विनती करके हार गयी कि मेरा पीछा छोड़ दे। ये सब मत कर।

स्क्रीन प्ले- कृष्ण के चुलबुलेपन से गोपी परेशान है। उसे उसकी ये हरकतें अच्छी तो लगती हैं, लेकिन उसे समाज का भी डर है कि लोग देखेंगे तो क्या कहेंगे। सामाजिक लोकलाज के कारण ही वह अपनी सखी से कहती है कि अरी सखी, वो रास्ते में मुझसे छेड़छाड़ करता है। इसलिए मैं पानी भरने कैसे जाऊं? वो चंचल, चपल, नटखट और हठीला है। मैं तो उससे विनती करके हार गयी कि मेरा पीछा छोड़ दे। ये सब मत कर। लेकिन वो तो इतना हठीला है कि किसी की बात भी नहीं सुनता।

बिहारी

बोल

ए हो नींद न आवे नैनन में पीया के देखबे को मुख

दिन बीत जात तुमरे सोच में

सजीले आवो अब ही होवे सुख।

अर्थ-

नायिका कहती है कि पिया का मुंह देखे बिना मुझे नींद नहीं आ रही है। फिर वह मन में नायक को याद करते हुए कहती है कि तुम्हारी याद में मेरे दिन बीत रहे हैं। अगर तुम अभी आ जाओ तो सारे दुख दूर हो जायेंगे और सुख ही सुख होगा।

स्क्रीनप्ले

नायक की याद नायिका को सता रही है। वह चाहती है कि उसका पिया उसके पास आये। वह कहती है कि पिया का मुंह देखे बिना मुझे नींद नहीं आ रही। वह मन में नायक का ख्याल करते हुए कहती है कि पिया तुम्हारी याद में मैं दिन बिता रही हूं। अगर तुम अभी आ जाओ तो मुझे बहुत सुख होगा।

देस

बोल- सखी मोहन मोहन डारी जाऊं सांवरी सूरत पर वारी वारी

सोहनी सूरत मोहनी मूरत
कोटे मदन छब वारी वारी।

अर्थ - राधा कहती है कि सखी, मोहन ने मेरा मन हर लिया है । उसकी सांवली सूरत पर मैं न्योछावर हूं। उसकी सूरत सुंदर है और वह मन को मोहने वाली है। अपनी ओर आकर्षित करने वाली उसकी छवि पर बलिहारी जाऊं।

स्क्रीनप्ले - कृष्ण ने राधा को मोहित कर लिया है। उसने राधा के मन को अपने वश में कर लिया है। राधा उस पर रीझ गयी है। वह अपनी सखी को अपने मन की बात बताते हुए कहती है कि सखी, मोहन ने मेरे मन को अपने वश में कर लिया है। अब मेरा मन उसका हो गया है। हर पल उसी के बारे में सोचती रहती हूं। उसकी सांवली सूरत पर मैं न्योछावर हूं। उसकी सूरत सुन्दर है। उसकी छवि पल भर में अपनी ओर आकर्षित कर लेती है। उसकी ऐसी मनमोहक छवि पर मैं बलिहारी जाऊं।

सोरठ

बोल- सखी बिन पीया मोरे जीया कल नाही
निस दिन घरी घरी पल पल जुग बीतत

बेगी कोऊ दोऊ मिला अमद पिया सो
निस दिन मन में यही सूमीरण रहतत।

अर्थ- विरह से व्याकुल नायिका अपनी सखी से कहती है कि प्रिय के बिना मेरे मन में चैन नहीं है। एक-एक घड़ी, पल और दिन एक-एक युग के समान बीतते हैं। वह रचनाकार अहमद से अनुरोध करती है कि जल्दी ही प्रिय से हमारा कोई तो मिलन करा दो। दिन-रात मेरे मन में उन्हीं का ख्याल रहता है।

स्क्रीनप्ले- नायिका को अपने प्रिय की याद सता रही है। उसके बिना उसका चैन ही खो गया है। वह अपनी सखी से कहती है कि प्रिय को देखे बिना मेरे मन में चैन ही नहीं आ रहा है। इस अकेलेपन में दिन-रात, हर पल, हर घड़ी एक-एक युग के समान बीत रहे हैं। अर्थात समय काटे नहीं कट रहा है। वह रचनाकार अहमद से विनती करती है कि जल्दी ही कोई ऐसा उपाय करो कि प्रिय से मेरा मिलन हो। दिन-रात मेरे मन में उन्हीं की याद समाये रहती है।

अडाना

बोल - कुब्जा कोराज सोहाग रंग रचो है
कोओ गोपी मन वारे जिन कयो रे

वे उनके बस ऐसे परे हैं
जो कपला लोगत लिये नाचो रे।

अर्थ - कुब्जा तू वहां जा, जहां सुहाग का रंग मचा हुआ है। कृष्ण ने कुब्जा की शारीरिक विकृति को दूर करके उसे इतना सुंदर बना दिया है कि अब गोपियों का मन भी उस पर वारी होने लगा है। वे कृष्ण के इस चमत्कार से इतनी वशीभूत हो गयी हैं कि कृष्ण उनके हृदय में बस गये हैं। उनकी पलकों में कृष्ण की छवि नाच रही है।

स्क्रीनप्ले - कृष्ण जब मथुरा गये तो उन्हें कुब्जा दिखी। कूबड़ के कारण उससे ठीक से चला भी नहीं जा रहा था और वह सबके परिहास का केन्द्र बनी हुई थी। कृष्ण की कृपा से उसका कूबड़ ठीक हो गया। इससे वह इतनी सुंदर दिखने लगी कि सुंदर गोपियां भी उसकी सुंदरता की बलिहारी हो गयीं। वे कृष्ण के इस चमत्कार से इतनी वशीभूत हो गयीं कि कृष्ण उनके हृदय में समा गये। उनकी पुतलियों में कृष्ण की छवि नाचने लगी। वे सुहाग का रंग खेलने की कल्पना करने लगीं। तब उन्होंने कुब्जा से कहा कि तू भी वहां जा, जहां सुहाग का रंग मचा हुआ है।

अडाना

बोल- मूंदरिया मोरी रे काहे छीन लई छैलवा
काए कीयो मैं तोरा रे
ये तो रहीत रात रंगीले मान कहा मोरा रे।

अर्थ- नायिका कहती है कि छैला, तूने मेरी अंगूठी क्यों छीन ली? मैंने तेरा क्या बिगाड़ा था? रंगीले की इस रचना में वह नायक से कहती है कि रंगीले तूने ये क्या किया कि मेरा मान ही ले लिया।

स्क्रीनप्ले- नायक के साथ रात को नायिका का मिलन हुआ। सुबह को वह उठी तो उसे इसके लिए नायक पर झुंझलाहट हुई, क्योंकि रात की बात को याद करके वह संकोच और लाज से भर गयी। रंगीले की इस रचना में वह नायक पर गुस्सा जाहिर करते हुए कहती है कि छैला, मैंने तेरा क्या बिगाड़ा था, जो तूने अंगूठी जैसा अनमोल रतन मुझसे छीन लिया? तूने मेरा अनमोल रतन ही नहीं छीना, बल्कि मेरा मान भी ले लिया।

अडाना

बोल- गगरी मोरी भरन नाही देत ढीठ लंगरवा मतवारो

जित जाऊं उत आडोही डोले अब न रहूं मैं तोरे मंदरवा।

अर्थ - नायिका कहती है कि नायक मेरी गागर भरने नहीं देता है। वो बहुत ढीठ, बेशर्म और मतवाला है। जिधर भी जाऊं, मेरे आगे ही चलता है। अब मैं यहां नहीं रहूंगी।

स्क्रीनप्ले- नायिका परेशान है कि वह जहां भी जाती है, नायक उसके पीछे पड़ा रहता है। वह उससे छेड़छाड़ करता रहता है। उसे ये हरकतें अच्छी तो लगती हैं, लेकिन लोकलाज के कारण वह इन पर दिखावटी गुस्सा करती है। वह कहती है कि मैं पानी भरने जाती हूं तो वह मुझे बातों में लगा लेता है और मुझे गागर नहीं भरने देता। वह ढीठ, बेशर्म और मतवाला है। मैं जिधर भी जाऊं मेरा रास्ता रोक लेता है। मैं उससे इतनी तंग आ गयी हूं कि अब यहां नहीं रहूंगी।

सुहा सुगराई

बोल- डार डार बोले अमुरैयन सगन घनी अमुरैयां भांऊंरा गुंजारत

बिरहा उकलावत बिन कंथन भावे बसंत रूत दिन छार बार भांऊंरा गुंजारत।

अर्थ - सघन आम्र वन की डालों पर भौंरा गूंज रहा है। विरह तड़पा रही है। प्रिय के बिना वसंत ऋतु के ये दिन मुझे जरा भी अच्छे नहीं लगते। मुझे विरह सता रही है। और भौंरा दिन भर गूंजकर मुझे उनकी और याद दिलाता रहता है।

स्क्रीनप्ले - वसंत ऋतु आ गयी है और नायक के पास न होने से नायिका विरह से तड़प रही है। वह कहती है कि आम के घने वनों की डाली-डाली पर भौंरा गूंज रहा है। यानी वसंत ऋतु आ चुकी है। ऐसे में प्रिय मेरे पास नहीं हैं। विरह मुझे तड़पा रही है। प्रिय के बिना वसंत की यह मादक ऋतु मुझे जरा भी अच्छी नहीं लगती। मुझे उनकी याद सता रही है। भौंरा दिन भर गूंजता रहता है और मुझे उनकी और याद दिलाता है।

सुहा सुगराई

बोल- तू है मम्मद शा दरबारे निजामुद्दीन सजाई
धोले गुमज पर बल-बल जईये
जईये पीर निजामुद्दीन सजाई

जोई जोई धावे सोई फल पावे
सदारंग तेरो ही गुन गाऊं
निजामुद्दीन सजाई।

अर्थ - मुहम्मद शाह, तूने ही हजरत निजामुद्दीन का दरबार सजाया है। मैं इस सफेद गुंबद पर खुद को बार-बार न्योछावर करूं। यह जो हजरत निजामुद्दीन के लिए सजाया है, जो भी उनका ध्यान करता है या उनके पास किसी उम्मीद से जाता है, उसे फल मिलता है। रचनाकार सदारंग कहते हैं कि हजरत निजामुद्दीन मैं तुम्हारे ही गुण गाता हूं।

स्क्रीनप्ले - इस रचना में हजरत निजामुद्दीन की महिमा का बखान किया गया है। हजरत की महिमा इतनी है कि खुद बादशाह मुहम्मद शाह ने उनका दरबार सजाया है। साधक कहता है कि हजरत की इस दरगाह के सफेद गुंबद पर मैं खुद को न्योछावर कर दूं। इसे हजरत निजामुद्दीन के लिए सजाया गया है। जो भी उनके दरबार में किसी उम्मीद से जाता है उसकी उम्मीद जरूर पूरी होती है और उसे फल मिलता है। रचनाकार सदारंग कहते हैं कि हजरत निजामुद्दीन, मैं तुम्हारे ही गुण गाता हूं।

सुगराई

बोल- बलमा तोरे गांव की लुगाई
तोरे मिलन की कर रही
चर्चा निस दिन घड़ी पल छिन

जिन कियो पारतीत सदारंग
वो तो उन बिन आई लो गांव रे।

अर्थ - नायक को सम्बोधित करते हुए नायिका कहती है कि बलमा, तेरे गांव की स्त्रियां हर दिन और हर पल तुझसे मिलने की बातें करती रहती हैं। रचनाकार सदारंग कहते हैं कि जो स्त्रियां गांव से दूर, तट के उस पार थी वे भी तुमसे मिलने के लिए आ गयीं।

स्क्रीनप्ले- अपने गुणों के कारण कृष्ण सब तरफ लोकप्रिय हैं। ब्रज की गोपियां तो उनसे मिलने के लिए हमेशा उतावली रहती हैं, यमुना के उस पार की स्त्रियां भी सारी बाधाओं को पार करके उनसे मिलने के लिए ब्रज में आ जाती हैं।

सुगराई

बोल- गरज गरज बदरा आए झूम
चलो सैंया मूरैयां झूले हिडोले हरियाली भई भूम

मुरला पुकारत झींगरवा झींगारत
कोयल लेत नही दम पर दम
कुंवर शाम डारूं गर बैया
बार-बार मुख चूम।

अर्थ - वर्षा ऋतु का वर्णन करते हुए नायिका कहती है कि बादल गरज-गरज कर और झूम-झूम कर आ गये हैं। चलो प्रिय मुरली बजाओ, झूले पड़ गये हैं। हरियाली भी झूम-झूम कर लहरा उठी है। मोर पुकार रहे हैं, झींगर झींगार रहे हैं। कोयल लगातार कूके जा रही है। ऐसे माहौल में मन चाहता है कि कुंवर शाम के गले लगूं और उनका मुंह बार-बार चूमूं।

स्क्रीनप्ले- वर्षा ऋतु आ गयी हे। ऐसे में नायिका का मन मिलन के लिए मचल उठता है। वह कहती है कि बादल घिर आये हैं। वे गरज-गरज कर और झूम झूम कर आये हैं। झूले पड़ गये हैं। हरियाली भी झूम रही है, लहरा रही है। ऐसे में मोर पुकार रहे हैं। झींगर झिंगार रहे हैं। कोयल की कूक बंद नहीं हो रही है। इस माहौल को देखकर मेरे मन में मिलन की चाह पैदा हो गयी है। मैं चाहती हूं कि अपने प्रिय के गले लगकर उनका मुंह चूमती रहूं।

सुगराई

बोल- बलमा रे चुंदरिया मैको लाल रंगा दे
ऐसी तोरी चुनर जैसी मोरी रे चुंदरिया
मैको लाल रंगा दे

रंग रंगीली और चटकीली मोर मचाये
चुनर मै को लाल रंगा दे।

अर्थ - नायिका अपने प्रिय से कहती है कि मेरी चुनरी लाल रंग की रंगवा दे। वह कहती है कि जैसे लाल रंग का तेरा चूनर है, वैसी ही मेरी चुनरी भी रंगवा दे। मेरी चुनरी ऐसी रंगीली और भड़कीली करा दे कि लोग उसकी चर्चा करें।

स्क्रीनप्ले- नायिका को अपने प्रिय का लाल रंग का चूनर बहुत भा गया है। इसलिए वह चाहती है कि उसकी चुनरी भी वैसी ही दिखे। वह अपनी चुनरी लाल रंग में रंगवाने का अनुरोध नायक से करती है। उससे कहती है कि जैसे लाल रंग का तेरा चूनर है, वैसी ही मेरी चुनरी भी रंगवा दे। मेरी चुनरी इतनी रंगीली और भड़कीली करा दे कि सभी उसी की चर्चा करते रहें। चुनरी के माध्यम से नायिका ने नायक को अपने रिश्ते में प्यार का रंग भरने का भी संकेत किया है। वह चाहती है कि उनका प्यार इतने गहरे रंग का हो कि सभी उसकी चर्चा करें।

देवकोस

बोल- गईली मैं कईं अदक बुजत वा करहूं काल ननदिया

पास कैसे आऊ तोरे मितवा
सोहे रहे सब घर के लोगवा
अबही सुनत जागई ली।

अर्थ- नायिका कहती है कि उसकी सास-ननद 24 घंटे पति से उसकी चुगलखोरी में लगी रहती हैं। वे बरसों से यही कर रही हैं। बरसों से मेरी चुगलखोरी में लगी है। मैं तुम्हारे पास अभी आ जाऊं। लेकिन मेरी आहट सुनकर ये जाग जायेंगी।

स्क्रीनप्ले- नायिका लोकलाज के कारण रात को अपने पति के पास जाने में संकोच करती है। वह अपनी सखी से कहती है कि मेरी सास-ननद हर समय मेरे पीछे पड़ी रहती हैं। हमेशा मेरी लगाई बुझाई करती रहती है। वह काल की तरह ही मेरे पीछे पड़ी है। फिर वह अपने पति को सम्बोधित करते हुए कहती है कि हे प्रिय, मैं तुम्हारे पास कैसे आऊं ? मैं जानती हूं कि घर के सारे लोग मेरी आहट सुनकर तुरंत जाग जायेंगे।

खमभावती

बोल- आली मैं जागी सगरी रैन नहीं आए पीया

दरस पीया बिन आंखिया तरस रहीं का बिद राखूं जीया।

अर्थ- नायिका अपनी सखी से कहती है कि मैंने सारी रात जागकर बितायी, पर प्रिय नहीं आये। उन्हें देखने को मेरी आंखें तरस गयीं। अपने दिल को मैं कैसे काबू में रखूं।

स्क्रीनप्ले - नायिका ने रात भर अपने प्रिय को प्रतीक्षा की, पर वह नहीं आया। अपने मन की तड़पन को व्यक्त करते हुए वह कहती है कि ऐ सखी, मैंने सारी रात जागकर बितायी। रात भर मैं प्रिय का इंतजार करती रही। पर वे नहीं आये। उनके दर्शन को मेरी आंखें तरस गयीं। अब मेरा मन इतना बेताब हो गया है कि मैं उस पर कैसे काबू रखूं। इस रचना में नायिका ने बहुत उदात्व भाव से अपने विरह को व्यक्ति किया है।

बागेश्री

बोल- कौन फंदे मोहे डारूं रे इन पापी नैना

जब ते लगन लागी उनी सो रंगीले तब से नाहीं चैन।

अर्थ- नायिका कहती है कि इन पापी नैनों ने मुझे किस मुश्किल में डाल दिया है। रचनाकार मोहम्मद शाह रंगीले कहते हैं कि जब से उनसे प्रेम हुआ है, तब से मुझे चैन नहीं है। और मेरी इस दशा की जिम्मेदार मेरी ये आंखें ही हैं।

स्क्रीनप्ले- नायिका ने जब से नायक को देखा है, वह उसकी दीवानी हो गयी है। लेकिन नायक कहीं दूर चला गया है। इसलिए उसे न देख पाने से नायिका की दीवानगी और बढ़जाती है। मोहम्मद शाह रंगीले की इस रचना में नायिका कहती है कि इन पापी नैंनों ने मुझे बड़ी परेशानी में डाल दिया है। जब से उनसे प्रेम हुआ है, तब से मुझे चैन नहीं है। और मेरे मन की बेचैनी के जिम्मेदार मेरे ये नैन ही हैं। इस प्रकार वह नायक को दोष न देकर अपने नैनों को ही अपनी इस दशा के लिए दोषी ठहराती है।

बागेश्री

बोल- कोन गत भई कंथ न पूछे एक बात

एक बन ढूंढूं सकल बन ढूंढू
ढूंढफिरी और पात-पात।

अर्थ - नायिका कहती है कि मुझसे न जाने क्या गलती हो गयी है कि प्रिय मुझसे बात नहीं कर रहे हैं। मुझे तो यह भी नहीं पता कि मुझसे क्या भूल हुई है। उन्हें मैंने हर जगह तलाशा, पर वे नहीं मिले।

स्क्रीनप्ले- नायिका परेशान है कि नायक बिना कुछ बताये कहीं दूर चला गया है। वो नहीं जानती कि नायक उससे क्यों नाराज है। उससे ऐसी क्या भूल हुई जो वह उसे बताये बिना चला गया। उसने उसे हर जगह ढूंढा, लेकिन वो उसे कहीं नहीं मिला। वह अपनी सखी से कहती है कि मुझे नहीं पता कि मुझसे ऐसी क्या भूल हुई जो वह मुझे बिना बताये चला गया।

बागेश्री

बोल- मोहे मनावन आयो प्रीतम सगरी रतीयां जागो है

जाओ जी जाओ तुम हमीं से न बोलो
छतीयन दूतीयन लागो है।

अर्थ- पत्नी अपने पति से कहती है कि अब मुझे मना रहे हो। मैं जानती हूं कि तुम सारी रात जागे हो। जाओ हमसे बात मत करो। तुम तो किसी और के गले लगकर आ रहे हो।

स्क्रीनप्ले- पत्नी को बताये बिना पति किसी वजह से पूरी रात कहीं बाहर रह गया। सुबह को घर आकर वह पत्नी से अच्छी तरह बात करता है, तो वह समझती है कि वे अपनी भूल को सुधारने के लिए मुझे मनाने की कोशिश कर रहा है। इस पर पत्नी नाराज होकर कहती है कि अब मुझे मना रहे हो। मैं जानती हूं कि तुम सारी रात के जागे हो। जाओ, अब हमसे बात मत करो। तुम तो किसी और के साथ रात गुजार कर आ रहे हो।

बागेश्री

बोल- बलमा मोरे तोरे संग लाग री प्रीत

घर अंगना कछु नाही भावे इतवा मितवा
सदारंगीले घर आई लो देखये पीयन की रीत।

अर्थ- नायिका अपने प्रेमी से कहती है कि हमारे-तुम्हारे बीच गहरा प्रेम है, जिसके कारण मुझे घर आंगन कुछ नहीं भा रहा। इधर-उधर, दोस्त कुछ भी अच्छा नहीं लग रहा। रचनाकार सदारंगीले कहते हैं कि प्रिय की रीत तो देखो कि वे किस तरह घर आये हैं।

स्क्रीन प्ले- नायिका को नायक से प्रेम हो गया है। लेकिन नायक कहीं दूर चला गया है और वह नायिका की खबर तक नहीं ले रहा है। सदारंगीले की इस रचना में नायिका अपने प्रेमी से कहती है कि हमारे-तुम्हारे बीच गहरा प्रेम है। तुम मेरे मन में इस तरह समा गये हो कि मुझे कुछ भी नहीं भा रहा है। घर-आंगन अच्छा नहीं लग रहा है। न ही सखियां अच्छी लग रही हैं। पर सखी, मेरे प्रिय की रीत तो देखो। वे घर तो आते हैं, पर देखो कैसे आते हैं।

बागेश्री

बोल-

ए री मैं कैसे घर जाऊं
घर जाऊं मितवा तुमरे डिंगवा
बीच डगर मोहे रोक ठाड़ो ठगवा

ग्यान सरस रंग तुमरे मिलन को
बहुत दिन पाछे बीत गये जुगवा।

अर्थ - नायिका अपनी सखी से कहती है कि मैं प्रेमी के घर कैसे जाऊं। वह नायक से कहती है कि तुम्हारे घर मैं कैसे जाऊं, बीच रास्ते में कृष्ण खड़े हैं। वे मेरी राह रोक लेते हैं। वे बहुत नटखट हैं और बड़े ठग हैं। वे किसी को भी ठग लेते हैं मेरे ध्यान में तो तुम ही हो। तुमसे मिलन को काफी समय गुजर गया है। मानो कई युग बीत गये हैं।

स्क्रीनप्ले- नायिका को नायक से मिलन के क्षण याद आते हैं। वह उससे मिलने उसके घर जानना चाहती है, पर रास्ते की बाधाएं देखकर जा नहीं पाती। वह पूछती है कि मैं प्रिय के घर कैसे जाऊं। रास्ते में नटखट ठग कृष्ण जो खड़े हैं वे हमेशा मेरा रास्ता रोक लेते हैं इसलिए हमारा मिलन नहीं हो पाता। पर मेरे मन में केवल तुम ही बसे हो। तुमसे मिलन हुए बहुत समय बीत गया है, जैसे कई युग बीत गये हैं।

रागेश्री

बोल- मदद कीजो खुआजा मईनुद्दीन तुम हो गरीब नवाज
दुखीयन के दाता

दीन दुनी की माया तुमी को
किरपा करो मोपे
अजीज रख लीजो लाज।

अर्थ- ख्वाजा मोईनुद्दीन चिश्ती के भक्त अजीज ने उनसे गुहार की है कि हमारी मदद करना। तुम गरीब नवाज और दुखियों के दाता हो। दीन-दुनिया की माया तुम ही हो। तुम ही पूरे संसार के मालिक हो इसलिए मुझ पर कृपा करना। रचनाकार अजीज उनसे कहते हैं कि हमारी लाज रखना।

स्क्रीनप्ले- अजीज की इस रचना में ख्वाजा मोईनुद्दीन चिश्ती की दरियादिली का बखान करते हुए उनसे रहमोकरम बनाये रखने की गुहार की गयी है। ख्वाजा से जायरीन कहते हैं कि हमारी मदद करना। तुम गरीबों के मददगार और दुखियों के दाता हो। दीन-दुनिया की माया हो, यानी तुम सब कुछ कर सकते हो। इसलिए मुझ पर कृपा करना। रचनाकार अजीज उनसे लाज बचाये रखने की गुहार लगाते हैं।

रागेश्री

बोल- बेला चमेली गुन्दलाई मोरे लला के मन भाई

चमपा बेला गुलाब मोतीया जाई जुई में लाई हरवा।

अर्थ - मालन बेला, चमेली के फूल गूंथकर जो हार बनाकर लायी है, वे मेरे लला को बहुत पसंद हैं और उसके मन भाते हैं। क्योंकि उस हार में चम्पा, बेला, गुलाब, मोतिया और जई जुई के फूल गुंथे हुए हैं।

स्क्रीनप्ले- इस रचना में ग्रामीण लोक जीवन का चित्रण है। मालनें हार बनाकर घर-घर जाकर देती हैं। उनके हार सबको पसंद आते हैं। वे तरह-तरह के फूलों के हार बनाकर लाती हैं। नायिका कहती है कि मालन बेला, चमेली के फूल गूंथकर जो हार बनाकर लायी, वे मेरे लला को भा गये हैं। अच्छे लगे। क्योंकि मालन अपने हार में चम्पा, बेला, गुलाब, मोतिया और जई जुई के फूलों को गूंथकर लायी है। ये सभी फूल नायक के मन को मोह लेते हैं।

मालकोस

बोल- मैं सन मीत पीहरवा ढीट नित उठ करत बोली ठोली

छाड़ दे बैयां देखे लोगवा सास ननद की चोरी रे।

अर्थ- नायिका कहती है कि मेरा पति मुझसे छेड़छाड़ करता रहता है। वह बहुत ढीठ और चुलबुला है। वह उससे कहती है कि उसका हाथ छोड़ दे क्योंकि लोग देख रहे हैं। आखिर उसे सास और ननद की लज्जा है। वह संकोच इसलिए करती है कि कहीं इस अवस्था में सास और ननद उन्हें न देख लें।

स्क्रीन प्ले- संयुक्त परिवार में रहने वाली नायिका अपने पति के चुलबुलेपन से परेशान है। पति इतना ढीठ है कि जब-तब उससे प्यार के बोल बोलता रहता है। उसकी बांह पकड़कर उसे अपनी ओर खींचता है। वह बांह छोड़ने की विनती करती है, क्योंकि उसे लगता है कि कहीं इस अवस्था में लोग न देख लें। वैसे परवाह उसे लोगों की नहीं, अपनी सास-ननद की है, क्योंकि उनसे उसे लज्जा आती है। हालांकि पति की वक्त-बेवक्त की यह चुहलबाजी उसे भाती है। लेकिन उसे पारिवारिक और सामाजिक मर्यादाओं का भी ध्यान है।

मालकोस

बोल- आद दाता अंत दयावंत तू ही जगत करतार

तू ही जीव कामरू मन बुद्धि, आत्मा
ब्रह्मा दीत, मुनि तेरो पायो न पार।

अर्थ- इस रचना में रचनाकार ने ईश्वर की महिमा का बखान करते हुए कहा है कि तू ही इस सृष्टि का आदि से अंत तक अपनी दयालुता से ध्यान रखता है। इस जगत का पालनहार तू ही है, तू निराकार है और तू ही जीव की रचना करने वाला है। रचनाकार कहता है कि सब के मन, बुद्धि और आत्मा ब्रह्मा ने प्रदान किये हैं। ये सब तथा मुनिगण सतत प्रयास के पश्चात भी तेरा पार नहीं पाते।

स्क्रीनप्ले- ईश्वर के अनंत रूप की महिमा का वर्णन इस रचना में किया गया है। रचनाकार कहता है कि ईश्वर बहुत दयालु है और वह सृष्टि के आदि से अंत तक इस जगत की देखभाल और इसका कल्याण करने वाला है। वह निराकार है और जीवों का रचनाकार है। उसी ने मन, बुद्धि और आत्मा का संचार किया है। मुनिगण उसकी आराधना में लीन रहते हैं, लेकिन उसका विस्तार इतना अपरम्पार है कि वे उसे पा नहीं सकते। अर्थात उसकी सीमा को वे कल्पना में भी नहीं पा सकते।

मालकोस

बोल- कोयलिया बोले अंबूवा डार पर
रूत बसंत की देत संदेसवा

नई कलीयन पर गूंजत भंवरा
ऊनी के संग करत रंगरलीया
यही बसंत की देत संदेसवा।

अर्थ - आम की डाली पर कोयल बोल रही है। वह वसंत ऋतु के आने का संदेश दे रही है। नयी कलियों पर भौंरे गूंज रहे हैं और उनके साथ रंगरेलियां मना रहे हैं। यह सब बसंत ऋतु के आगमन के संकेत हैं।

स्क्रीनप्ले - इस रचना में वसंत ऋतु के आगमन के समय के वातावरण का उल्लेख किया गया है। आम की डालियों पर कोयल कूक रही है। वह वसंत ऋतु के आगमन का संदेश दे रही हैं। नयी कलियों पर भौंरे गूंज रहे हैं और उनके साथ रंगरेलियां मना रहे हैं। यह भी इसका संकेत है कि वसंत ऋतु आ गयी है।

वसंत यौवन का प्रतीक है। इसलिए इस रचना का यह भी अर्थ निकलता है कि जब किसी युवती पर यौवन आता है तो वह अल्हड़ता के साथ मदमाती हुई चलती है। तब स्वाभाविक रूप से युवक-युवतियों में आकर्षण पैदा होता है और वे नजदीक आते हैं। उनमें प्रेम की उमंग पैदा होती है, तो वे आपस में हंसते-बोलते हैं।

मालकोस

बोल- मुख मोर मोर मुसकात जात
एक छबीली नार कर कर सींघार

काहू की अंखीया रसीली मनभाई
या बिधीया सुन्दर मुखलाई
चली जात सब सखीया साथ।

अर्थ- एक छबीली नारी सज-धज कर निकली है। वह पीछे मुड़-मुड़कर देखती है और मुस्काती जाती है। उसकी रसीली आंखें मन को भा गयी हैं। बिंदिया ने उसकी सुंदरता को और बढ़ा दिया है। वह अपनी सखियों के साथ चली जा रही है।

स्क्रीनप्ले - नायिका को देखते ही नायक उस पर मोहित हो जाता है। वह उसकी सुन्दरता को अपलक देखता रह जाता है। नायिका भी उसे देखकर मुस्करा रही है। उसके बारे में वह कहता है कि एक छबीली नारी सज-धजकर निकली है। वह पीछे मुड़-मुड़कर देखती है और मुस्काती जाती है। उसकी रसीली आंखें मन को भा गयी हैं। बिंदिया ने उसकी सुन्दरता को और बढ़ा दिया है। वह अपनी सखियों के साथ इठलाती हुई जा रही है।

मालकोस

बोल- यही भेद होत कर सिध धरत भजन हर को
घट तुलन सांस तन मन सो

तानसेन बेजू बावरो बक्सू दादू
हरदास स्वामी नायक गोपाल ईन सब पाया नाम
हर की पूजन सो।

अर्थ- हरि के भजने से सिद्धि प्राप्त होती है। सिद्धि पाने का भेद ये है कि उसका भजन दिल से, जबान से, सांसों से और तन-मन से करो और तब तक करो जब तक सांस है। पूरी तरह समर्पित होकर भजन करो। तानसेन, बैजूबावरा, बक्सू, दादू और हरिदास स्वामी जैसे नायकों ने इसी तरह हरि की पूजा की और सिद्धि पायी।

स्क्रीनप्ले- इस रचना में बताया गया है कि मनुष्य को सिद्धि प्राप्त करने के लिए हरि का भजन किस तरह करना चाहिए। उस तरह से भजन या साधना करके न केवल हरि के दर्शन होते हैं, बल्कि सारी मनोकामनाएं पूरी हो जाती हैं। और यश मिलता है। रचनाकार कहता है कि हरि का भजन सिद्ध करने का भेद सुनो। दिल से, वाणी से, सांसों से और तन-मन से हरि का भजन करना चाहिए। इसकी सफलता का यही भेद है। भजन पूरी तरह समर्पित होकर करने से ही साधना पूरी होती है। तानसेन, बैजू बावरा, बक्सू, दादू और हरिदास स्वामी जैसे महानायकों ने इसी तरह हरि की पूजा की और सिद्धि प्राप्त की।

दरबारी

बोल- झनक झनक वा हमरे बिछवा बाजई लोरे
केसे करे आऊं मितवा तोरे मंदरवा

पग न धरो जात दुवार
लोग कुटुम के जागे सारे
तापर निकसो बेरी चन्दा।

अर्थ- नायिका अपने पति के पास जाना चाहती है। लेकिन वो जा नहीं पाती। उसके पांव के बिछुवे झन-झन बोल रहे हैं। इसलिए वह पिया के पास पहुंच नहीं पाती। दरवाजे से बाहर कदम भी नहीं रख सकती। न ही अंधेरे का कोई फायदा उठा सकती है क्योंकि चांद निकला हुआ है और परिवार के सारे लोग जाग रहे हैं ।

स्क्रीनप्ले- नयी नवेली दुल्हन चाहकर भी अपने पति के पास नहीं जा पा रही है। वह भरे-पूरे ससुराल में रहती है और रिवाज के अनुसार उसे सभी सुहाग चिह्न पहनने पड़ते हैं। इसलिए वह अपने पति से कहती है कि मैं चाहकर भी तुम्हारे पास नहीं आ सकती। जरा सा भी चलती हूं तो मेरे बिछुवे झन-झन कर बजते हैं। घर के सारे लोग जाग रहे हैं। इसलिए दरवाजे से बाहर कदम भी नहीं रख सकती। बिछुवे बजने से उन्हें पता चल जायेगा। और धीरे-धीरे चलकर भी नहीं आ सकती। बिछुओं की आवाज दबाकर भी चलूं , तो भी उन्हें पता चल जायेगा। क्योंकि बैरी चन्द्रमा निकला हुआ है। उसकी चांदनी में वे मुझे देख लेंगे ।

दरबारी

बोल- हजरत तुरक मान जू के बल बल जईये री पीर मेरा सांचो शमशुल आरफीन दुख दालीद्र दूर करो छिन में रोशन दो जहां।

अर्थ- हजरत तुर्कमान पर बलिहारी जाओ। वे मेरे सच्चे पीर हैं। उनकी आध्यात्मिक शक्ति दोनों जहां में इतनी रोशन है कि वे उससे एक क्षण में दुख और दरिद्रता को दूर कर देते हैं।

स्क्रीनप्ले- इस रचना में हजरत तुर्कमान की महिमा का बखान किया गया है। रचनाकार कहता है कि हजरत तुर्कमान पर बलिहार जाओ। उन पर सब कुछ न्योछावर कर दो। वे मेरे सच्चे पीर हैं। उनकी आध्यात्मिक शक्ति दोनों जहां में रोशन हैं। इस शक्ति से वे एक क्षण में दुख और गरीबी दूर कर देते हैं। उनकी महिमा अपरम्पार है। असीम है, अनंत है।

दरबारी

बोल- हां तू ऐसा ही करीम, रहीम, हकीम पाक परवरदिगार गरबी को गरब दूर कर डारो एक छिन में मुझ दुखिया को मेरे दाता

मन की ईनछा पाऊ सदारंग रब को दीजीए रब रमान।

अर्थ - ऐ अल्लाह, तू करीम है, रहीम है, पाक है, परवरदिगार है। जैसे तू गर्भवती स्त्री की प्रसव वेदना को एक क्षण में दूर कर देता है, वैसे ही मुझ दुखिया के दुखों को भी दूर कर। रचनाकार सदारंग कहते हैं कि मेरे मन की इच्छा पूरी हो। हम सब पर तेरा करम सदा बना रहे।

स्क्रीनप्ले - सदारंग की इस रचना में अल्लाह के गुण गाये गये हैं। उसे सम्बोधित करते हुए रचनाकार कहता है कि हे अल्लाह, तू करीम है, दुनिया में सबसे बड़ी पीड़ा गर्भवती स्त्री की प्रसव पीड़ा होती है। उस वेदना को भी अल्लाह, तू पल भर में दूर कर देता है। तेरे करम से इस दुनिया में नई जिंदगी आती है। जैसे तू यह काम करता है, वैसे ही मुझ दुखिया के दुखों को भी दूर कर। रचनाकार सदारंग कहते हैं कि अल्लाह, हम सबकी इच्छाएं पूरी हों। हम पर सदा तेरी मेहरबानी बनी रहे।

दरबारी

बोल- संदेसवा ले जायो रे पातकवा मोरे कंथ पास

औरन के संग जाए बसे परदेस
नितको दीनो मैं कै अंदेसवा ।

अर्थ- विरह से व्याकुल नायिका कहती है कि अरे पातक, मेरे प्रिय के पास संदेश ले जा। बहुत दिनों से उन्होंने मेरी कोई खबर नहीं ली है। वे किसी और के साथ जाकर परदेस बस गये हैं। मुझे तो हर समय यही अंदेशा रहता है कि इसीलिए वे मेरी खबर नहीं ले रहे हैं।

स्क्रीनप्ले- नायक कहीं दूर चला गया है। उसने बहुत समय से नायिका की कोई खबर नहीं ली है। इससे परेशान नायिका उसके पास संदेश भेजना चाहती है कि वह लौट आये। वह पातक से कहती है कि मेरे प्रिय को जाकर मेरा यह संदेश दो। उन्होंने बहुत दिन से मेरी कोई खबर नहीं ली है। इसलिए मुझे हर पल यह अंदेशा रहता है कि वे किसी और के पास जाकर कहीं परदेस में बस गये हैं। इस रचना में नायिका के अंतर्द्वंद्व की मनोदशा दिखायी गयी है।

दरबारी

बोल- अनोखा लाडला री खेलन को मांगे चांद

हंसन चन्दन मोसे रार करत है मन में भयो री आनंद।

अर्थ - बाल कृष्ण की बाल लीला देखकर यशोदा कहती हैं कि मेरा लाडला बेटा बड़ा अनोखा है। वह खेलने के लिए चांद मांगता है। जब मैं उसे चांद नहीं दे पाती तो हंसकर मुझसे झगड़ा करता है। उसकी यह लीला देखकर मेरे मन में बहुत आनंद होता है।

स्क्रीनप्ले- बाल कृष्ण की लीलाएं देखकर सब मुग्ध हैं। यशोदा तो उन पर बलिहारी जाती हैं। वे कहती हैं कि मेरा लाडला बेटा बहुत अनोखा है। वह दूसरे बच्चों की तरह खेलने के लिए खिलौने नहीं मांगता। वह चांद से खेलना चाहता है। अब मैं उसे चांद कहां से लाकर दूं। जब उसे चांद नहीं दे पाती तो वह रूठ जाता है। मुझसे झगड़ा करता है। लेकिन झगड़ते हुए भी हंसता है। उसकी यह मनमोहक लीला देखकर मुझे बहुत आनंद होता है।

सोहनी

बोल- करम कीजीये बेग ही खबर लीजीये
या शाम प्रभु मोरी रखीये लाज

संसार निसतार तुमी हो जगत के
घड़ी घड़ी पल-पल दयादीन
दयावंत दाता गरीब नवाज।

अर्थ- साधक कहता है कि हे कृष्ण, मेरी खबर लो, मुझ पर रहम करो, मेरी लाज रखो, इस जगत के संकटों के तारणहार तुम ही हो। तुम गरीब नवाज हर घड़ी, हर पल दयालु और दाता बने रहते हो।

स्क्रीनप्ले- भक्त इस रचना में कृष्ण के रूप में ईश्वर का गुणगान करता है। वह उससे याचना करता है कि हे कृष्ण, तुम मुझ पर कृपा करो। मेरी लाज रखो। इस जगत के सारे संकट दूर करने वाले तुम हर समय दयालु और दाता बने रहते हो। इस प्रकार, इस रचना में कृष्ण और अजमेर शरीफ के गरीबनवाज की वंदना एक साथ की गयी है। यह भारत की गंगा-जमुनी संस्कृति का प्रतीक है।

सोहनी

बोल- काहे अब तुम आये हो मेरे दुआरे
सोतन संग निस जागे अनुराग सुहाए

झूटी झूटी बतिया करो ना
सदारंग वहीं जाओ जिनके छतीयन सो लागे।

अर्थ- नायिका कहती है कि अब तुम मेरे पास क्यों आये हो जबकि तुमने पूरी रात सौतन के साथ बितायी है। तुमने रात भर जागकर प्रेम किया है। मुझसे झूठी-झूठी बातें मत करो। रचनाकार सदारंग के अनुसार, नायिका गुस्से से कहंती है कि जिसके गले लगकर आये हो, उसी के पास जाओ।

स्क्रीनप्ले- नायक रात को घर नहीं आया। सुबह घर लौटता है तो नायिका को उस पर गुस्सा आता है। वह अपनी सफाई देता है तो नायिका को लगता है कि वह झूठ बोल रहा है। इससे उसका गुस्सा और बढ़जाता है। एक तो वह रात भर नायक का इंतजार करती रही, दूसरे उसे यह लगता है कि वह किसी और के पास था। सदारंग की इस रचना में नायिका कहती है कि पूरी रात तो तुमने सौतन के साथ बितायी, अब मेरे पास क्यों आये हो ? तुम्हारी आंखों से पता चल रहा है कि तुमने रात भर जागकर प्रेम किया है। अब मुझसे झूठे बहाने मत करो। जिसके गले लगकर आये हो, उसी के पास जाओ।

परज

बोल- अंखियां मोरी लाग रहीं तुमी सन निस दिन भोर

शाहे आजम पीया तुमी हो सुंदर सुघर
तुमी चंद्र और हम चकोर।

अर्थ - रचनाकार बागड़ के पीर शाह आजम का भक्त है। वह उनके बारे में अपने मन की भक्ति को व्यक्त करते हुए कहता है कि मेरी आंखें तुम्हारी ओर ही लगी रहती हैं। दिन, रात और भोर में तुम्हारी ही छवि आंखों में बसी रहती है। शाह आजम, तू सुंदर भी है और सुघड़ भी। तेरी ओर मेरा झुकाव ऐसा ही है, जैसा चन्द्रमा की ओर चकोर का होता है।

स्क्रीनप्ले- रचनाकार ने बागड़ के पीर शाह आजम के प्रति अपनी भक्ति व्यक्त की है। वह कहता है कि तुम ही मेरी आंखों में दिन-रात हर समय बसे रहते हो। हर पल तुम्हारी ही छवि इन आंखों में समायी रहती है। प्रिय शाह आजम! तुम सुन्दर भी हो और सुघड़ भी। तुम चन्द्रमा के समान हो और मैं चकोर के समान। जिस प्रकार चंद्रमा के लिए चकोर का प्रेम है, उसी प्रकार आपके लिए मेरी भक्ति है।

परज

बोल- आजीजी बूंदी परवर सकरा साई करतार परवरदीगार
असर सरन तरन कुल्ले संसार

हूं अजीज रंग भूरत कृपा कीजे
दीजे ढोलन दरस दिखाए।

अर्थ - रचनाकार आजीजी कहता है कि बूंदी परवर पीर साहब की करामात से मैं ठीक हो गया हूं। उनकी कृपा में पूरे संसार के लिए असर है। मैं तो अजीज रंगभूरत हूं। मुझ पर अपने दर्शन देने की कृपा करना।

स्क्रीनप्ले- रचनाकार अजीज ने इस रचना में बूंदी परवर की बन्दगी का सिला बताया है। उसे कोढ़हो गया था। वह बूंदी परवर की मजार पर झाड़ू लगाता और इकट्ठा हुई धूल-मिट्टी को अपने शरीर पर मल लेता। इससे उसका रोग ठीक हो गया। इसलिए वह उनकी इस करामात का जिक्र करते हुए कहता है कि बूंदी परवर पीर साहब की करामत सें मैं ठीक हो गया। उनकी कृपा का असर पूरे संसार पर होता है। मैं अजीज तो निपट मूरख हूं। मुझ पर कृपा करके मुझे दर्शन जरूर देना।

नट के प्रकार

भैरो नट

बोल- ए करम करता
दुखीयन के दुख हरता

ग्यान मान यश धन विद्धिया
सब रस को रब दीजीए
दुखीयन के दुख हरता।

अर्थ- तू करम करने वाला है और दुखियों के दुख दूर करने वाला है। रचनाकार सबरस कहता है कि तू सबको ज्ञान, सम्मान, यश, धन और विद्या दे। आखिर तू ही तो सब दुखियों के दुख दूर करने वाला है।

स्क्रीनप्ले- सबरस की इस रचना में ईश्वर को सब पर कृपा करने वाला बताया गया है। साथ ही उससे वे सब गुण भी मांगे गये हैं, जो हर तरह के दुख दूर कर देते हैं। ईश्वर को सब पर कृपा करने वाला और दुखियों के दुख दूर करने वाला बताया गया है। रचनाकार सबरस कहता है कि हे ईश्वर, हमें ज्ञान, सम्मान, यश, धन और विद्या दे। आखिर तू ही सबके दुख दूर करने वाला है। और ये गुण ही दुखों को दूर करते हैं। लोगों को दुख दूर करने की शक्ति और योग्यता देते हैं। यानी गुणवान बनना ही दुखों का नाश करना है।

भूप नट

बोल- मालनीया लाई सेरा गूंथ
चुन चुन कलियां

बेला चमेली चम्पा गूंथ
मालन माथे धरे भरे डलीयां।

अर्थ- मालन कलियां चुन-चुनकर सेहरा गूंथकर लायी हैं। मालन ने बेला, चम्पा और चमेली के फूलों को गूंथकर सेहरा बनाया है। वे सेहरों की डालियों को सिर पर रखकर लायी हैं।

स्क्रीनप्ले- वसंत ऋतु में जब फूलों की बहार आती है तो मालनें फूलों के सेहरे बनाकर बेचती फिरती हैं। ये सेहरे खुशियों और सुन्दरता के प्रतीक होते हैं। नायिका कहती है कि कलियों को चुन-चुनकर मालन उनका सेहरा गूंथकर लायी है। उसने बेला, चमेली और चम्पा के फूलों को गूंथकर उनका सेहरा बनाया है। उसने वे सेहरे टोकरियों में सजाये हैं और उन टोकरियों को सिर पर रखकर लायी हैं। इससे चारों ओर शादी और खुशी का वातावरण बन गया है, जो मन को खुश करता है।

किदार नट

बोल- आज मनावन आई रे पियारे को ऐसी बैठी जैसे रूसी

ए री वो तो चंचल अछपल सी जोगई दरस दिखाए।

बोल- रूठी होने का दिखावा कर रही नायिका को नायक मनाने आया है। रचनाकार अछपल को सम्बोधित करते हुए नायिका कहती है कि मेरे प्रिय का स्वभाव बहुत चंचल है। वह उससे अनुरोध करती है कि प्रिय अब उसके सामने आ जाये।

स्क्रीन प्ले- नायक बहुत समय बाद आया है। इतने दिन सुध न लेने के कारण नायिका उससे नाराज है। इसलिए वह रूठने का दिखावा कर रही है। नायक उसे मनाने का बहुत प्रयास करता है, लेकिन वह अपनी नाराजगी दिखाने के लिए उससे लगातार रूठने का दिखावा करती रहती है। पर चूंकि नायक बहुत चंचल स्वभाव का है, इसलिए नायिका को डर है कि कहीं वह फिर न चला जाये। इसलिए वह अपने नकली रूठने को छोड़ते हुए कहती है कि ठीक है, अब तो सामने आ जाओ। आखिर मैं भी बेताबी से तुम्हारा ही तो इंतजार कर रही थी।

कामोद नट

बोल- नेवर बाजू रे बाजू रे तीहारे पैरन की
सरवन सुनत अब तुम काहे दोरावत हो पियारे

सुनत आहट जागे पार परोसी और बगर के लोगवा
मम्मद शा तुम सदारंगीले वा देख जोबन भयो राज रे।

अर्थ- नायक कहता है कि तुम अपनी जो बात कह रही हो, वह मैंने सुन ली है। तुम्हारे नेवर की छन छन भी मैंने सुन ली है। इसे बार-बार क्यों बजा रही हो ? यह आहट सुनकर घर वाले और आस-पास के लोग जाग जायेंगे। रचनाकार मुहम्मद शाह कहते हैं कि तुम्हारे यौवन और सुन्दरता को देखकर मन में आनंद पैदा होता है।

स्क्रीनप्ले- नायिका रात को सबकी चोरी से अपने पति के पास जाती है। पति को संकोच होता है कि कहीं उसकी आहट से घर के लोग जाग न जाएं। नायिका नटखट है। उसे सताने के लिए वह बार-बार अपनी नेवर बजा रही है। इस पर वह कहता है कि नेवर की छन-छन से तुम जो कहना चाह रही हो, मैंने वह समझ लिया है। फिर बार-बार अपना नेवर क्यों बजा रही हो ? तुम्हारी इस आहट से घर के लोग और पास-पड़ोसी जाग जायेंगे। रचनाकार मुहम्मद शाह इस सुन्दर नायिका के बारे में कहता है कि तुम्हारे इस यौवन और सुन्दरता को देखकर मन में आनंद होता है और इच्छाएं पैदा होती हैं।

बिहाग नट

बोल- झन झन झन झन पायल मोरी बाजे
जागे मोरी सास ननदीया और दोरानीया जीठानिया

अगर सुने मोरा बगर सुने सुने मोमदशा और दोरानीया
जागे मोरी सास ननदीया और दोरानीया जिठानिया।

अर्थ- नयी नवेली दुलहन के जेवर ही उसके बैरी हो गये हैं। वह जरा भी हिलती या चलती है या अपने पति के साथ होती है तो उसकी पायल झन-झन बजती है। इससे उसे संकोच होता है क्योंकि उसकी सास, ननद, देवरानी और जेठानी जाग रही हैं। उसके जेवरों की झनझनाहट को रचनाकार मोहम्मद शाह रंगीले और उसकी देवरानी सुन रहे हैं। वह और संकोच में डूब जाती है क्योंकि उसकी सास, ननद, देवरानी और जेठानी जाग रही हैं।

स्क्रीनप्ले- मोहम्मद शाह रंगीले की इस रचना में भारत की संस्कृति, सामाजिक बंधनों, रस्मोरिवाजों और लोकलाज का चित्रण किया गया है। नयी नवेली दुल्हन अपने नव दांपत्य जीवन का सुख भोग रही है। सब कुछ उसे अच्छा लग रहा है। लेकिन नयी दुल्हन होने के कारण उसे जेवर पहने रहने पड़ते हैं। पर इन्हीं की वजह से उसे संकोच में भी रहना पड़ता है। वह जरा भी हिलती या चलती है या अपने पति के साथ होती है तो उसकी पायल छन-छन करके बजती है। उसे डर है कि घर में उसकी सास, ननद, देवरानी और जेठानी जो जाग रही हैं वे इस छन-छन को सुनकर उसे ताने देंगी और बुरा-भला कहेंगी। नायिका को संकोच होता है और लाज आती है। उसे यह सब अच्छा लगता है, पर लोक लाज का भी ख्याल है।

छाया नट

बोल- केती कही जो ना आवे सूनी पीया
हमनी ए ती बात पर जात हो रूसे

कोन सुने कासे कहूं
ए जू जावो ऊनो ही के
जिन ही के रहे रात ए ती।

अर्थ- नायिका अपनी सखी रो कहती है कि मेरे पिया नहीं आ रहे हैं। वे मेरी जरा सी बात सुनकर रूठ गये हैं। मेरी बात कौन सुनेगा ? मैं किससे जाकर यह कहूं ? मैंने तो उनसे बस यह कहा था कि जिसके पास रात को रहे, वहीं जाओ।

स्क्रीनप्ले- नायिका नायक से एक बात कहती है, जिस पर वह रूठ जाता। वह कहीं चला जाता है और उसके पास नहीं आता। इस पर वह अपनी सखी से कहती है कि मैंने तो उन्हें केवल इतना कहा था कि अगर आपका मन वहीं लगता है, तो वहीं चले जाओ। इस पर वे रूठ गये। अब तुम ही कहो कि मेरी यह विपदा कौन सुने और मैं किसे बताऊं।

छाया नट

बोल- झनन झनन झन नन नन नन नन बाजे माई
पीया के मिलन को चली जात
अपने मदर सों माई

पूजा करन को निकसी घर सो वो अकेली नार
चौंक परी इनायत बार-बार माई।

अर्थ- नायिका पायल बजाती हुई और झनकारती हुई नायक से मिलने के लिए अपने घर से जा रही है। वैसे वह पूजा करने के लिए घर से अकेली निकली है। वह अपनी पायल की झनकार, अपने रूप और अपनी अदाओं से खुद ही बार-बार चौंक जाती है।

स्क्रीनप्ले - नायक की पूजा करने के लिए नायिका घर से निकलती है। घर पर उसने बस इतना बताया कि वह पूजा करने जा रही है। वह खुशी में अपनी पायल बजाती हुई और झनकारती हुई जा रही है। उसके मन में प्रिय से मिलन का ख्याल आ रहा है। इस ख्याल में वह पूरी तरह डूबी हुई है। लेकिन अपनी ही पायल की आवाज, अपने रूप और अपनी अदाओं से वह खुद ही बार-बार चौंक पड़ती है। और फिर मिलन के ख्याल में डूब जाती है।

सावनी नट

बोल- सब निस जागी पीहरवा मोरा अबीरे उमाए दीन बीते

आ मिल मोसे रात रंगीले बचन कहै सब झूटे।

अर्थ- नायिका कहती है कि मेरे प्रिय तुम्हारे बिना मैं सारी रात जागी। तुम्हारे आने की उम्मीद में मेरे दिन बीतते हैं। मेरी आस और बढ़जाती है। मेरे रंगीले, अब तो आकर मुझसे मिल ले। मैं तो बार-बार तुझे बुलाती रहती हूं। पर तू कभी आता ही नहीं है। आने का वादा करके भी अपना वचन नहीं निभाता।

स्क्रीनप्ले- नायिका को अपने प्रिय के आने का इंतजार हैं। पर वह बार बार वादा करके भी नहीं आता। और उससे यह विरह नहीं सहा जाता। इसलिए वह उससे कहती है कि प्रिय, तुम्हारे आने की राह देखते हुए मैं सारी रात जागी। मुझे तुम्हारे आने की उम्मीद हमेशा बनी रहती है। मैं उसी उम्मीद में दिन गुजार रही हूं। और मेरी यह आस बढ़ती ही जाती है कि तुम कभी तो आओगे। मेरे रंगीले अब तो मुझसे मिलने के लिए आ जा। मैं तो बार-बार तुझे बुलाती रहती हूं, लेकिन तू आता ही नहीं। और आने का वादा भी नहीं निभाता।

शुद्ध नट

बोल - आखन मोरी लागी रे भंवरू
पीहरवा मोरे देखे बिन चैन ना लीनी देत
और लागी फरकन

वो तो काहू की ना सुनत
न दोहरावत न पीतम को डरे नित लागी बरसन।

अर्थ- नायक की प्रतीक्षा में नायिका की आंखें राह पर लगी हुई है। वे थककर भौंरे जैसी लाल हो गयी हैं। प्रिय को देखे बिना वे बेचैन हो गयी हैं और अब फड़कने लगी है। लेकिन वे उसके अपने बस में नहीं हैं। किसी की भी बात सुनती नहीं हैं। सामान्य नहीं होती। प्रीतम के वियोग में हमेशा बरसती रहती है।

स्क्रीनप्ले- नायिका को नायक की प्रतीक्षा है। उसकी आंखें प्रिय की राह ताक रही हैं। प्रिय के लिए उसने पलक पांवड़े बिछा रखे हैं। उसके दर्शन न होने से वे व्याकुल हो उठी है। उन पर किसी का बस नहीं है। वे तो प्रिय के आगमन की आस में झपकती तक नहीं। और थककर भौंरे जैसी लाल हो गयी हैं। लगातार बरसती रहती हैं। अर्थात विरह मे नायिका रोती रहती है। रचनाकार ने इस रचना में विरहिणी नायिका का सजीव चित्रण किया है।

कानरे के प्रकार

काफी

बोल- कल ना परत एक पल देखे बिन सूरत तिहारी
ए प्यारी मान ना करीये बिनती करत
कर जोर जोर पैयां परत नित अधीन तरप तरप
बीती रैन सारी

आह घात तोरी कुंवर शाम
तुम मुख से ना बोलत नैन ना खोलत
जान दीजिए हठ जिन करीये
ऐसी कहा चूक हमारी।

अर्थ- नायिका से नायक कहता है कि तुम्हारी सूरत देखे बिना मुझे एक पल चैन नहीं आता। ऐ प्यारी, तू इसका मान मत करना। इसके लिए मैं हाथ जोड़कर और पैर पकड़कर विनती करता हूं। मेरा मन तुम्हारे ही अधीन है। तुम्हारी याद में मैंने तड़प-तड़पकर रात गुजारी। रचनाकार कुंवरशाम कहता है कि यह नायिका बहुत चालाक है। ना तो मुख से कुछ बोलती है, ना आंखें खोलती है। इस तरह वह अपनी नाराजगी दिखा रही है। उससे नायक कहता है कि जाने भी दो, हमसे भला ऐसी क्या चूक हो गयी तो तुम इतनी नाराजगी दिखा रही हो।

स्क्रीनप्ले- नायिका से नायक बहुत प्रेम करता है। लेकिन किसी बात पर नायिका उससे नाराज हो जाती है। काफी मनाने पर भी नहीं मानती। तब नायक उसकी मनुहार करते हुए हुए कहता है कि तुम्हारी सूरत देखे बिना मुझे चैन नहीं आता। पर तू इतना अभिमान मत कर। मैं हाथ जोड़कर और पैर पकड़कर तुझसे हठ छोड़ने की विनती करता हूं। तू ये जानती है कि मेरा मन तेरे अधीन है। तेरी इस नाराजगी के कारण मेरी रात तड़प-तड़प कर गुजरी है। मेरी किसी भी बात का जवाब न देकर तू मुझे और सता रही है। मैं तुझसे विनती करता हूं कि अब तू गुस्सा छोड़कर मान जा।

काफी

बोल- काहे छेड़ो मेरो शाम बहोत ऐसी न करो तुम अब
सास ननद सुनें जो पावत तुमहें दें गारी शाम

अपनी कहत कछु न सुनत रोकत नित डगर चलत
नीडर नित राई करत
सास ननद सुनें जो पावत तुम दे गारी।

अर्थ- श्याम से हमेशा की छेड़छाड़ से तंग आकर गोपी कहती है कि श्याम तुम मुझे मत छेड़ो। तुम अब इतनी छेड़छाड़ मत करो कि मेरी सास ननद देख लें तो तुम्हें गालियां दें और तुम्हारी आदत ये है कि अपनी ही कहते रहते हो। हमारी नहीं सुनते। हर दिन मुझे रास्ते में रोक लेते हो। और तुम इतने निडर हो कि बात करने का रोज कोई नया बहाना ढूंढलेते हो। अगर मेरी सास और ननद यह सुन लेंगी तो तुम्हें बहुत गालियां देंगी।

स्क्रीनप्ले- कृष्ण हर समय गोपी को छेड़ते रहते हैं। वह इससे परेशान भी है, लेकिन उसे यह अच्छा भी लगता है। इसलिए वह कृष्ण से कहती है कि श्याम, तुम्हारी छेड़छाड़ मुझे अच्छी तो लगती है, पर इतनी छेड़छाड़ भी मुझसे मत करो कि मेरी सास और ननद तक बात पहुंच जाये और अगर वे तुम्हें देखें तो गालियां दें। और यह मुझे अच्छा नहीं लगता। पर तुम पर तो मेरी किसी भी बात का असर नहीं होता है। तुम्हारी आदत ऐसी है कि अपनी ही कहते रहते हो। दूसरों की तो कुछ सुनते नहीं हो और तुम निडर इतने हो कि तुम्हें किसी की परवाह ही नही। अगर मेरी सास और ननद यह सुन लें और देख लें तो तुम्हें सामने पाकर बहुत गालियां देंगी । इस रचना में नायिका लोक-लाज दिखाती है। वह कृष्ण से सरेआम छेड़छाड़ न करने की विनती करती है। हालांकि उसे यह अच्छा लगता है।

काफी कानडा

बोल- लाई रे मद पीया मदमाती ए कलालिया

मद की मातीमोरे पिया संग गर बाई
लोगन को का डरे मदमाती ए कलालिया।

अर्थ- नायिका कहती है कि पिया मैं खुद को समर्पित करने आयी हूं। मेरा यौवन मदिरा जैसा है और तू तो मदिरा निकलने वाला ही है। मैं मस्ती से मदहोश होकर पिया के गले लगूंगी। मैं लोगों से नहीं डरती।

स्क्रीनप्ले- नायिका अपने पिया पर मोहित है। वह मदिरा निकालने वाला है। इसलिए उसे आकर्षित करने के लिए वह अपने यौवन को मदिरा जैसा मादक बताती है। उसके मन में मिलन की इच्छा है। अपनी यह इच्छा पूरी करने के लिए उसे समाज का डर नहीं है। वह निडर होकर अपने पिया के पास चली जाती है। उससे कहती है कि पिया मैं खुद को समर्पित करने आयी हूं। मेरा यौवन मदिरा है। तू उसकी सच्ची परख कर सकता है, क्योंकि तू तो मदिरा निकालने वाला ही है। मैं मस्ती से मदहोश होकर तुम्हारे गले लगूंगी। मुझे इस दुनिया का और लोगों का जंरा भी डर नहीं है।

काफी कानडा

बोल- सुखकर आई पीया संग दोरानी जीठानी आई पुन अंग

छूटे बार मुख ऊपर आए ददकी अंगियां बिसरी मांग।

अर्थ- नायिका कहती है कि मैं प्रिय के साथ सुख करके आयी हूं। मेरे बाल बिखरकर मुंह के ऊपर आ गये हैं। मेरे वक्ष भर गये हैं और मांग बिखर गयी है। मेरी देवरानी-जेठानी ने यह देखा तो ताने कसने शुरू कर दिये।

स्क्रीनप्ले- इस रचना में पति से मिलन के बाद नायिका के रूप का वर्णन किया गया है। सामाजिक बंधनों का भी इसमें संकेत है, क्योंकि नयी वधू को मिलन के बाद देखकर उसकी देवरानी-जेठानी उसे बेशर्म कहती हैं। नायिका कहती है कि मैं अपने पिया के साथ मिलन का सुख लेकर आयी हूं। मिलन के बाद मैं अस्त-व्यस्त हो गयी हूं। मेरे बाल बिखर कर मुंह पर आ गये हैं। वक्ष भरे हुए लग रहे हैं। मांग बिखर गयी है। मेरी यह हालत देखकर मेरी देवरानी और जेठानी ने मुझे बेशर्म कहकर मुझ पर ताने कसने शुरू कर दिये हैं। इस रचना में रचनाकार ने सामाजिक बंधनों और संयुक्त परिवार का वर्णन किया है।

काफी कानडा

बोल- मोरी आली तब ते बादर आई
आजहू न आए मोहन पियारे

नींद उछट गई फूल कुमला गए
मोरी आली बोलन दादर लागे।

अर्थ- लम्बे समय से प्रिय से दूर नायिका अपनी सखी से कहती है कि गर्मियां बीत गयीं, वर्षा ऋतु आ गयी, पर मेरे प्रिय अभी तक नहीं आये। मुझे उनके आने की आस रोज लगी रहती है। रात को नींद उछट जाती है। सेज पर बिछाये फूल भी सूखकर कुम्हला जाते हैं। वर्षा आने से अब तो दादर भी बोलने लगे हैं। सारी ऋतुएं बीत गयीं, पर मैं अब भी उनका इंतजार कर रही हूं। और उनकी याद में वक्त गुजरता जा रहा है।

स्क्रीनप्ले- नायिका काफी समय से नायक का इंतजार कर रही है। पर उसका इंतजार खत्म नहीं हो रहा। वह कहती है कि गर्मियां बीत गयीं। बरसात भी मैंने उनके इंतजार में गुजारी। मुझे सदा उनके आने की आस लगी रहती है। पर वे नहीं आते। उनकी याद में रात को नींद खुल जाती है तो दोबारा आंख नहीं लगती। रोज उनके आने की आस में सेज को फूलों से सजाती हूं, पर वे फूल भी कुम्हला जाते हैं। अब तो दादर भी बोलने लगे। पता नहीं वे कब आयेंगे। इस रचना में नायक के इंतजार में गुजरते मौसमों और वक्त का वर्णन किया गया है।

नाईकी कानरा

बोल- नैना नाही माने बरजो
आली री अदक चितवत पिया आओ

जो जो नेत्र देखत हो रंगीले
तो तो जियरा लरजे।

अर्थ- नायिका कहती है कि नैना मेरी बात नहीं मानते। वे प्रिय को देखकर उन्हें अपने में पूरी तरह समा लेना चाहते हैं। जब वे प्रिय को अपने में समा लेंगे, तब वे जो भी देखेंगे उन्हें हर तरफ पिया ही दिखायी देंगे। कुछ और देखने से वे डरेंगे।

स्क्रीनप्ले- पूरी तरह प्रेम में डूबी हुई मगन नायिका खुद अपने से ही डरती है। जब वह इधर-उधर के दृश्य देखती है, तो उसका मन कांप उठता है कि कहीं वो उन दृश्यों को देखकर अपने प्रिय को खो न दे। इसलिए वह अपनी सखी से कहती है कि मेरे इन नैनों के द्वारा प्रिय की छवि और उसका प्रेम मेरे मन में पूरी तरह बसा रहे। वह अपने चंचल नयनों में केवल अपने प्रिय की छवि ही बसाये रखना चाहती है। इसलिए वह चाहती है कि उसके नैन और उसका मन इधर-उधर न भटकें।

नाईकी कानरा

बोल- मेरो पीया रसिया, पीया रसीया रे
सुन री सखी तेरो दोस कहा

नवल लाल को कोहू ना जाने
कोन कोन केरी मन बसिया।

अर्थ- नायिका कहती है कि मेरा पिया बहुत ही रसीला है। सखी, तेरा क्या दोष है जो उसे देखते ही सब उसकी दीवानी हो जाती हैं। उस रसिया को कोई नहीं समझ सका है। मैं कैसे बताऊं कि वे किस-किस के दिल में बसे हुए हैं।

स्क्रीनप्ले- इस रचना में कृष्ण के व्यक्तित्व का बखान करते हुए नायिका कहती है कि उनकी महिमा अनंत है और इसलिए सभी उनकी ओर खिंचे चले जाते हैं। वह अपनी सखी से कहती है कि हे सखी, मेरा पिया बहुत ही रसीला है। हमेशा रसभरी बातें करता है। अगर तुझे भी वह अच्छा लगता है तो उसमें तेरा जरा भी दोष नहीं है। वह इतना रसीला है कि उसे देखकर कोई भी दीवाना हो जाये। और उस नंदलाल के मन में क्या है, यह कोई नहीं समझ सका है। अब मैं तुझे कैसे बताऊं कि वो किस-किस के मन में बसा है।

कोसी कानरा

बोल- आली री जा काहू ए ती बतिया उन बिन नाही चैन

अमद पीया सो बिनती कैयो तरपत हूं दीन रैन।

अर्थ- नायिका कहती है कि सखी, यह बात जाकर मेरे पिया से कहना कि उनके बिना मुझे चैन नहीं पड़ता है। वह रचनाकार अहमद से कहती है कि पिया से जाकर यह विनती करना कि उनके बिना मैं दिन-रात तड़पती रहती हूं।

स्क्रीनप्ले- नायक के वियोग में नायिका तड़प रही है। अपनी विरह का संदेश वह उस तक पहुंचाना चाहती है। इसलिए वह अपनी सखी से कहती है कि मेरे पिया को मेरा संदेश जाकर देना। उनसे कहना कि उनके बिना मुझे चैन नहीं आता। वह रचनाकार अहमद से भी कहती हैं कि मेरे पिया से जाकर विनती करो। उनसे कहो कि वे लौट आयें, क्योंकि उनके बिना मैं दिन-रात तड़पती रहती हूं।

कोसी कानरा

बोल- झन झन झन न न बाजे पायलीया मोरी कैसे कर
आऊं पी पास

ये तो बेरन मोरी सब ही रंगीले ननद जिठानिया सास।

अर्थ- नायिका कहती है कि मेरी पायल छन-छन करके बज रही है। प्रिय, मैं तुम्हारे पास कैसे आऊं ? रंगीले, मेरी जनम की बैरन सास, ननद और जेठानी बैठी हैं। वे मेरी पायल की झनकार सुन लेंगी और फिर मुझे ताने देंगी।

स्क्रीनप्ले- नववधू बहुत असमंजस में है। सामाजिक रिवाज के अनुसार उसने जो जेवर पहन रखें हैं, उन्हें उतार नहीं सकती। और जब चलती है तो घर के सब लोगों को पता चल जाता है। इसलिए लाज-शर्म के कारण वह अपने पति के पास जा भी नहीं सकती। वह कहती है कि मेरी पायल छन-छन करके बजती है। इसलिए मैं अपने पति के पास जा नहीं सकती। वह अपने पति से कहती है कि रंगीले मैं तुम्हारे पास कैसे आऊं ? मेरी जनम की बैरन सास, ननद और जिठानी बैठी हैं। वे पायल की झनकार सुन लेंगी और फिर मुझे ताने देंगी।

अहीर कानरा

बोल- री तो मैं समझ समझ नाही कछु
उठ चल पीया आप पहर गैनो

कब की मैं ठाड़ी नियोरे करत हूं
ऐ री मेरी पियारी तो हे ना ही लैनो।

अर्थ- नायक की प्रतीक्षा करते हुए नायिका अपनी सखी से कहती है कि उसे तो कुछ भी समझ नहीं आ रहा है कि ऐसी कौन सी भूल हुई, जिससे कई पहर पहले प्रिय उठकर कहीं चले गये हैं। मैं तभी से उनकी प्रतीक्षा कर रही हूं। पर उन्होंने तो मेरी कुछ सुध ही नहीं ली है।

स्क्रीनप्ले- नायक के चले जाने से नायिका व्याकुल है। उससे भी ज्यादा परेशान वह इस बात से है कि जब से नायक गया है, उसने उसकी कोई सुध नहीं ली है। वह अपनी सखी से कहती है कि मेरा मन इतना व्याकुल है कि मुझे कुछ भी समझ में नहीं आ रहा है कि मुझसे ऐसी क्या भूल हुई, जो प्रिय कई पहर पहले बिना कुछ बताये कहीं चले गये। मैं तब से उनके लौटने की प्रतीक्षा कर रही हूं। लौटना तो दूर, उन्होंने तो मेरी कुछ सुध भी नहीं ली है। इसमें नायिका की विरह-व्याकुलता का सजीव चित्रण किया गया है।

हुसेनी कानरा

बोल- निराकार करता दुखियन को दुख हरता
निरासन को अधार नाव निरंजन

तू ही धर्म, तू ही कर्म, तू ही दया, तू ही माया
तेरो ही सुमिरन करत नितहित संसार
निरासन को अधार नाव निरंजन।

अर्थ- साधक ईश्वर की महिमा का वर्णन करते हुए कहता है कि तू निराकार है और इस जगत की रचना करने वाला है। तू दुखियों के दुखों को दूर करता है, और तेरा नाम ही निराश्रितों का आधार है। और उन्हें इस भवसागर को पार कराने वाला भी तू ही है। तू ही धर्म है, तू ही कर्म है, दया भी तू है और माया भी तू ही है। यह पूरा संसार अपने हित के लिए तेरा ही स्मरण करता है। तू ही निराश्रितों का आधार बनकर उन्हें यह भवसागर पार कराता है।

स्क्रीन प्ले- साधक इस रचना में ईश्वर की अपरंपार महिमा का वर्णन करते हुए उसके गुण बताता है और कहता है कि सकल संसार का तारणहार वही है। वह ईश्वर को ही सम्बोधित करते हुए कहता है कि तू निराकार ही इस जगत का रचनाकार है। तू किसी को नजर नहीं आता, पर यह जगत तूने ही बनाया है। जिनका कोई आधार नहीं होता, उनके लिए तेरा नाम ही आधार बन जाता है। तू ही उनका आधार है और उन्हें इस संसार के भवसागर तू ही पार कराता है। साधक ईश्वर से कहता है कि धर्म, कर्म, दया और माया सब कुछ तू ही है। यह पूरा संसार अपने कल्याण के लिए नित्य रूप से तेरा ही स्मरण करता है। आखिर तू ही तो निराश्रितों का आधार है और उन्हें भवसागर पार कराने वाला है।

सुहा कानरा

बोल- ए पीया बनजारा बने जैसो लायो सुहाग मांग पूरी रे

मुख को तंबोल नैनन हू को कजरा
और करन को चूरी हरी रे।

अर्थ - नायिका कहती है कि प्रिय जो बनजारा है वह बन्ने की तरह सजकर आया है। वह सुहाग का मांग पूड़ा लेकर आया है। मुंह के लिए तंबोल और आंखों के लिए काजल लाया है। झन-झन करने को हरी चूड़ियां भी लाया है।

स्क्रीनप्ले- शादी करने के लिए बनजारा दूल्हा आया है। वह खुद तो सज-धजकर आया ही है, दुल्हन के लिए भी सजने-धजने के काफी सामान लाया है। इसका वर्णन करते हुए नायिका कहती है कि हे सखी, मेरा प्रिय, मेरा वर, जो बनजारा है, खूब सजकर आया है। वह मेरे लिए सुहाग मांग का पूड़ा, मुख पर लगाने का तंबोल, आंखों में डालने के लिए काजल और हाथों के लिए सुहाग की हरी चूड़ियां लाया है। इस रचना में शादी के समय दूल्हे द्वारा दुल्हन के लिए सुहाग का सामान लाने का उल्लेख है।

सुहा कानरा

बोल- पान न बीड़ी मै को कबहू न दीनी अब के मांगू मैं तुमसे
ए रहीलो भयो है मनवा

तोरे हाथ की बीड़ी बनी है रंग रंगीली और चटकीली
हां रे मोरे गोसैयां तन की तपत गईली
ए रहीले भयो है मनवा।

अर्थ- नायिका से नायक कहता है कि तुमने पान का बीड़ा मुझे कभी नहीं दिया। आज मेरा मन करता है कि मैं तुम्हारे हाथ का पान का बीड़ा खाऊं। तुम्हारे हाथ का पान का बीड़ा बहुत रंगीला और चटकीला है। मेरे प्रिय, इस बीड़े को खाकर तुमसे मिलने की जो मेरी तड़प थी, वो पूरी हो गयी है। इससे मुझे बहुत संतोष मिला है। मेरे मन को बहुत अच्छा लग रहा है।

स्क्रीनप्ले- पान का बीड़ा अपनेपन का प्रतीक होता है। नायक की शिकायत है कि नायिका ने यह अपनापन उसे कभी नही दिखाया। उसका स्वागत कभी ठीक से नहीं किया। उसका कहना है कि हे प्रिय, तुमने मुझे कभी पान का बीड़ा नहीं दिया। आज मैं खुद तुमसे मांग रहा हूं। मेरी इच्छा तुम्हारे हाथ का पान का बीड़ा खाने की है। तुम्हारे हाथ का पान का बीड़ा बहुत रंगीला और चटकीला होता है। प्रिय, बीड़ा खाकर तुमसे मिलने की मेरी तड़प पूरी हो गयी है। और मन को बहुत संतोष हो रहा है।

सुहा कानरा

बोल- चरण बरसन है दोऊ बलम अपनो

यार मोरा मन लुभाई अतही जो
मम्मदशा सदारंग लाग लगीली प्रीत पुराण।

अर्थ- नायिका कहती है कि हे बालम, मुझे अपने चरणों में रहने दो। तुमने मेरे मन को लुभा लिया है। वह रचनाकार मुहम्मद शाह से कहती है कि सदारंग से मेरा प्रेम बहुत पुराना है।

स्क्रीनप्ले- नायिका कहती है कि उसका प्रेम तो बहुत पुराना है और वह अपने प्रेमी को पूरी तरह समर्पित है। वह कहती है कि हे बालम, मुझे अपने चरणों में रहने दो। अपनी सेवा का मौका दो। तुमने मेरे मन को लुभा लिया है। मैं तुम पर पूरी तरह मोहित हूं। वह रचनाकार मोहम्मदशाह से कहती है कि सदारंग से मेरा प्रेम बहुत पुराना है।

बसंत और बहार के प्रकार

बसंत

बोल- मा सबध सुनावे कोयलिया

पीया बिन जाग रही सूनी सेजरिया
मोहे बिरहा सतावे जनम जरिया।

अर्थ - कोयल गा-गाकर यह सबद सुना रही है। प्रिय के बिना सेज सूनी है, इसलिए मैं जाग रही हूं। कोयल, यह बात जाकर तू पिया को बता कि जनम की बैरी विरह मुझे सता रही है।

स्क्रीनप्ले- नायिका कहती है कि कोयल की कूक सबद की तरह कानों में पड़ रही है। इतनी मधुर है उसकी कूक। लेकिन मैं तो विरह से व्याकुल हूं। मेरे प्रिय कहीं चले गये हैं। उनके बिना सेज सूनी है। सूनी सेज पर मुझे नींद नहीं आती और मैं रात भर जागती रहती हूं। कोयल, तू मेरा इतना काम कर। पिया को जाकर यह बता कि मुझे जनम की बैरी विरह सता रही है।

बसंत

बोल- अब मन भांवदा वे
जोबन सदारंग रेख मीसीदा
कोऊ गुल फूले सीले दातन लग सके
तुसीवे मिलबे को कान्हा सदारंग नाम उसीदा मीसीदा।

अर्थ- सदारंग की इस रचना में नायिका से नायक कहता है कि आपका यौवन और सौंदर्य मुझे अच्छा लग रहा है। आपके मुख पर मीसी की यह रेखा पान की रेखा की तरह शोभित हो रही है। सदारंग कहते हैं कि नायिका कान्हा से मिलना चाहती है और उन्हें रिझाने के लिए ही उसने यह श्रृंगार किया है।

स्कीन प्ले - नायिका ने अपने मुख पर मीसी लगायी है। इससे उसका सौंदर्य और निखर आया है। उसका यह रूप देखकर नायक उस पर मोहित होता है। वह कहता है कि यह श्रृंगार आपके सौन्दर्य को और निखारता है। नायिका की इच्छा कान्हा से मिलने की है। वह जानती है कि कान्हा को उसका यह रूप-श्रृंगार बहुत भाता है। रचनाकार सदारंग कहते हैं कि उसने कान्हा को रिझाने के लिए ही यह सब श्रृंगार किया है।

बसंत

बोल-

फगवा ब्रिज देखन को चलोरी
फगवे में मिलेंगे कुंवर कान्हा
बाट चलत रोकत कगवा

बसंत रूत आई सभी बन फूल
रसीले राज को ले अगुवा

अर्थ-

नायिका कहती है कि आओ सखियो, फाग देखने के लिए ब्रज को चलें। वहां फाग खेलते कृष्ण मिलेंगे। जब हम वहां जायेंगे तो रास्ते में लोग मिलेंगे और हमसे फाग खेलेंगे। वसंत ऋतु आ गयी है। सभी वन फूलों से सजे हैं। ऐसे में हम क्यों न आगे बढ़कर कृष्ण की आगवानी करें।

स्क्रीनप्ले-

फागुन का महीना है। चारों ओर उमंग छायी है। गोपियों के मन की उमंग तो और भी ज्यादा है। एक तो उन पर फाग की मस्ती है और ऊपर से कृष्ण से मिलन की आशा। इसलिए एक गोपी अपनी सखियों से कहती है कि आओ सखियो, फाग खेलने के लिए ब्रज में चलें। जब हम वहां फाग खेलेंगे, तो हमें वहां कृष्ण भी फाग खेलते हुए मिलेंगे। रास्ते में मिलने वाले लोग भी हमसे फाग खेलेंगे। इससे हमारी उमंग और बढ़जायेगी। आखिर वसंत ऋतु आ गयी है। सभी वन फूलों से लद गये हैं। ऐसे में हमें इस मौसम का मिजाज समझकर, आगे बढ़कर कृष्ण की आगवानी करनी चाहिए।

बसंत

बोल - गैली गैली एंडी एंडी डोले सब नारी
गरबा लागे रंग बरसे रूत बसंत मनाई जोबनवा की बात तोरी

सोलहू सिंगार करे हो बैरन पहर पहर वस्त्र
अबीरे गुलाल लिये बारा जोरी।

अर्थ- वसंत ऋतु में नारियां इठलाकर, अकड़कर और खुशी से सराबोर होकर आ-जा रही हैं। वे गडवा लेकर घूम रही हैं। वसंत का रंग मना रही हैं। जब वे अपने प्रेमी के गले लगती हैं तो खुशी के रंग बरसते हैं। फिर लोग उनकी सुंदरता की बात करते हैं और वे नारियां सोलह श्रृंगार करके, नये वस्त्र पहनकर, अबीर-गुलाल लेकर एक-दूसरे से अठखेलियां करती चल रही हैं।

स्क्रीनप्ले- वसंत ऋतु में नारियों का सौंदर्य खिल उठता है। वे ज्यादा चंचल और चुलबुली हो जाती हैं। उसी को व्यक्त करते हुए रचनाकार कहता है कि वसंत ऋतु में चारों ओर बहार आ जाती है। उसका असर नारियों पर भी पड़ता है। वे इठलाकर, अकड़कर और खुशी से सराबोर होकर चलती हैं। वे गडवे लेकर घूम रही हैं। वसंत का रंग मना रही हैं। ऐसे माहौल में जब वे अपने प्रेमी के गले लगती हैं तो खुशियों के रंग बरसते हैं। और उन्हें देखकर लोग उनकी सुंदरता की चर्चा करते हैं। और वे नारियां सोलह श्रृंगार करके, नये वस्त्र पहनकर, अबीर गुलाल लेकर एक-दूसरे से अठखेलियां करते हुए चलती हैं। उन पर वसंत का रंग चढ़ा हुआ है।

बसंत

बोल- केवड़ा रे सखी चम्पा चमेली नरगिस मोतिया करना केतकी गुलाब फूल टेसू दोना मरवा

बसंत रूत हो खुशाल ले आई नवेली नार
रतन जड़त तांबे धरत सुंदर तांबे गडवा।

अर्थ - वसंत ऋतु में नारियां केवड़ा, चम्पा, चमेली, नरगिस, करना, केतकी गुलाब, टेसू, दौना और मरवा से सजाये रत्नों जड़े तांबे के गडवे लेकर घूम रही हैं। इससे पूरे माहौल में सुन्दरता आ गयी है।

स्क्रीनप्ले- बसंत ऋतु में फूलों की बहार आती है। नारियां उन फूलों से श्रृंगार करके अपनी सुन्दरता को और बढ़ा लेती हैं। खुशाल की इस रचना में वसंत ऋतु में नारियों के खिले सौंदर्य का वर्णन किया गया है। वसंत ऋतु आते ही नारियां केवड़ा, चमेली, नरगिस, करना, केतकी, टेसू, दौना और मरवा के फूलों से सजकर आने-जाने लगी हैं। वे तांबे के सुंदर गडवे लेकर घूम रही हैं, जिन पर तरह-तरह के रतन जड़े हैं। इससे वसंत की बहार और सजधज निखर आयी है।

बहार

बोल- बसंत की धूम मची है आज
हजरत निजामुदीन ओलीया पीर के

नर नारी सब कहत रंगीले
फूली ना फरमानी अमबा मोरीया अमीर के।

अर्थ- हजरत निजामुद्दीन के दर पर बसंत की धूम मची है। रचनाकार मुहम्मद शाह रंगीले कहते हैं कि सभी खुशी से फूले नहीं समा रहे हैं। अमीर खुसरो के यहां भी खुशी का माहौल है। तरह-तरह के फूलों की मौजूदगी से बहार का माहौल बन रहा है।

स्क्रीनप्ले- वसंत ऋतु के आगमन से चारों ओर बहार आ गयी है। लोग वसंत के माहौल में खूब खुशियां मना रहे हैं। खुशी से सराबोर होकर वे हजरत निजामुद्दीन औलिया के दर पर जाते हैं और वसंत की धूम मचाते हैं। रचनाकार मुहम्मद शाह रंगीले कहते हैं कि सभी खुशी से फूले नहीं समा रहे हैं। ऐसे में, अमीर खुसरो के यहां भी खुशी का माहौल है।

बहार

बोल- कर सो ले आई गडवा पी पास मोतीयन की लरसो

खुशरंग देखीये फूली न फरमानी फूल रही केसी सरसो।

अर्थ- नायिका कहती हैं कि मैं हाथ में गडवा लेकर आयी हूं। अपने पिया के पास मोतियों की लड़ियां भी लायी हूं। उसे देखकर रचनाकार खुशरंग कहते हैं कि देखो वह फूली नहीं समा रही है। उसका यौवन सरसों की तरह खिल गया है।

स्क्रीनप्ले- नायिका खूब सज-धज कर अपने प्रिय से मिलने गयी है। मिलन की चाह में उसकी सुंदरता और निखर आयी है। वह अपनी सखी से कहती है कि मैं अच्छी तरह तैयार होकर हाथ में गडवा लेकर आयी हूं। अपने पिया के पास मोतियों की लड़ियां भी लायी हूं। उसकी खुशी और सुंदरता का बखान करते हुए रचनाकार खुशरंग कहते हैं कि वह फूली नहीं समा रही है। उसका यौवन सरसो की तरह खिल गया है।

बहार

बोल- सगन घनी अमूराई बड़ी बोर भए
तांबे पुकार मलीयां खीली वाले लाल डोले

लै ले टैंडे कितवा भंवरन के पंथ कोयलीया बोले
कूक कूक सुन सरस रस भईलवा
बिरहन ले संगवा में फीरत
मेरो ही लाले डोले डोले।

अर्थ - सघन वन की अमुराई पर बड़े-बड़े बौर आ गये हैं। मालनें सजी हुई लाल-लाल टोकरियां लेकर पुकारती हुई जा रही हैं। देखो, वे कैसी इतराती-इठलाती जा रही हैं, जिससे कलियों पर मंडराते हुए भौंरे भी सुन लें। कोयल का कूकना अच्छा लगता है। उन मालनों के साथ विरहिणी भी वनों में घूम रही हैं। उन्हें अपने प्रेमियों की तलाश है।

स्क्रीनप्ले- इस रचना में वसंत ऋतु के आने पर फैली बहार का चित्रण है। वसंत में पेड़ों की डालियां फूलों से लद जाती हैं। फूल तोड़ने के लिए मालनें वन में जाती हैं। उनके साथ विरहिणियां भी होती हैं, जिन्हें उम्मीद रहती है कि शायद प्रकृति के साये में उनका अपने प्रिय से मिलन हो जाये। इसी माहौल के बारे में रचनाकार कहता है कि सघन वन की अमुराई पर बड़े-बड़े बौर आ गये हैं। मालनें फूल इकट्ठे करने के लिए सजी हुई लाल-लाल टोकरियां लेकर उन वनों में जा रही हैं। वे आपस में हंसते-बोलते जा रही हैं। उन्हें जरा देखो तो सही। वे कितनी इतराती-इठलाती जा रही हैं। वे चाहती हैं कि कलियों पर मंडराते भौंरे भी उनकी बात सुन लें। अगर वन में कोई अपनी प्रेमिका से प्रेम कर रहा हो, तो वह भी एक बार तो उनकी सुंदरता को भी देख ले। ऐसे में जब कोयल

कूकती है, तो अच्छा लगता है। उन मालनों के साथ विरहिणी भी वनों में घूम रही हैं। वे अपने प्रेमियों की तलाश कर रही हैं। उन्हें उम्मीद है कि शायद वसंत के इस उमंग भरे माहौल में उनका अपने प्रिय से मिलन हो जाये।

बहार

बोल-

सकल बन फूल रही सरसो
अंबूवा मोरे टेसू फूले
कोयल बोले डार डार
और गोरी करत सींघार
मालनियां गडवा ले आई घर सो

तरह तरह के फूल लगाऐ ले गडवा हाथन में
आए निजामुद्दीन दरवाजे पर
आवन कै गये आशकरंग
और बीत गई बरसों।

अर्थ-

पूरे वन में सरसो फूल रही है। आमों के बौर आ गये हैं। टेसू फूल गये हैं। डाल-डाल पर कोयल कूक रही है। ऐसे माहौल में गोरी श्रृंगार कर रही है। मालनें अपने घर से गडवे ले आयी हैं। उन्होंने अपने गडवे तरह-तरह के फूलों से सजा रखे हैं। वे हजरत निजामुद्दीन के दर पर आयी हैं। रचनाकार आशकरंग कहता है कि महबूब आने की बात कहकर गये। लेकिन बरसों बीत गये, वे अभी तक नहीं आये।

स्क्रीनप्ले-

वसंत के आते ही वनों में बहार आ जाती है। चारों ओर फूलों का नजारा होता है। मालनें ये फूल चुनती रहती हैं। ऐसे में, बरसों से अपने प्रिय का वियोग सह रही नायिका को उसकी

याद आती है। रचनाकार आशकरंग वसंत ऋतु का वर्णन करते हुए कहता है कि पूरे वन में सरसो फूल रही है। इससे चारों ओर पीला रंग नजर आता है। आमों के बौर आ गये हैं। टेसू फूल गये हैं। डाल-डाल पर कोयल कूक रही है। बसंत के ऐसे उमंग भरे माहौल में गोरी श्रृंगार कर रही है। मालनें घर से गडवे ले आयी हैं। उन्होंने ये गडवे तरह-तरह के फूलों से सजा रखे हैं। वे इन फूलों को हजरत निजामुद्दीन की दरगाह पर चढ़ाने आयी हैं। लेकिन गोरी को अपने प्रेमी का इंतजार है। वह बरसों से उसका वियोग सह रही है। उसका प्रेमी जल्दी आने की बात कहकर गया था। लेकिन बरसों बीत गये, वह नहीं आया। इस वसंत में गोरी की मिलन की चाह और बढ़गयी है।

काफी बहार

बोल- डार डार पात पात बोलाईं
कागा रे भई मनवारे

इतना संदेसा मोरा उनी से कैयो
जा रे पातकवा आई वसंत बहार रे।

अर्थ- नायिका कागा से कहती है कि डाल डाल पर जो फूल खिले हैं, लगता है वे कुछ बोल कह रहे हैं। अरे कागा, मेरे मन में प्रेम के भाव आ रहे हैं, मुझे अपने प्रिय बहुत अच्छे लगते हैं। मेरा यह संदेश उनसे कहना कि वसंत ऋतु आ गयी है, अब वे मेरे पास आ जायें।

स्क्रीनप्ले- वसंत ऋतु के आगमन पर नायिका को दूर गये नायक की याद आती है। अपने मन की चाह वह कागा को बताती है। वह कहती है कि कागा, चारों ओर फूलों की बहार आयी है। खिले हुए ये फूल ऐसे लगते हैं मानो कुछ बोल रहे हों। ये वास्तव में प्रेम की सुगंध फैला रहे हैं। ऐसे में, मुझे अपने प्रिय की बहुत याद आ रही है। वे मुझे बहुत अच्छे लगते हैं। उनसे जाकर यह कहना कि वसंत ऋतु आ गयी है और अब वे मेरे पास आ जायें। इस रचना में यह दिखाया गया है कि वसंत में नायिका के मन में प्रेम की उमंग आ गयी है और वह ऐसे में अपने प्रिय को अपने पास रखना पसंद करती है।

बागेश्री बहार

बोल- रुत बसंत में अपनी उमंग सों
पी ढूंढन निकसी घर सो

मिले तो लाला गरे बिठलाऊं
पाग बंधाऊ पीली सरसो।

अर्थ- नायिका कहती है कि इस वसंत ऋतु में मेरे मन में प्रेम की उमंग उठ रही है। मैं ऐसे में अपने प्रिय को खोजने के लिए निकली हूं। अगर वे मुझे मिल गये तो उन्हें घर लाकर उनका स्वागत करूंगी। उनके सिर पर पीली पगड़ी बांधूंगी और फिर उनकी सेवा करके उनका सम्मान करूंगी।

स्क्रीनप्ले- वसंत त्रतु के आगमन पर नायिका को नायक की याद सताती है। वह उसे खोजने के लिए निकलती है। उसके मन में मिलन की चाह है। वह कहती है कि अगर उसे प्रिय मिल गये तो उन्हें घर ले आऊंगी। उनका स्वागत करूंगी। उनके सिर पर सरसों जैसी पीली पगड़ी बांधकर उनका सम्मान करूंगी। उनकी सेवा करके उन्हें खुश करूंगी। इस रचना में यह चित्रण किया गया है कि नायिका अपने नायक पर रीझी हुई है और उसे समर्पण करने को तैयार है।

कोसी बहार

बोल - जा रे कगवा तू जा रे रुत आई
मोरे कंथ सो कैये ये संदेसवा रुत आई

मिले तो लाला गर लीपटाई
दोऊ मिले सुखवा कराई दुखवा भुलाई
फूले टेसूवा।

अर्थ- नायिका कागा से कहती है कि हे कागा, प्रेम की ऋतु आ गयी है। मेरे प्रिय के पास जाकर संदेश दे कि प्रेम की ऋतु आ गयी है। अगर वे मिल जायें तो हम गले लगेंगे। प्रेम करेंगे। दोनो मिलकर सुख करेंगे, दुख भूलेंगे और टेसू के खिले फूलों की तरह हमारे मन भी खिल उठेंगे।

स्क्रीनप्ले- वसंत त्रतु आने पर नायिका को प्रिय की याद आती है और मन में प्रेम की चाह पैदा होती है। वह प्रिय को बुलाने के लिए कागा से संदेश भेजती है। कागा से कहती है कि तू जाकर मेरे प्रिय को संदेश दे। उनसे जाकर यह कहना कि प्रेम की ऋतु आ गयी है और अब वे लौट आयें। उनके आने पर हम गले मिलेंगे और सुख करेंगे। सारे दुख भूल जायेंगे। और इस वसंत ऋतु में खिले टेसू के इन फूलों की तरह आनंद से हमारे मन भी खिल जायेंगे। नायिका ने इस रचना में कागा से नायक को प्रणय-संदेश भिजवाया है।

हिंडोल बहार

बोल- कोयलीया बोलत लजावे या
नारण की धम्मार आगे

सोत पीरी भई ऐसी जैसे सरसों
सूहाग रंग भरे देखे उनही के सुभ भागे।

अर्थ- कोयल के कूकने से लाज आ रही है। गाकर ईश्वर की वंदना हो रही है। सुहागरात में नायिका की देह खुशी से इस तरह पीली हो गयी है कि जैसे खेतों में खड़ी सरसो दिखती है। पति के साथ सुहाग का रंग मनाकर उसका रूप सुहागन जैसा खिल उठा है।

स्क्रीनप्ले- विवाह के बाद पति से मिलन के क्षणों में मिले आनंद से नायिका का मन प्रफुल्लित है। कोयल के कूकने से उसे लाज आ रही है, क्योंकि उसे लगता है कि कोयल की कूक सुनकर सबको उसके रास का पता चल जायेगा। विवाह के बाद उसकी पहली रात बीत गयी है। सुबह हो गयी है और गा-गाकर ईश्वर की वंदना की जा रही है। पति के साथ सुहाग का रंग मनाकर वह भी खिल गयी है और उस पर पीले रंग की ऐसी आभा आ गयी है, मानों खेतों में सरसो खिली हो।

बसंत बहार

बोल- ए बरजो न माने नहीं रे
बेरन कोयलिया कूक सुनावे ऐसो रे पपीया पीहू पीहू करे

रूत बसंत आई अमूवा मोरे
चहूं देस फूली कलीया
पीया बिन धीरज ना धराई।

अर्थ- प्रिय के पास न होने के कारण नायिका विरह से व्याकुल है। वह कहती है कि कोयल कूकती रहती है और पपीहा पीहू पीहू करता रहता है। उन्हें यह टेर लगाने से कितना भी मना करो, पर वे मानते नहीं। मेरे प्रिय, वसंत ऋतु आ गयी है। चारों ओर कलियां फूल गयी हैं। प्रिय, तुम्हारे बिना मुझे चैन नहीं पड़ता।

स्क्रीनप्ले- नायक कहीं दूर गया हुआ है। वसंत ऋतु आ गयी है। वसंत की बहार देखकर नायिका को उसकी बहुत याद आती है। वह बेचैन हो जाती है। वसंत आने पर कोयल लगातार कूक रही है। पपीहा भी लगातार पीहू पीहू कर रहा है। नायिका उन्हें कितना भी चुप रहने को कहे, पर वे चुप नहीं होते। उनकी टेर सुनकर नायिका की बेचैनी और बढ़जाती है। वह कहती है कि वसंत के आने से चारों ओर कलियां फूल गयी हैं। फूल खिले हैं। यह बहार देखकर मेरे मन में हूक सी उठती है। प्रिय के बिना मेरा मन नहीं लगता।

बसंती किदारा

बोल- अतर सुगंध गुलाब नवेलीयां
चौ देस फूल रही कलीया ऐ डारीयां मा

फूलवन के पात पात भवरूं लूभाईया
रूत आई चौ देस फूल रही कलीया
ए डारीया मां।

अर्थ - धरती में से इत्र की तरह सुगंध निकल रही है। गुलाब की नयी खिली कलियों की सुगंध चारों ओर से आ रही है। हर तरफ डालियों पर कलियां फूल रही हैं। फूलों का एक-एक पात भौंरों को लुभा रहा है। वसंत ऋतु आ गयी है। चारों ओर डालियों पर कलियां फूल रही हैं।

स्क्रीनप्ले- इस रचना में वसंत ऋतु के आगमन का सुंदर वर्णन किया गया है। वसंत के आगमन पर चारों ओर का वातावरण महक उठता है। इसलिए नायिका कहती है कि धरती में से इत्र जैसी सुगंध आ रही है। चारों ओर गुलाब और सभी फूलों की नयी कलियों की सुगंध फैली है। पेड़ों की डालियों पर हर ओर कलियां फूल रही हैं। इन फूलों का एक-एक कण भौरों को लुभा रहा है। वे फूलों के ऊपर मंडरा रहे हैं। वसंत ऋतु आ गयी है। पेड़ों की डालियों पर चारों ओर कलियां फूल रही हैं।

हिंडोल

बोल- कोयलीया बोलन लागी अमूवा की डार-डार तो सुध लीनी नाहीं कंथ
गावत हिंडोल गुनी सब आई बसंत बहार।

अर्थ- आम के वन में कोयल डाल-डाल बैठकर कूकने लगी है। पर मेरे प्रिय ने मेरी सुध नहीं ली है। वसंत ऋतु आ गयी है और गुणीजन हिंडोल गाने लगे हैं।

स्क्रीनप्ले - नायक से दूरी महसूस करती नायिका को वसंत ऋतु के आगमन पर उसकी कमी और ज्यादा खलने लगी है। वह कहती है कि आम के वनों में डाल-डाल कोयल कूक रही है और गुणीजन वसंत ऋतु के राग गा रहे हैं। लेकिन इस सुंदर वातावरण में भी प्रिय ने मेरी सुध नहीं ली। इस ऋतु में मेरे मन में मिलन की चाह और बढ़गयी है। पर प्रिय के पास न होने के कारण यह चाह अधूरी लगती है।

मल्हार के प्रकार

मेघ

बोल- हंस दलन दुआ दलन हंस गज धरे रे

ओ पू जब चढ़े शाह
पलख मा करम करे या नरम करे रे।

अर्थ- पैगम्बर मेल-मिलाप करके, आशीर्वाद देकर और जरूरत पड़ने पर तलवार उठाकर लोगों को अपना बनाते थे। वे पलक भर में अल्लाह से मिलकर वापस आ गये। उन्होंने बताया कि एक ही पल में अल्लाह सब कुछ कर सकता है।

स्क्रीनप्ल- इस रचना में पैगम्बर हजरत मुहम्मद के मेराज के सफर के बारे में बताया गया है। वे अल्लाह के करम का भी संदेश देते हैं। रचनाकार कहता है कि पैगम्बर मेल-मिलाप करके, आशीर्वाद व शुभकामनाएं देकर और जरूरत पड़ने पर तलवार उठाकर लोगों को अपना बनाते थे। वे पलक झपकते ही अल्लाह के पास से लौट आये और अपने अनुयायियों के लिए वहां से उपहार के रूप में कुरान और नमाज लेकर आये। उन्होंने सबको अल्लाह का यह संदेश दिया कि अल्लाह करीम है और रहीम है। वह सब कुछ कर सकता है। उसकी शक्ति के बाहर कुछ भी नहीं है।

मेघ

बोल- तू बरसे जा बरसे जा बरसे जा रे
तोहे राम दुहाई मोरे बीर मेहेरबां
येही बात रिमझिम रिमझिम छिम
भर चोमास अपनी डगर से जा डगर से जा डगर से जा।

ये जो तू माने तो मैं अपने पी से कहूं और मौज करूं
प्यारे ना घर से जा ना घर से जा ना घर से जा।

अर्थ- नायिका बरसात के मेघ से कहती है कि तू खूब बरस। बस मेरे भाई, इतनी मेहरबानी कर कि धीरे-धीरे बरस। रिमझिम रिमझिम बरस। पूरी बरसात तू अपने रास्ते पर चलता रहकर इसी तरह बरसता जा। अगर तू मेरी यह बात मान ले तो मैं अपने प्रिय को बुलाकर उनसे मिलन करूं। और उनसे कहूं कि मेरे घर से ना जाओ।

स्क्रीनप्ले- बारिश शुरू हो गयी है। इतनी तेज बारिश हो रही है कि नायिका को लगता है कि उसके प्रिय उसके पास नहीं आ सकेंगे। इसलिए वह बादल से कहती है कि बेशक तू लगातार बरसता रह, पर मेरे भाई तुझे राम की दुहाई देती हूं। मुझ पर इतनी मेहरबानी कर कि धीरे-धीरे बरस। बस, रिमझिम बरस। पूरी बरसात तू अपने ढंग से बरस। लेकिन हल्का-हल्का बरस। अगर तू मेरी यह बात मान ले तो मैं अपने प्रिय से कहूं कि मेरे पास आ जा और घर से ना जा।

मेघ मल्हार

बोल- ए बोलन लागे दादर मोरा बनखन
पपीहा पीहू पीहू रटत

एक तो अंधरी कारी बिजरी चमक नियारी
कोयल कूक सुनत हूक उठत।

अर्थ - विरहिणी नायिका अपनी सखी से कहती है कि वनों में दादर और मोर बोल रहे हैं। वनों और खलिहानों में कोयल ने भी पीहू- पीहू की रट लगा रखी हैं। एक तो घना अंधकार है, ऊपर से बिजली बार-बार चमक रही है और कोयल की कूक से मेरे दिल में रह-रहकर प्रेम की पीड़ा सी उठ रही है।

स्क्रीनप्ले- नायक कहीं दूर गया हुआ है। वर्षा ऋतु है। उसके सारे लक्षण नायिका के विरह को और बढ़ा देते हैं। वह अपनी सखी से कहती है कि वनों में दादर और मोर समवेत स्वर में बोल रहे हैं। और कोयल ने भी पीहू पीहू की रट लगा रखी है। मेघों की इतनी गहरी घटा छायी है कि अंधकार सा हो गया है। ऊपर से बिजली रह-रहकर कुछ अलग ही तरह से चमक रही है। कोयल भी कूक रही है और उसे सुनकर मेरे दिल में पिया की याद में हूक उठ रही है। प्रिय पास नहीं हैं, पर वर्षा के ये लक्षण नायिका के मन में मिलन की चाह को और बढ़ा देते हैं।

मियां की मल्हार

बोल- करीम नाम तेरो तू साहेबे सत्तार

दुख दालिद्र दूर करो तुम सदारंग
सुख दीजीए करतार।

अर्थ- तेरा नाम करीम है। तू सबकी भूलों को नजरअंदाज करता है। तू हमारे दुख और गरीबी दूर कर। सदारंग उससे सुख मांगते हैं।

स्क्रीनप्ले- खुदा की दरियादिली का बखान करने वाली इस रचना में उसके दयालु स्वभाव को तो बताया ही गया है, उसकी बंदगी भी की गयी है। रचनाकार सदारंग खुदा से कहता है कि तेरा नाम करीम है, तू सबकी भूलों को नजरअंदाज करता है। फिर वह खुदा से मन्नत करता है कि हमारे दुख और गरीबी दूर कर। हमें सुख दे। कृषि प्रधान देश भारत में वर्षा ऋतु का बहुत महत्व है। इस रचना में अच्छी वर्षा की कामना की गयी है, जिससे आगे अच्छी फसल हो और सबको सुख मिले।

मियां की मल्हार

बोल- बरसन लागी रे ए बदरीया सावन की
कारी अत भारी डर पावन लागी

चमक चमक बिजरीया चमके
सी री बाग बहारी तापर पियारी चौंक परी
गरजन लागी बरसन ला।

अर्थ- नायिका कहती है कि सावन के बादल गरज-गरज कर बरसने लगे हैं। यह काली घटा मेरे मन को तड़पाने लगी है। बिजली भी रह-रहकर चमक रही है। बागों में बहार आ गयी है। चारों ओर इतनी खूबसूरती फैली है कि इसे देखकर प्रिया चकित रह जाती है।

स्क्रीनप्ले- बरसात में बारिश होने पर नायिका के मन में प्रेम की चाह पैदा होती है। वह कहती है कि सावन के बादल खूब गरज और बरस रहे हैं। आसमान में काली घटा छायी है। अभी और बारिश होगी। इसे देखकर मेरा मन तड़पने लगा है। वह प्रेम को व्याकुल हो उठा है। बिजली भी जोर-जोर से चमक रही है। यह बारिश अभी थमेगी नहीं। इस बारिश से बागों में बहार आ गयी है। बागों की खूबसूरती और बढ़गयी है। यह खूबसूरती सबको चकित कर रही है।

मियां की मल्हार

बोल- उमंड घेर घुमंड घिर आई कारी बदरीया
हमरी भीजे चुनरीया पीया की लाल पगरीया

चलो छम छम मेहा बरसे वाहू नगरीया
हमरी भीजे चुनरीया पीया की लाल पगरीया।

अर्थ- नायिका कहती है कि उमड़-घुमड़कर काले बादल छा गये हैं। बारिश हो रही है। इसमें मेरी चुनरी भीग रही है। मेरे प्रिय की लाल पगड़ी भी भीग रही है। उसके मन में इस माहौल से उमंग पैदा हो गयी है। वह नायक से कहती है कि चलो हम बाहर बारिश में खेलेंगे। उसमें मेरी चुनरी और तुम्हारी लाल पगड़ी खूब भीगेगी।

स्क्रीनप्ले- वर्षा ऋतु में जल बरसाने वाले बादल आये तो उन्हें देखकर नायिका प्रेम की मतवाली हो उठती है। वह कहती है कि उमड़-घुमड़कर जो ये काले बादल आये हैं तो अब खूब बरसेंगे। इससे मेरी चुनरी और प्रिय की लाल पगड़ी भीगेगी। वह अपने प्रेमी से इस बारिश में बाहर चलकर खेलने को, क्रीड़ा करने को कहती है, ताकि बारिश में उसकी चुनरी और प्रिय की लाल पगड़ी खूब भीगे, जिससे उनमें प्रेम का संचार हो।'

मियां की मल्हार

बोल- के लाडली के लाड लडावन
बरखा रुत में भीजने न देत हो चुनरिया

ऐसी रूत उपजे मो मन में तुम देव सदारंग
बरखा रूत में भीजने न दे हो चुनरिया।

अर्थ - नायिका अपने लाड़ कर रहे नायक से अपनी इच्छा कहती है कि वर्षा ऋतु में वह उसे बाहर ले जाये लेकिन शर्त रखती है कि उसकी चुनरी को भीगने न दे। रचनाकार सदारंग के अनुसार, दुआ करो कि ऐसी ऋतु आये जिसमें खूब वर्षा हो और नायिका की जिद पूरी हो तथा उसकी चुनरी ना भीगे।

स्क्रीनप्ले- नायिका अपने प्रिय से अपना खूब मान कराना चाहती है। वह कहती है कि प्रिय उसे इतने लाड़ लड़ायें, उसे इतनी सुविधाएं दें कि वर्षा ऋतु में उसकी चुनरी तक न भीगे। वह चाहती है कि वर्षा ऋतु में प्रिय उसके मन में बसे रहें और उसकी चुनरी को भी बारिश में भीगने न दें। सदारंग की इस रचना में नायिका की यही दिली इच्छा है कि उसके प्रिय उसका खूब ध्यान रखें और उसके मन में बसे रहें। लेकिन इसका यह आध्यात्मिक अर्थ भी है कि जीवन के सब सुख भोगने पर भी अपने ईश्वर को भूलना नहीं चाहिए, क्योंकि जो कुछ भी हमारे पास है वह उसी की देन है।

मियां की मल्हार

बोल- अत धूम रे अत धूम
गरज गरज चमक चमक बरसन को आए

पी पी करत पपैया धरकन लागो मोरा हियरा
तानरस खान आ मोरे डिंगवा।

अर्थ - नायिका कहती है कि बादल खूब जोर से घिरकर बरसने को आये हैं। बिजली भी चमक रही है। पपीहे की आवाज सुनकर मेरा दिल धड़क रहा है। रचनाकार तानरस कहते हैं कि नायिका ऐसे माहौल में अपने प्रिय को अपने पास बुला रही है।

स्क्रीनप्ले- तानरस की इस रचना में बारिश के मौसम में नायिका के मन में उठी मिलन की चाह का चित्रण किया गया है। नायिका कहती है कि बादल खूब घिर गये हैं। ये बहुत गरज रहे हैं। अब जमकर बरसेंगे। इन्हें देखकर पपीहा भी पीहूं-पीहूं कर रहा है। इस गरज के साथ पपीहे की आवाज से मेरे दिल में मिलन की चाह बलवती हो गयी है। इसलिए प्रिय, अब तो मेरे पास आ जाओ।

गोण्ड मल्हार

बोल- मान न कर री अरी ऐ री बोरी तोरे कारण आयो मेहा

हरी हरी भूम पर बरसो ही चाहे नयो नेहा नयो मेहा।

अर्थ- मदमाते यौवन वाली नायिका से उसकी सखी कहती है कि अपने यौवन पर ज्यादा अभिमान न कर और ये न समझ कि तेरी वजह से ही बादल उमड़े हैं, केवल तुझ पर ही यौवन आया है। यह तो प्रकृति का नियम है कि पहली बरसात धरती की सुन्दरता को निखार देती है और उसी तरह यौवन को और निखार देती है।

स्क्रीन प्ले- नायिका को अपने यौवन पर अभिमान है। इसलिए उसकी सखी उससे कहती है कि अपने यौवन पर इतना अभिमान न कर। और यह मत समझ कि तेरे यौवन से आकर्षित होकर ही ये बादल उमड़े हैं। ना ही यह समझ कि यौवन केवल तुझ पर ही आया है। हां, ये जरूर सच है कि जैसे नयी-नयी बरसात बहुत तेज बरसती है, वैसे ही तेरा यह नया-नया प्यार भी बेताबी से बरसना चाहता है। इस प्रकार, सखी नायिका को यौवन पर अभिमान न करने की सलाह तो देती है, पर साथ ही यह भी कहती है कि तेरा यह नया-नया यौवन और प्रेम निखरने के लिए बेताब है।

गोण्ड मल्हार

बोल- पीहरवा अजहू ना आए
अरी ऐ री सखी मैं कहूं कौन सो
तरपत जीयरा जाए

नन्ही नन्हीं बूंदिया मेहा बरसे
कोयल कूक सुनावे
शौकरंग पीया बिन नींद न आवे
उन बिन कछु न सुहावे।

अर्थ- विरह से व्याकुल नायिका अपनी सखी से कहती है कि मेरे प्रिय अभी तक नहीं आये। ओ सखी, अपना यह दुख मैं किससे कहूं। मेरा मन विरह से तड़प रहा है। हल्की-हल्की फुहारें पड़ रही हैं, कोयल कूक रही है। रचनाकार बहादुरशाह जफ़र कहते हैं कि नायिका को अपने प्रिय के बिना नींद नहीं आ रही और उनके बिना उसे कुछ भी नहीं सुहा रहा।

स्क्रीनप्ले- नायिका का प्रेमी उसके पास नहीं है। वर्षा का मौसम है। ऐसे में उसका विरह और बढ़जाता है। वह अपनी सखी से कहती है कि मेरे प्रिय अभी तक नहीं आये हैं, अपना यह दुख मैं किससे कहूं। हल्की-हल्की फुहारें पड़ रही हैं, कोयल कूक रही है। चारों ओर संयोग के दृश्य हैं, पर वियोग के कारण मेरा मन तड़प रहा है। प्रिय के पास न होने से मुझे नींद नहीं आ रही। उनके बिना कुछ भी नहीं सुहा रहा। इस रचना में चाहत को बढ़ाने वले मौसम में नायिका के विरह का उदात्तता से चित्रण किया गया है।

गोण्ड मल्हार

बोल- जो जो बिजरी चमके तो तो हियरा मोरा लरजे
पीहू पीहू अत मोहे सतावे मो बिरहन को नींद न आवे

तू जो कहत रही ए री कोयलिया
दादर मोरा पपैया बोले
मैं अछपल को याद करत हूं।

अर्थ- विरह से व्याकुल नायिका कहती है कि जब बिजली चमकती है तो उसका दिल लरजता है। प्रिय से मिलन की उसकी चाहत बढ़जाती है। पपीहा वर्षा ऋतु में रात भर पीहू पीहू करता रहता है। इससे मुझ बिरहन को नींद नहीं आती। इस मौसम में कोयल तो कूकती ही है, दादर, मोर और पपीहा भी गाते हैं। रचनाकार अछपल कहता है कि ऐसे में नायिका हर पल अपने प्रिय को याद करती रहती है।

स्क्रीनप्ले- वर्षा ऋतु में हृदय में प्रेम की हिलोरें उठने लगती हैं। लेकिन जब नायक पास में न हो तो नायिका को उसकी याद सताने लगती है। बरसात की रात में जब बिजली चमकती है तो उसका दिल प्रिय से मिलने को मचल उठता है। पपीहे की आवाज सुन-सुन कर उसकी नींद भी उड़ जाती है। ऐसे सरस वातावरण में कोयल, दादर, मोर और पपीहा मिलन के सुर में गाते हैं तो नायिका को प्रिय की और ज्यादा याद आती है। इस रचना में यह चित्रित किया गया है कि वर्षा ऋतु विरह को और बढ़ा देती है।

गोण्ड मल्हार

बोल- भाषा उनी सो कैयो जो बाज आए

खैराबादी उनकी जो रहत पहचान।

अर्थ- संदेश उन्हीं को देना, जिन्हें इसकी कदर हो। जिनके दिलों में खुशी हो, वही प्रेम की इस रीत को पहचान सकते हैं।

स्क्रीनप्ले- नायिका अपने प्रिय तक संदेश भेजना चाहती है । वह संदेशवाहक को प्रिय की पहचान कुछ इस तरह बताती है मेरा यह संदेश उनको देना जिन्हें इसका महत्व पता हो। दिल में खुशी रखने वाला ही प्रेम की इस रीत को पहचान सकता है। इस प्रकार, वह संदेशवाहक को अपने प्रेमी के गुण बताते हुए कहती है कि प्रेमी को उसकी कदर है यानी उससे सच्चा प्रेम है और इसीलिए उसका दिल हमेशा खुश रहता है।

गोण्ड मल्हार

बोल- उमंड घुमंड गरज गरज बरसन आए री बादरवा
बोलन लागे दादर मोर पपैया
पिया सोतन घर छाए

बिजरी चमक चमक डर पावत
कुंवर शाम मोहे बिरहा सतावत
चैन ना आवत तरत-तरप घडी घडी
पलछिन कछना एक सुहावत।

अर्थ- वर्षा ऋतु में विरहिणी नायिका कहती है कि गरज-गरजकर बरसने के लिए बादल उमड़-घुमड़ आये हैं। वर्षा के आगमन को देखकर दादर, मोर और पपीहा गाने लगे हैं। ऐसे में मेरे प्रिय कहीं और हैं। जब बिजली चमकती है तो मुझे डर लगता है। वह रचनाकार कुंवर शाम से कहती है कि यह विरह मुझे बहुत सता रहा है। मैं हर पल, हर क्षण तड़प रही हूं। मुझे जरा भी चैन नहीं है और कुछ भी मुझे सुहाता भी नहीं है।

स्क्रीनप्ले- कुंवर शाम की इस रचना में विरहिणी नायिका की व्यथा का चित्रण है। वर्षा ऋतु में उसकी उमंगें और भी बढ़जाती हैं। लेकिन प्रिय के दूर होने से उसकी कामना अधूरी है। वह कहती है कि गरज-गरजकर बरसने के लिए बादल उमड़-घुमड़ आये हैं। वर्षा के स्वागत में दादर, मोर और पपीहे गा रहे हैं। पर ऐसे कमनीय वातावरण में मेरे प्रिय पास नहीं हैं। उनके पास न होने के कारण बिजली चमकने से मैं डर जाती हूं। मुझे चैन नहीं आता। मन बेचैन रंहता है। विरह सताता रहता है और कुछ भी नहीं भाता। इतने सुंदर मौसम में भी मेरी कामना अधूरी है।

सूरदासी मल्हार

बोल-

बादरवा बरसन आये सखी
नन्नी नन्नी बूंदन गरज गरज चाहूं ओर से
और बिजरी चमकत

कुंवर शाम नहीं आए
कौन सोतन संग नेहा लगाए
एक घड़ी पल छिन कल न परत सखी।

अर्थ-

बरसात के मौसम में विरह से व्याकुल नायिका कहती है कि हे सखी, बादल बरसने के लिए आ गये हैं। चारों ओर बादल गरज रहे हैं। रिमझिम बारिश हो रही है। बिजली भी चमक रही है। लेकिन मिलन की इस ऋतु में प्रिय नहीं आये। लगता है कि उन्हें किसी और से प्रेम हो गया है। और उनके बिना मुझे एक घड़ी, पल, क्षण का भी चैन नहीं।

स्क्रीनप्ले-

वर्षा ऋतु आ गयी है। लेकिन नायक नहीं आया। इसलिए नायिका को विरह सता रहा है। वह कहती है कि हे सखी, बादल घिरकर बरसने के लिए आ गये हैं। वे खूब गरज रहे हैं। हर ओर रिमझिम बरसात हो रही है। बादल जोर से गरज रहे हैं और बिजली भी जोर से चमक रही है। लेकिन मिलन की इस ऋतु में प्रिय नहीं आये। लगता है कि वे किसी सौतन के प्रेम में पड़ गये हैं। लेकिन उनके बिना मुझसे घड़ी, पल और क्षण नहीं कटता।

मियां चुरजू की मल्हार

बोल- करो कृपा मोपे राम रे करो बेड़ा तुमी पार रे

इतनी बिनती सुन रे सदारंग तुमी हो प्रीतम हार।

अर्थ- भक्त अपने इष्ट का गुणगान करते हुए कहता है कि हे राम, मुझ पर कृपा करो। मेरा बेड़ा पार करो। रचनाकार सदारंग के अनुसार, भक्त आगे कहता है कि मुझे प्रेम में सफलता तुम ही दिला सकते हो।

स्क्रीनप्ले- भक्त इस रचना में ईश्वर का गुणगान करके उससे प्रेम में सफलता दिलाने की विनती करता है। सदारंग की इस रचना में भक्त प्रार्थना करता है कि हे राम, मुझ पर कृपा करो। इस भवसागर में मेरा बेड़ा पार करो। तुमसे यह भी विनती है कि मुझे प्रेम में सफलता दिलाओ, क्योंकि तुम्हारी कृपा के बिना यह संभव नहीं है। इस प्रकार भक्त अपना मनोरथ पूरा करने के लिए ईश्वर की वंदना करता है।